JACOB PETRY

AS 16 LEIS DO SUCESSO
DE NAPOLEON HILL

Edição adaptada e comentada do livro que mais influenciou líderes e empreendedores em todo o mundo

COPYRIGHT © JACOB PETRY
COPYRIGHT © FARO EDITORIAL, 2025

Todos os direitos reservados.
Nenhuma parte deste livro pode ser reproduzida sob quaisquer meios existentes sem autorização por escrito do editor.

Diretor editorial **PEDRO ALMEIDA**
Preparação **CINTHIA ZAGATTO**
Revisão **GABRIELA DE AVILA**
Capa e diagramação **OSMANE GARCIA FILHO E DEBORAH TAKAISHI**
Imagem de capa © **ALEX OAKENMAN | SHUTTERSTOCK**

Dados Internacionais de Catalogação na Publicação (CIP)
(Câmara Brasileira do Livro, SP, Brasil)

Hill, Napoleon, 1883-1970
  As 16 leis do sucesso / Napoleon Hill ; comentado e adaptado por Jacob Petry. — 3. ed. — Barueri : Faro Editorial, 2025.

  Título original: The law of success
  ISBN: 978-65-5957-790-3

  1. Autorrealização (Psicologia) 2. Desenvolvimento pessoal 3. Sucesso 4. Sucesso em negócios I. Petry, Jacob. II. Título.

17-03092   CDD-650.1

Índice para catálogo sistemático:
1.Sucesso em negócios : Administração   650.1

3ª edição brasileira: 2025
Direitos de edição em língua portuguesa, para o Brasil, adquiridos por FARO EDITORIAL.

Avenida Andrômeda, 885 - Sala 310
Alphaville - Barueri - SP - Brasil
CEP: 06473-000
www.faroeditorial.com.br

O HOMEM QUE PENSA QUE PODE*

Se pensa que é um derrotado,
você será derrotado.
Se não pensar: "quero a qualquer custo!",
não conseguirá nada.
Mesmo que você queira vencer,
se pensa que não vai conseguir,
a vitória não sorrirá para você.

Se fizer as coisas pela metade,
você será fracassado.
Nós descobrimos neste mundo
que o sucesso começa pela intenção da gente
e tudo se determina pelo nosso espírito.

Se pensa que é um malogrado,
você se torna como tal.
Se almeja atingir uma posição mais elevada,
deve, antes de obter a vitória,
dotar-se da convicção de que
conseguirá infalivelmente.

A luta pela vida nem sempre é vantajosa
aos fortes nem aos espertos.
Mais cedo ou mais tarde, quem cativa a vitória
é aquele que crê plenamente:
EU CONSEGUIREI!

*Poema de Walter D. Wintle, escrito por volta de 1905.

O QUE VOCÊ VAI ENCONTRAR NESTE LIVRO

Prepare-se, você está sendo introduzido ao curso prático da filosofia para construção do sucesso e criação de riqueza que mais impactou líderes e empreendedores no mundo inteiro: as 16 poderosas leis do sucesso de Napoleon Hill, o maior gênio da psicologia aplicada de todos os tempos.

Apesar de extremamente poderosa, essa filosofia é muito simples.

Primeiro, o livro irá ajudá-lo a decidir o que você realmente quer da vida.

Depois, você aprenderá sobre as leis necessárias para alcançar esse propósito com maestria. Cada passo está marcado claramente. Sua única tarefa é seguir as marcações até chegar ao destino.

SUMÁRIO

- **11** Introdução
- **15** Nota do autor

- **21** LIÇÃO 1   Crie um propósito
- **41** LIÇÃO 2   A Mente Mestra
- **59** LIÇÃO 3   Autoconfiança
- **79** LIÇÃO 4   O hábito da economia
- **93** LIÇÃO 5   Iniciativa e liderança
- **111** LIÇÃO 6   Explore sua imaginação
- **127** LIÇÃO 7   Alimente seu entusiasmo
- **137** LIÇÃO 8   Autocontrole
- **153** LIÇÃO 9   Faça sempre mais do que o exigido
- **167** LIÇÃO 10   Desenvolva uma personalidade agradável
- **183** LIÇÃO 11   Pense com precisão
- **201** LIÇÃO 12   Concentração
- **217** LIÇÃO 13   Cooperação
- **233** LIÇÃO 14   Aprenda a tirar proveito dos fracassos
- **251** LIÇÃO 15   Tolerância
- **267** LIÇÃO 16   A Regra de Ouro

- **281** Mensagem a você, leitor
- **283** Agradecimentos

INTRODUÇÃO

A HISTÓRIA QUE RESULTOU NA FILOSOFIA DA LEI DO sucesso, mais conhecida no Brasil como A lei do triunfo, é um episódio tão extraordinário quanto os próprios resultados proporcionados pelo livro.

O mundo deve a origem dessa filosofia a Andrew Carnegie, um menino irlandês que, aos quatro anos de idade, migrou com a família humilde para os Estados Unidos e se tornou um dos homens mais ricos e influentes de todos os tempos.

Carnegie desenvolveu sua imensa fortuna começando a vida como operador de telégrafos. Aos poucos, migrou para o setor de ferrovias, criando, finalmente, uma poderosa indústria siderúrgica que chegou a produzir 25% de todo o aço consumido nos Estados Unidos.

Já quase no fim da vida, Carnegie reconheceu que sua maior riqueza consistia no conhecimento dos princípios por meio dos quais havia acumulado sua fortuna. Seu novo propósito, então, foi de encontrar alguém que organizasse esses princípios em uma filosofia que pudesse ser compreendida e usada por qualquer pessoa.

Em 1908, Napoleon Hill, um jovem repórter de 23 anos da Bob Taylor Magazine, foi encarregado de fazer uma matéria sobre Andrew Carnegie. A essa altura, o bilionário já havia entrevistado mais de 250 profissionais que talvez tivessem a capacidade de elaborar sua filosofia do sucesso.

Ninguém, no entanto, parecia possuir as qualidades que ele buscava. Impressionado com Hill, Carnegie convidou-o para passar três dias com ele em sua mansão, localizada em uma área nobre de Manhattan, e foi durante esse período que sondou o jovem escritor para ver se ele tinha potencial para desenvolver o projeto.

Nesse longo encontro, Carnegie começou fazendo um relato da história de suas conquistas. Depois, sugeriu que o mundo precisava de uma filosofia prática sobre realização pessoal. Uma filosofia que permitisse a qualquer pessoa acumular as riquezas que desejasse e da forma que melhor lhe conviesse.

Durante esses três dias, Carnegie explicou minuciosamente sua filosofia, descrevendo ao repórter como ele imaginava organizar suas ideias. Quando terminou, Carnegie secretamente testou Hill, com o intuito de ver se ele era digno de confiança e capaz de desenvolver o projeto.

— Agora que já conhece minha ideia — disse ele —, gostaria de fazer uma pergunta que você deverá responder simplesmente com um sim ou um não.

Hill, curioso, aguardou a pergunta.

— Se eu lhe desse a oportunidade de organizar a primeira filosofia sobre realização pessoal que o mundo há de conhecer, e se eu o apresentasse a homens que poderiam e gostariam de colaborar com você na organização dessa filosofia, você aceitaria essa oportunidade, levando-a até o fim?

Hill pigarreou, gaguejou um pouco e, em seguida, respondeu enfaticamente:

— Sim. Não apenas aceitaria a oportunidade como também a executaria até o fim.

Anos depois, Napoleon Hill ficou sabendo que, no momento da pergunta, Andrew Carnegie segurava um cronômetro embaixo da mesa, tendo estabelecido o prazo de um minuto para obter a resposta. Se Hill tivesse demorado mais que isso, teria perdido a oportunidade. O repórter, porém, havia dado sua resposta em menos de trinta segundos.

— Aprendi, em anos de experiência — disse Carnegie ao explicar as razões de ter estabelecido um limite de tempo para obter a resposta —, que se uma pessoa é incapaz de tomar uma decisão prontamente, uma vez que lhe são dados todos os elementos necessários para tal, ela dificilmente será capaz de, na prática, levar até o fim qualquer decisão que tomar.

Naquele dia, assim que obteve a resposta de Hill, Carnegie insistiu em saber se ele estaria disposto a dedicar vinte anos da vida dele a essa pesquisa. Hill disse que sim.

— Mesmo sabendo que não receberá por esse serviço uma remuneração financeira imediata? E que, paralelamente a essa pesquisa, terá de encontrar outros meios para ganhar a própria vida?

Hill ficou chocado. Ele pensara, como era de se esperar, que, com sua imensa fortuna, Carnegie iria patrocinar a pesquisa.

— Não se trata de eu não estar disposto a pagar por essa pesquisa — explicou Carnegie ao ser questionado por Hill sobre os motivos pelos quais ele não queria pagar pelo trabalho. — Desejo saber, porém, se há em você a capacidade natural de se dispor a caminhar um quilômetro extra, prestando um serviço antes mesmo de ser pago por isso — disse. Depois continuou: — Se você explorar corretamente a oportunidade que lhe ofereci, é muito provável que irá transformá-la em riquezas tão extraordinárias que serão ainda maiores que as que eu atingi.

Carnegie ressaltou que estava dando a Hill a oportunidade de explorar as mentes mais privilegiadas dos Estados Unidos. Explicou que ele teria acesso ao conhecimento e às experiências que haviam produzido os maiores líderes do país. E afirmou que essa oportunidade poderia capacitá-lo a projetar sua influência pessoal, de uma forma definitiva e benéfica, em todos os continentes, ajudando pessoas por inúmeras gerações.

Nos anos seguintes, Carnegie apresentou o jovem Napoleon Hill a pessoas como Thomas Edison, John D. Rockefeller, Henry Ford, George Eastman e outras celebridades da época. Como Carnegie havia previsto, a pesquisa levou cerca de duas décadas, período em que Hill entrevistou mais de quinhentos grandes líderes de seu tempo. E finalmente em 1928, publicou suas descobertas em oito volumes, em uma coleção chamada "A lei do sucesso".

Este livro é uma adaptação livre do original de Napoleon Hill. Algumas partes são uma tradução fiel, outras foram editadas. Também senti a necessidade de fazer inúmeros cortes e acréscimos para atingir meu objetivo: oferecer os princípios de Hill em uma versão adequada às necessidades dos dias de hoje.

O propósito deste livro não é substituir *A lei do triunfo* (como o título é conhecido no Brasil), obra que, uma vez escrita por Hill, tem um valor cultural e histórico em si. Minha intenção ao traduzir, adaptar e organizar as 16 lições centrais da sua filosofia é oferecer uma versão mais prática e concisa, que combine com os tempos ágeis e velozes em que vivemos, mas sem perder a essência dos ensinamentos originais.

As mais de mil páginas de *A lei do sucesso*, escritas há quase um século, são como uma mina que precisa ser explorada por todos os que desejam triunfar na vida. Nesta versão, fiz o trabalho do garimpeiro. E na montanha de palavras de Napoleon Hill, fiz escavações minuciosas e delicadas, extraindo as pepitas mais raras, sintetizando as lições práticas e relacionando-as com nosso mundo de hoje.

Jacob Petry
Nova York, primavera de 2012.

NOTA DO AUTOR

A VERSÃO ORIGINAL DE *A LEI DO SUCESSO*, PUBLI-
cada em 1928 pela Ralston University, tem 1.128 páginas e foi lançada em oito volumes distintos. Na versão atual, minha missão maior foi extrair o conhecimento essencial para que qualquer leitor possa compreender e aplicar de forma prática as 16 lições originais de Hill.

Este livro, entretanto, não é uma síntese do original. Ele é uma versão própria, com um corpo renovado, mas com o conhecimento, a alma e o espírito da obra original.

Aos leitores, explicarei o meu objetivo: destacar, de forma extremamente objetiva e clara, os princípios abordados por Hill e estabelecer o contexto necessário para compreendê-los e aplicá-los de forma prática na nossa vida. Assim, qualquer repetição, comentário paralelo, explicação atemporal ou texto de apoio foi devidamente editado.

Cortes — Uma grande parte do material original foi cortada, embora eu esteja seguro de que nada relevante para compreender as leis do sucesso tenha sido omitido. Apesar de conter os princípios universais e atemporais do sucesso em qualquer empreendimento, o original foi escrito no contexto de quase cem anos atrás. Minha tarefa foi adequá-lo para a realidade contemporânea.

A lição 1 do original, por exemplo, possui 128 páginas. Destas, 42 trazem uma descrição da compreensão que se tinha na época sobre moléculas, átomos, elétrons e o éter. A lição 12, sobre concentração, possui uma extensa descrição do revivalismo, movimento religioso com extrema importância no início do século XX, mas, para nós, possui apenas um valor histórico que em nada interfere na busca da compreensão do sucesso.

Reorganização — Hill publicou o original em oito volumes distintos que, nas edições posteriores, foram simplesmente agrupados. Por conta disso ele, frequentemente, retoma os assuntos de um capítulo em outro. Isso era importante para que, por exemplo, quem lesse o volume quatro sem ter lido o volume um tivesse o conhecimento necessário do capítulo um para compreender o capítulo quatro.

Nesta versão, eliminei ao máximo essas digressões. Parte do meu trabalho foi integrar o material numa sequência lógica, mesmo que, em cada lição, tenha sido necessário fazer as devidas conexões com as outras.

Edição — Meu objetivo maior foi assegurar que os princípios da lei do sucesso estivessem claros, que se mantivessem fiéis à intenção de Hill, fossem de fácil assimilação e de leitura fluente e prazerosa. Isso exigiu que o texto original de Hill fosse condensado, evitando as repetições, reescrito e, ainda, incrementado com exemplos e explicações mais atuais.

Em razão do número de alterações necessárias, cortaria a fluidez da leitura se eu separasse o texto traduzido literalmente das edições ou acréscimos que fiz. Por isso, não usei distinção alguma. Meu compromisso, repito, não foi me manter fiel ao estilo ou ao potencial literário de Hill, mas a suas ideias, conceitos e princípios. São neles que vejo o maior valor de seu legado. Se você deseja conhecer os méritos do estilo de Hill, precisa consultar suas obras originais.

No Brasil, a Master Mind realiza cursos sobre a filosofia de Napoleon Hill. A instituição é autorizada e credenciada pela *The Napoleon Hill Foundation* e seus cursos são altamente recomendáveis. Mais informações em www.mastermind.com.br

MIND
MASTER'S

*Os criadores, os ousados, os sonhadores... os líderes de si.
Aqueles que não se dobram aos limites que a vida lhes quer impor,
muito menos aos limites do seu próprio pensamento.*

*Enquanto os outros vivem por omissão, eles vivem por
criação, moldando a vida à sua própria maneira.
Pois eles sabem que uma
vida de sucesso é fruto do seu próprio poder mental.*

*Ser um Mind Master© é ter em si o poder de criar conscientemente
a sua própria realidade... como um mestre,
um mestre da sua própria mente.*

AS 16 LEIS DO SUCESSO

Lição 1

CRIE UM PROPÓSITO

A LEI

O ponto de partida de todo prestígio, sucesso e riqueza está na definição de um propósito. Enquanto você não tiver um propósito claro e específico para sua vida, irá dissipar energia e dispersar pensamentos sobre diversos assuntos em variadas direções, o que em nada contribuirá para a conquista do sucesso, mas ao contrário, o levará à indecisão, à insegurança e, consequentemente, ao fracasso e à pobreza.

CHAVES DO SUCESSO

A principal causa do fracasso da maioria das pessoas é a falta de metas claras, específicas e atingíveis, assim como a falta de um plano para desenvolvê-las.

Nesta lição, você vai encontrar uma maneira de descobrir seus talentos naturais e criar um plano de vida com base neles.

Você aprenderá a organizar, coordenar e canalizar os esforços desperdiçados pelas pessoas que vivem procurando encontrar sua verdadeira ocupação na vida.

E por fim, aprenderá a elaborar um propósito para sua vida e verá como abandonar as coisas vagas e projetar todos os seus esforços em um objetivo definido, fundamentado em seu talento natural. Você também irá compreender o que é preciso para executar seu propósito e criar a realidade que deseja para si.

Querer é poder!

1. Pensamentos são coisas – e podem se tornar coisas poderosas quando misturados a um propósito definido.

Se quiser chegar a algum lugar na vida, é imperativo saber que lugar é esse. Você precisa parar e se perguntar:

— Para onde estou indo? O que é realmente importante para mim? Tenho uma visão clara do que busco na vida?

Caso contrário, jamais saberá que caminho seguir e, provavelmente, não sairá de onde está.

Quando jovem, Henry Ford trabalhava em uma oficina mecânica. Com ele, trabalhava outro rapaz, um de seus grandes amigos. Durante alguns anos, eles fizeram a mesma coisa naquela oficina. Muitos não tinham dúvida de que, entre os dois, o amigo de Ford era o mais inteligente e competente. Trinta anos depois, no entanto, Ford seria um dos homens mais ricos e poderosos do mundo, enquanto seu amigo continuaria no mesmo emprego, naquela mesma oficina.

Certamente, você conhece uma história assim. Um amigo ou conhecido que, sem nenhum motivo específico, simplesmente superou todas as expectativas e se destacou dos demais.

O que diferencia essas pessoas? O que as separa de maneira tão marcante em termos de conquistas materiais? A resposta está nestas duas palavras: propósito definido.

Ao longo de vinte anos, Napoleon Hill estudou a vida de mais de 16 mil pessoas. Durante esse tempo, organizou e analisou cuidadosamente um grande número de dados sobre cada uma delas.

E uma das constatações mais contundentes desse estudo foi a de que 95% das que não obtiveram desempenho satisfatório na carreira não tinham claro o que queriam da vida. Enquanto que os 5% que alcançaram sucesso notável não apenas possuíam um propósito definido, mas também tinham um plano claro e específico para executá-lo.

Qual é o problema? Por que um número tão grande de pessoas nunca decide o que verdadeiramente deseja da vida?

Uma das respostas é que a maioria das pessoas, ao terminar os estudos, arruma logo um emprego qualquer, sem desenvolver a menor concepção de algo que, mesmo de longe, se pareça com um propósito definido ou com um plano traçado.

Assim, elas passam a vida inteira se perdendo nas tarefas diárias e na correria, sem terem noção do que verdadeiramente buscam e de onde irão parar.

As pessoas que se destacam das demais, em algum momento, decidem definitivamente o que querem, quando o querem, por que o querem e como irão conseguir o que querem.

Ou seja, elas criam um propósito definido para sua vida, elaboram um plano para atingir esse propósito e, depois, dedicam sua atenção, foco e energia na execução desse plano.

Em outras palavras, você precisa entender que aquilo que você quer criar na realidade precisa, primeiro, ser criado na sua mente. Desenvolver um propósito definido é, então, criar na sua mente, de maneira clara e específica, aquilo que você quer ter na realidade.

> **2.** O poder que leva ao sucesso sempre é o resultado de um esforço organizado em torno de um propósito definido.

A essa altura, você talvez esteja se perguntando:
— Por que um propósito definido é tão importante?

A resposta é simples: ele cria poder. Ao definirmos um propósito e nos comprometermos a atingi-lo, organizamos todo o nosso conhecimento e energia em torno dele.

E ao focarmos em um único ponto e coordenarmos nossas ações e energia em torno desse ponto, criamos um esforço organizado que, aos poucos, se transformará em poder.

LIÇÃO 1 — CRIE UM PROPÓSITO

Uma vez que desenvolvemos certo nível de poder, podemos usá-lo para superar os obstáculos, as circunstâncias ou os desafios que encontramos no caminho da realização do propósito que definimos.

Compreenda: os fatores que levam as pessoas ao sucesso não se limitam, como muitas vezes pensamos, ao resultado direto do seu volume de trabalho ou, ainda, às circunstâncias, influências e oportunidades que aparecem no caminho. Ao contrário, o sucesso e a riqueza são quase sempre o resultado indireto da força e da energia que resultam da organização de um conjunto de fatores em torno de um propósito definido.

Pessoas que alcançam grande sucesso e riqueza na vida criam um processo tremendamente poderoso, mas que envolve quatro passos muito simples:

> **Passo nº 1** — Elas definem claramente o que querem.
> **Passo nº 2** — Elas agem quase que obsessivamente para realizar o que definiram no passo 1.
> **Passo nº 3** — A ação obsessiva em torno desse propósito cria um esforço organizado que, com o tempo, se transforma em poder pessoal.
> **Passo nº 4** — Elas usam esse poder pessoal para realizar o desejo que elas definiram e conquistar o sucesso que elas desejam na vida.

E isso nos traz a uma constatação importante: seja em política, religião, esportes, artes ou negócios, o poder sempre é resultado de algum tipo de esforço organizado em torno de um propósito definido.

Por isso, poder e sucesso podem ser considerados praticamente sinônimos. Pois estão intimamente relacionados.

Em geral, esse poder possui dois níveis: o *pessoal* e o *coletivo.*

O poder pessoal é fruto da energia que resulta do desenvolvimento, através do esforço organizado, dos diferentes fatores que integram nossa personalidade. Esses fatores, como veremos mais adiante, podem ser divididos nos quatro aspectos que compõem o ser humano: físico, emocional, espiritual e intelectual.

O poder coletivo, por sua vez, é a força que resulta do esforço organizado de duas ou mais pessoas que trabalham unidas na busca da realização do mesmo propósito definido. A soma dos poderes pessoais dos membros de um grupo comprometido com o mesmo propósito forma um poder em si, o que podemos chamar de poder coletivo.

Vejamos como isso se aplica a um exemplo prático:

Considere a banda americana de rock Guns N' Roses. Ela é composta por um vocalista, um baixista, um baterista, um guitarrista solo e um guitarrista de base. De onde vem o poder que resulta no sucesso dessa banda?

Isoladamente, cada um dos membros da banda, antes de integrá-la, desenvolveu enorme poder pessoal. Esse poder foi desenvolvido pelo esforço organizado durante anos de estudo e de prática em torno do propósito definido de aprender a tocar certo instrumento.

Juntos, os cinco, somando seus poderes pessoais e por meio do esforço organizado do grupo, criaram outro nível de poder: o poder coletivo, que consiste na banda em si.

Observe que o poder pessoal sempre vem antes do poder coletivo e que o nível de poder coletivo de um grupo está condicionado à soma do poder pessoal dos membros que o integram.

Por isso, não há como organizar com sucesso um grande poder coletivo em torno de um mesmo propósito se os membros do grupo não possuírem individualmente um elevado nível de poder pessoal.

Vou explorar um pouco mais essa questão com um exemplo:

Suponha que seu propósito definido seja tornar-se o novo guitarrista do Guns N' Roses, que você tenha 15 anos e tenha acabado de receber uma guitarra de presente, mas ainda não saiba usá-la.

Qual seria, nesse caso, seu nível de poder pessoal para requisitar a posição de novo guitarrista do Guns?

Neste momento, ele simplesmente não existe e você não poderia fazer essa requisição. Ou seja: você não pode, ainda, realizar plenamente seu propósito definido. Primeiro, você teria que construir seu poder pessoal — isto é, aprender a tocar a guitarra — para, somente então, ter condições de agregar valor ao poder coletivo da banda.

LIÇÃO 1 – CRIE UM PROPÓSITO

3. Analise sabiamente o que fazer, depois, decida firmemente fazê-lo e, em seguida, execute com perseverança inquestionável.

Voltando ao caso de Henry Ford, de onde surgiu seu extraordinário sucesso? Pode-se dizer que ele resultou de duas forças: do seu poder pessoal e da maneira como ele usou esse poder pessoal para formar um poder coletivo.

Como esse tópico é muito importante, vamos analisá-lo de uma maneira mais detalhada:

> **Primeiro** – Ford se concentrou em um propósito definido: desenvolver e popularizar um automóvel que pudesse ser adquirido por qualquer pessoa.
> **Segundo** – Com esse propósito em mente e agindo constantemente para realizá-lo, ele desenvolveu características pessoais importantes, como, entre outras, imaginação, autoconfiança, determinação e persistência, que lhe deram enorme poder pessoal.
> **Terceiro** – Ele organizou uma equipe de pessoas que o auxiliaram harmoniosamente na realização desse propósito. Ou seja: ele desenvolveu um poder coletivo em torno de seu propósito definido.

Se isso levou Henry Ford a um tremendo sucesso, qual foi o problema de seu colega que, como vimos no início desta lição, passou o resto da vida trabalhando como mecânico na mesma oficina? Provavelmente, foi a ausência de um propósito definido somada à consequente falta de esforço organizado que o ajudasse a desenvolver o poder necessário para realizá-lo.

Sem um propósito definido, ele foi incapaz de construir um esforço organizado e seu poder pessoal se perdeu pelo caminho. Esse, certamente, foi o único fator que distinguiu o desempenho desse mecânico do desempenho de Henry Ford. E atente-se: esse também é, na maioria absoluta dos casos, o principal fator que nos separa do sucesso, da riqueza e do reconhecimento que desejamos.

Entenda: sem um propósito definido, geralmente, passamos o dia muito ocupados com coisas triviais e sem importância, esquecendo-nos daquilo que é essencial e que poderia colaborar para o desenvolvimento do nosso poder pessoal.

Dissipamos nossa energia e dispersamos nossos pensamentos a respeito de diversos assuntos e nas direções mais variadas.

Nesse caso, em geral, vivemos presos aos problemas do momento e o que realmente interessa acaba atropelado por atuações urgentes, preocupações imediatas e ações reparatórias, mas sem foco.

E todo esse esforço, no fim das contas, não criará o esforço organizado que desenvolverá em nós o poder pessoal necessário para realizarmos nossos sonhos. Ao contrário, criará indecisão, insegurança, fraqueza e, por último, a frustração de uma existência vivida em vão e, portanto, sem sentido.

Para evitar que isso aconteça, é preciso definir um propósito. Ou seja, você precisa ter claro, no presente, o que você deseja no futuro e como irá conseguir. Você precisa definir hoje a moldura que servirá de referência para suas escolhas e decisões futuras.

Uma vez que você defina seu propósito, cada momento de sua vida — as atitudes de hoje, amanhã, do mês que vem ou do próximo ano — será organizado em torno do contexto desse propósito.

Quando você souber o que quer, terá uma facilidade maior em direcionar seu tempo e conduzir suas ações, desenvolvendo um esforço organizado em torno de uma atividade específica, que, com o tempo, se tornará seu poder pessoal e o levará ao sucesso.

Lembre-se:

QUANTO MAIOR SEU NÍVEL DE PODER PESSOAL, MAIOR SERÁ O SEU SUCESSO.

LIÇÃO 1 — CRIE UM PROPÓSITO

4. A pessoa que, diante de duas coisas, hesita sobre qual deve fazer primeiro, possivelmente, não fará nenhuma.

Vimos até aqui que o sucesso em qualquer empreendimento depende de nosso poder pessoal resultante de um esforço organizado, e que o primeiro passo na construção do esforço organizado é canalizar nossa energia e nosso conhecimento em torno de um ponto específico, que chamamos de propósito definido.

Uma vez que entendemos isso, torna-se fácil compreender a razão pela qual a determinação de uma meta a ser alcançada é tão essencial.

Pense no assunto: se o sucesso é resultado direto do poder pessoal e se o poder pessoal é resultado do esforço organizado em torno de um propósito, como poderíamos obter sucesso sem um propósito definido?

Afinal, não se pode dizer que o esforço é organizado quando não há um propósito específico em torno do qual organizamos nosso conhecimento, tempo e energia. Por isso, definir um propósito para nossa vida é o primeiro passo na busca do sucesso.

O que é, então, um propósito definido?

Apesar de podermos criar um propósito para inúmeros setores diferentes de nossa vida, o objetivo principal do termo, como empregamos aqui, é ter claro no presente o que desejamos alcançar no futuro.

Imagine, por exemplo, que você queira construir uma casa.

Qual seria, nesse caso, o primeiro passo? O desejo, não é? Primeiro você precisa desejar construir a casa, mas a vontade por si só não é o suficiente.

Você precisa transformar esse desejo num firme propósito de construção da casa. Quando esse propósito estiver claro e definido, sua mente automaticamente começará a trabalhar na definição de um plano para realizá-lo.

Isso nos leva a um ponto importante: para todas as realizações humanas há sempre dois tipos de criação:

1 – A Mental
2 – A Física

Primeiro criamos no nosso pensamento aquilo que desejamos. E, somente depois de tê-lo criado em mente, podemos concretizá-lo fisicamente.

A criação mental, portanto, sempre vem antes. Sem ela, a criação física não existe. Por isso, nossa primeira e maior responsabilidade é criar o que queremos em nossa mente. É por meio dela que assumimos o comando de nossa vida e nos colocamos na posição de cocriadores da nossa realidade.

Quanto mais clara a criação mental, maior a chance de sucesso da criação física.

Imagine o que aconteceria se você tentasse construir uma casa ao acaso, sem um projeto preestabelecido por meio do qual se orientar. Qual seria o resultado? Certamente seria um verdadeiro caos, em que mal-entendidos de toda ordem atrapalhariam cada passo da construção.

É aqui que está o problema: quando se trata de uma casa, é um absurdo imaginar sua construção sem antes elaborar um projeto bem claro e específico. Mas é exatamente isso que acontece em nossa vida, queremos construí-la ao acaso, sem planejar ou definir o que verdadeiramente queremos.

Diante disso, resta alguma dúvida sobre o motivo pelo qual a vida da maioria de nós é essa confusão?

TUDO O QUE ACONTECE EM NOSSA REALIDADE, PRIMEIRO, CRIAMOS EM NOSSA MENTE

LIÇÃO 1 — CRIE UM PROPÓSITO

> **5.** A pobreza não precisa de planos nem de ajuda, pois é atrevida e implacável. A riqueza é tímida, precisa ser conquistada.

E isso nos leva para outro tema importante: a liderança.

O líder é aquele que aponta o caminho. E definir uma meta é apontar caminhos. Por isso, definir um propósito sempre é uma atitude de liderança. E o primeiro nível da liderança está no âmbito pessoal. Isto é, apontar seu próprio caminho, definindo um propósito para sua vida.

Acho chato dizer isso, mas, se você não consegue desempenhar liderança pessoal, infelizmente, jamais poderá ser bem-sucedido ao tentar desenvolver qualquer tipo de liderança coletiva.

Para definir os caminhos da liderança pessoal, você precisa encontrar resposta para uma série de perguntas. Por exemplo:

- Qual o legado que quero deixar com minha vida?
- Que tipo de pai, mãe ou profissional eu gostaria que os outros visualizassem em mim?
- Que tipo de caráter gostaria de desenvolver?
- Que papel gostaria de exercer em minha comunidade?
- Quais as contribuições que gostaria de deixar para o mundo? Para meus filhos? Para minha empresa? Para as pessoas que cruzam meu caminho?

Muitas vezes, não é fácil responder a essas questões. E mais, é preciso ter cuidado, pois você não pode simplesmente inventar seus desejos ou objetivos para se livrar dessa tarefa. Ao contrário, você terá que detectá-los no mais íntimo do seu ser. Eles precisam brotar de você como a plantinha brota da semente.

Uma das maneiras mais eficazes de se fazer isso talvez seja olhando detidamente seus desejos mais intensos. Ao identificar seus anseios mais profundos, poderá atingir a chama que arde dentro de você. Todos nós temos essa chama, acredite.

Cada um de nós possui um centro onde mantém latentes e subdesenvolvidas as sementes de sua missão na vida. Apenas depois de descobrirmos e cultivarmos essas sementes, poderemos cumprir nossa vocação específica e dar nossa contribuição autêntica e singular ao mundo.

Por isso, você primeiro precisa fazer o dever de casa. Isto é, assumir a liderança sobre sua vida e desenvolver o seu poder pessoal para, somente depois, agir de maneira coletiva, influenciando e impactando outros com seu exemplo. E o primeiro passo para isso, como já falei, é definir seu propósito de vida.

6. Um propósito específico e definido nos leva a resultados específicos e definidos; um propósito vago e indefinido nos levará a resultados vagos e indefinidos.

Muitas pessoas até pensam que possuem um propósito. Se perguntarmos a elas o que buscam da vida, ouviremos respostas como: "quero servir ao mundo e aos outros da melhor maneira possível e, como resultado, ter uma vida satisfatória".

Mas cuidado, tal propósito não tem nada de específico. Ele é vago e indefinido. E assim como um propósito específico e definido nos leva a resultados específicos e definidos, um propósito vago e indefinido nos levará a resultados vagos e indefinidos.

Outro propósito muito comum entre as pessoas é o simples desejo de obter mais dinheiro. Enganamo-nos, muitas vezes, pensando que tal propósito é definido. Afinal, dinheiro é algo físico e fácil de mensurar. Porém, antes que seu propósito possa ser considerado definido, mesmo que ele seja algo concreto como dinheiro, você tem de definir o número exato de dinheiro que quer, para quando o quer e criar um método preciso por meio do qual o obterá.

A chave do segredo desta lei, portanto, está na palavra "definido". Não é suficiente dizer que ganhará dinheiro ou obterá sucesso em certo tipo de negócio. Você precisa definir os detalhes desse negócio e incorporá-lo em sua vida, precisa estar com ele em mente o tempo todo, dormir com ele, comer com ele, trabalhar com ele, viver com ele, pensar nele constantemente. Você precisa vê-lo em sua mente tão claramente a ponto de se sentir como se já o tivesse realizado.

Isso significa começar cada novo dia tendo esse propósito claro e vivo em mente. Assim, quando precisar tomar uma decisão ou fazer uma escolha, você sempre levará em conta a realização do seu propósito.

Você agirá com foco e precisão e evitará desperdiçar seu tempo em procrastinações ou dissipar sua energia em atividades infrutíferas e sem importância. Dessa forma, com o tempo, criará o poder pessoal necessário para realizar seu propósito, porque seus esforços serão organizados em torno dele.

Quando fizer tudo isso, quando colocar todos esses princípios em prática, então, e somente então, você poderá dizer que tem um propósito definido.

> **7.** Desejo é o ponto inicial de toda conquista, mas esse desejo não pode ser apenas uma vaga esperança; ele precisa ser uma necessidade ardente e pulsante que transcende tudo.

Existe uma característica que pode ser notada em todas as pessoas de sucesso: a habilidade de tomar decisões de maneira imediata e definitiva. E essa habilidade é uma das consequências diretas do fato de eles possuírem um propósito definido.

Quando você sabe o que quer, há uma concentração de esforços e uma consequente canalização de poder que podemos chamar de foco específico. Será ele que lhe dará a força necessária para lidar, de maneira hábil e eficaz, com as mais diferentes circunstâncias e desafios que poderão aparecer no caminho.

Por isso, o propósito definido e o esforço organizado em torno deste propósito são dois dos fatores essenciais na busca do poder pessoal que leva ao sucesso. Eles são sempre encontrados juntos, pois um leva ao outro.

A partir do momento em que você define um propósito e transforma sua realização na missão de sua vida, ele se tornará o pensamento dominante em sua mente. E isso fará com que você esteja constantemente atento a fatos, informações e oportunidades úteis e necessárias à realização desse propósito.

Ou seja, no instante em que você planta um propósito definido em sua mente, ela começa, tanto consciente como inconscientemente, a coletar e a arquivar materiais que serão úteis na realização desse propósito.

Por exemplo, sabemos que meramente desejar uma casa com uma piscina enorme não fará com que ela se materialize à sua frente. No entanto, se você tiver um desejo ardente de obter uma casa com piscina, esse desejo criará um foco específico em torno desse propósito, que o levará a ações que farão com que você desenvolva o poder necessário para adquiri-la.

8. Quando seus desejos forem fortes o suficiente, parecerá que você possui poderes sobrenaturais para alcançá-los.

Em sua análise com 16 mil pessoas, além de constatar que 95% não possuíam um propósito definido, Napoleon Hill chegou a uma segunda conclusão: a maioria absoluta dos 95% que não alcançaram resultados satisfatórios estava envolvida com algum tipo de trabalho do qual não gostava.

Isso revela um fator muito importante que precisamos levar em conta na hora de definirmos nosso propósito: nosso talento natural.

A forma mais eficaz de desenvolver nosso objetivo de vida é descobrindo nosso talento maior e nos comprometendo firmemente a desenvolvê-lo. É nele que está a semente do poder pessoal.

Imagine, por exemplo, que você defina como seu propósito assumir a posição de guitarrista do Guns N' Roses, mas não tenha o mínimo talento para a música. Qual seria a chance de você se dar bem? Por mais que se esforçasse, sua chance seria pequena, certo? Por isso é importante que você defina seu propósito sobre uma atividade para a qual você possui talento. Isso lhe dará uma enorme vantagem na hora de desenvolvê-la.

Vimos que o poder pessoal é fruto da energia que resulta do esforço organizado no desenvolvimento das diferentes forças que integram nossa personalidade. Essas forças, que constituem a natureza humana, estão divididas em quatro vertentes:

> **1 – Física**
> **2 – Emocional**
> **3 – Espiritual**
> **4 – Intelectual**

Para criar um propósito definido, que desenvolva e explore o que há de melhor em nós, precisamos identificar onde, em cada um desses quatro segmentos, está nossa inclinação natural.

Física — A natureza física representa nosso talento natural. Talento é a habilidade que temos de desenvolver certa atividade com uma facilidade maior que as outras pessoas.

Quando agimos na área de nosso talento, há um relaxamento natural de nossas tensões. Sabemos que estamos pisando em solo firme. As energias internas e externas, emocionais e físicas, fluem e se conectam de maneira natural. O desempenho, então, será espontâneo. Por isso, ao definir seu propósito de vida, leve em conta o seu talento natural e estabeleça o seu propósito sobre esse talento.

Emocional — A natureza emocional é a nossa paixão. Ela é o fogo, o entusiasmo, a coragem que sentimos por fazer, o tempo todo, o que gostamos, enquanto desenvolvemos o sentido maior de nossa vida: nosso talento natural. Por isso, dentro da área do seu talento, descubra onde está sua paixão, o que o motiva naturalmente.

Espiritual — A natureza espiritual é o que dá sentido e uma dimensão maior ao que fazemos. Ela nos enche de uma conotação mais poderosa e mais misteriosa do que a simples realização de uma atividade qualquer. Essa conotação nos é dada por uma força abrangente e subjacente que dá razão ao ato de viver. A magia que resulta da prática do talento e do fogo da paixão envolve nossa vida em uma aura fascinante, mas que, com o tempo, pode se tornar vazia de sentido.

Por isso, além do talento e da paixão, você precisa considerar o sentido por detrás do seu propósito. Como seu talento e sua paixão podem contribuir para tornar sua finita vida parte de algo maior que sua finitude.

Intelectual — Por último, mas não menos importante, vem a natureza intelectual, isto é, a razão. Ela nos dá a visão de como podemos transformar nosso propósito — baseado no nosso talento, paixão e sentido — em renda. Afinal de contas, todos desejamos e precisamos de renda para suprir nossas atividades.

Resumindo: há alguma tarefa ou atividade que você sabe fazer melhor do que outra pessoa. Você precisa descobrir qual é essa atividade, depois descobrir onde, nesta atividade, está sua maior paixão e construir sobre ela o objeto de seu propósito definido. Um propósito baseado nessas quatro características — talento, paixão, sentido e renda — nos dá confiança, segurança, força interna e uma razão clara de ser e de existir.

> **O SUCESSO CHEGA MAIS RÁPIDO PARA QUEM POSSUI PAIXÃO POR SEU TRABALHO.**

LIÇÃO 1 — CRIE UM PROPÓSITO

9. O conhecimento não se aplica por conta própria. Você precisa aplicá-lo.

Um propósito verdadeiro precisa dar profundo sentido à nossa vida. Esse sentido só pode ser encontrado quando exploramos o melhor que há em nós: nossos dons naturais, que recebemos como presente de nascença e que representam nosso maior potencial.

Quando nossas conquistas não estão fundamentadas no desenvolvimento de nosso potencial, não importa sua dimensão, elas sempre, no fim das contas, nos darão uma sensação subjacente de vazio, culpa ou falta de significado.

Isso se deve ao fato de o significado maior de nossa vida estar no desenvolvimento de nossas habilidades, respondendo ao chamado de nossa vocação, que sempre está relacionada com nosso talento natural.

Para definir nosso propósito maior na vida, portanto, precisamos começar pela busca do que há de melhor em nós. Encontrar a semente de nossa vocação e agir com base nela, expandindo-a, criando conforto, segurança e satisfação em tudo o que fazemos.

Lembra-se do que falamos sobre você precisar incorporar seu propósito, estar com ele o tempo todo?

Se seu propósito estiver estabelecido sobre algo pelo qual você não possui paixão genuína, não haverá como se envolver com essa atividade o tempo todo. Por isso, você precisa ter em mente que apenas obterá verdadeiro sucesso quando descobrir a atividade para a qual possui uma paixão genuína, e essa atividade sempre estará na área do seu talento natural.

O sucesso chega mais rápido para quem possui paixão por seu trabalho. Apenas conseguiremos triunfar em uma atividade em que nos lançarmos de corpo, alma e coração.

É trágico que 95% da população adulta do mundo seja constituída por pessoas profissionalmente frustradas porque não encontraram seu lugar apropriado no universo do trabalho. É lastimável que tantas pessoas perambulem pela vida sem terem a mínima noção do trabalho para o qual têm maior inclinação. Ou sem a concepção, ou mesmo o conhecimento, de que é necessário ter algo como um propósito definido.

Mas você não precisa ser uma dessas pessoas. Sempre é tempo de mudar.

Se você não sabe qual é sua vocação ou talento, transforme essa busca no seu propósito definido atual. Comece a se perguntar:

> - Qual é meu maior talento?
> - Em qual atividade está minha paixão mais genuína?
> - Que sentido vejo na vida?
> - Qual é meu propósito de vida?

Decida que encontrar as respostas para essas questões será sua primeira experiência. E uma vez que encontrar as respostas — e você vai encontrá-las —, descubra como você pode transformar tudo isso em renda e faça disso seu propósito de vida.

Um dos problemas que faz com que a maioria das pessoas nunca defina um propósito para sua vida é a falta de envolvimento prático com tarefas como a citada acima.

Compreenda: para obter resultados práticos na sua vida, não basta ler este livro. Você precisa se envolver com o conteúdo, e isso só é possível se você agir. Sem ação, não há envolvimento. Sem envolvimento, não há comprometimento. E sem comprometimento, não haverá mudanças. Então, defina agora mesmo o que você quer, por que o quer, quando o quer e como o conseguirá.

E lembre-se: o processo de busca do seu propósito é tão importante quanto o propósito em si. O que isso quer dizer? Quer dizer que, para encontrar seu propósito, você precisará pensar de modo mais abrangente. Esforçar-se para encontrar um senso de equilíbrio entre seu talento, paixão, sentido e renda. Essa busca, por si só, é capaz de mudar vários aspectos de sua vida.

Em outras palavras, no processo de busca pelo seu propósito, você terá de usar, entre outras, ferramentas como intuição, imaginação, visualização, força de vontade e persistência. Terá de visualizar, sintetizar e transcender etapas. É importante entender também que criar um propósito de vida não é uma ação isolada, mas um processo contínuo de autoconhecimento, adaptação, afirmação de valores e atividades constantes na confirmação de seu desejo.

Esse processo, pelo menos no início, pode ser trabalhoso, mas é a única forma de você encontrar um sentido verdadeiro para sua vida. A mera luta pela existência, sem um objetivo que dê sentido às nossas ações do dia a dia, pode ser terrível, e quase sempre é. As pessoas que não aprendem a organizar e dirigir seus talentos naturais, geralmente, não se sentem confortáveis com a vida. Parece que sempre há algo ou alguém querendo puxá-las para baixo.

Entenda: trabalho árduo e boas intenções não são suficientes para nos conduzir ao sucesso. Você precisa de um propósito definido. Pois como poderia, futuramente, estar certo de que alcançou êxito, se não tiver antes estabelecido no espírito algum objetivo que deseja alcançar? Defina seu propósito agora mesmo.

> **SEM AÇÃO, NÃO HÁ ENVOLVIMENTO. SEM ENVOLVIMENTO, NÃO HÁ COMPROMETIMENTO. E SEM COMPROMETIMENTO, NÃO HAVERÁ MUDANÇAS.**

APLICAÇÕES PRÁTICAS

1. Escolha um propósito definido para sua vida e concentre toda energia, todo seu esforço e todo seu poder na sua realização.

2. Mantenha seu propósito em mente o tempo todo. Você precisa desejá-lo ardentemente. Precisa reivindicar seu direito de tê-lo realizado. Assuma sua posse mental muito antes de obtê-lo na realidade.

3. Aposte todo futuro na sua capacidade de conseguir realizá-lo e afaste qualquer possibilidade de desistir diante de situações adversas, como obstáculos, limitações ou derrotas temporárias.

Lição 2

A MENTE MESTRA

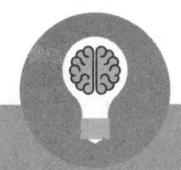

A LEI

Uma vez que tenha definido seu propósito, você precisa buscar a aliança de uma ou mais pessoas, num espírito de absoluta harmonia, para formar uma Mente Mestra. Ninguém pode obter grande prestígio, sucesso ou abundância financeira sem tirar proveito da Mente Mestra. Ela é o princípio através do qual uma pessoa pode utilizar harmoniosamente a inteligência, a educação, a experiência, o talento, a influência, o conhecimento especializado e o capital de outras pessoas para a realização do seu próprio propósito.

CHAVES DO SUCESSO

O sucesso é o desenvolvimento do poder e da força pessoal necessários para realizar nosso objetivo sem interferir nos direitos dos outros.

Quem deseja alcançar o sucesso em qualquer empreendimento, precisa, necessariamente, desenvolver alguma forma de poder pessoal. E esse poder sempre emana de um esforço organizado.

Nesta lição, você conhecerá a lei que representa a mais elevada forma de poder humano: a Mente Mestra. Ela é o princípio que lhe possibilitará criar poder em torno de seu propósito definido e que tornará possível sua realização com pouco ou nenhum sacrifício de sua parte.

Revelada a Hill por Andrew Carnegie, a Mente Mestra, hoje, é um conceito comum em grandes empresas, podendo ser percebida em inúmeros cases de sucesso de empresas contemporâneas.

Agora chegou a sua vez: se você busca sucesso e riqueza material, precisa aprender a organizar seu conhecimento, talento, inteligência e outras faculdades mentais a fim de que elas se transformem em poder. A seguir, você verá como.

Querer é poder!

LIÇÃO 2 — A MENTE MESTRA

> **1.** A Mente Mestra é a coordenação de conhecimento e esforço entre duas ou mais pessoas, em um espírito de absoluta harmonia, com a finalidade de atingir um propósito definido.

Em 1905, Napoleon Hill teve a oportunidade de entrevistar Andrew Carnegie, que na época já era um dos maiores empresários americanos e um dos homens mais ricos do mundo. Hill, que era um jovem repórter de 23 anos, começou a entrevista querendo saber a qual fator Carnegie atribuía seu tremendo sucesso.

— Meu caro amigo, antes de responder à sua pergunta, gostaria de saber o que você quer dizer com a palavra "sucesso" — respondeu Carnegie.

Hill, um tanto surpreso e atrapalhado com a pergunta, demorou a responder. Percebendo essa hesitação, Carnegie continuou:

— Por "sucesso", certamente, você se refere à minha riqueza, não é?

Hill assentiu.

— O dinheiro é o termo pelo qual a maioria de nós costuma medir o êxito alcançado — respondeu, ainda meio inseguro.

— Muito bem. Se deseja saber como adquiri minha fortuna, se é a isso que chama de "sucesso", responderei à sua pergunta dizendo que na nossa empresa tínhamos uma Mente Mestra. Ela era composta por mais de vinte pessoas, todas membros da minha equipe. Essa Mente Mestra era formada por diretores, gerentes, contadores, químicos e outros indivíduos especializados. Ninguém, entre as pessoas que compunham o grupo, possuía, em particular, essa mente a que acabo de me referir. No entanto, a soma da mente de todas essas pessoas, coordenada em um espírito de cooperação harmoniosa, constituía a força que resultou no acúmulo da minha fortuna, bem como na fortuna pessoal de cada membro que integrava minha equipe.

Pense sobre a resposta de Carnegie. Ele deu a Hill uma explicação muito interessante. Na verdade, ele disse quatro coisas essenciais para quem quer compreender o sucesso:

> **Primeira** – Que a energia que resultou no seu tremendo sucesso não foi fruto apenas de seu *poder pessoal*.
> **Segunda** – Que ele tinha um grupo de pessoas que trabalhava harmoniosamente em torno de um propósito definido.
> **Terceira** – Que o esforço organizado dessas pessoas, agindo em torno desse propósito, criou um segundo poder: *o poder coletivo*.
> **Quarta** – Que esse poder, que ele chama de *Mente Mestra*, era a fonte de todo seu sucesso.

Será esse princípio, chamado de Mente Mestra, que você conhecerá nessa lição. E esse é o segundo passo em direção ao sucesso.

O primeiro é criar um propósito definido para a sua vida. E, ao agir no sentido da sua realização, desenvolver as capacidades e criar o poder pessoal necessário para se qualificar a entrar no jogo.

O segundo passo é buscar o apoio de outras pessoas para se juntarem a você em torno desse propósito e, com isso, através da soma de dois ou mais poderes pessoais, criar o poder coletivo.

Essa segunda forma de poder, essencial para o sucesso em qualquer empreendimento, deve ser alcançado por meio da formação de uma Mente Mestra.

E isso nos leva a uma pergunta-chave: por que a Mente Mestra é tão importante?

Pense no assunto: você já viu alguém alcançar grande sucesso absolutamente sozinho? Quem dera! Sabemos que tal coisa não existe. Ninguém é capaz de projetar sua influência no mundo sem a cooperação amistosa de outras pessoas. Assim como também ninguém pode passar pela vida, ser feliz e bem-sucedido, sem o hábito de cultivar bons amigos.

Walt Disney explicou esse princípio assim: "você pode sonhar, criar, desenhar e imaginar o lugar mais maravilhoso do mundo, mas é preciso pessoas para transformar seu sonho em realidade".

Por maior que seja seu potencial, a pessoa que se fecha na própria concha, com o passar do tempo, torna-se irrecuperavelmente introvertida. E, em breve, ela se tornará egoísta e, por consequência, estreita na sua visão de mundo.

Lembre-se: nós sempre atrairemos, inevitavelmente, a pessoas que estão em harmonia com nossa filosofia de vida. Pessoas com interesse, gostos e desejos iguais tendem a andar juntas.

Se acreditarmos nisso, será fácil compreender o poder que existe em definirmos nosso propósito de vida. Ele atrairá para perto de nós pessoas que compartilham dos mesmos pensamentos e que conjugam da nossa filosofia de vida. Isso será de grande valor para a aplicação da lei da Mente Mestra.

> "VOCÊ PODE SONHAR, CRIAR, DESENHAR E IMAGINAR O LUGAR MAIS MARAVILHOSO DO MUNDO, MAS É PRECISO PESSOAS PARA TRANSFORMAR SEU SONHO EM REALIDADE."

2. Nenhuma pessoa é capaz de projetar sua influência no mundo sem a aliança amistosa com outras pessoas.

Conta a lenda que, há muitos anos, um lavrador tinha sete filhos que viviam brigando entre si. Certo dia, ele reuniu os filhos e disse que queria lhes mostrar o que a falta de cooperação entre eles representava. Ele então juntou sete varas de madeira, as amarrou em um único feixe e o estendeu para cada um dos filhos, pedindo que o quebrassem. Todos tentaram, mas nenhum conseguiu.

Em seguida, o lavrador tomou o feixe, cortou as amarras e o separou, estendendo uma vara para cada filho e pedindo que a quebrassem. Todos, com extrema facilidade, quebraram as varas ao meio. O homem então se voltou para os filhos e disse:

— Quando vocês trabalham juntos, em um espírito de harmonia, são como o feixe de varas: ninguém conseguirá vencê-los. Mas se continuarem insistindo em competir entre si, qualquer um poderá derrotá-los facilmente.

A lição contida nessa história nos mostra que o todo sempre é maior que a simples soma de suas partes. Essa é a essência do princípio da Mente Mestra. E isso é muito importante, porque implica que dois mais dois, em uma Mente Mestra, não é igual a quatro, mas sim a uma quantia muito maior, dependendo do poder pessoal e do grau de sinergia de cada membro envolvido.

A Mente Mestra pode ser aplicada na família, na empresa, na comunidade, no partido político, na equipe esportiva ou mesmo numa nação inteira. Um time de futebol é um exemplo perfeito do poder que pode ser atingido por meio da coordenação harmoniosa de esforço. Grandes indústrias e redes de lojas também são resultado da aplicação desse princípio.

A Mente Mestra, portanto, não é um princípio que necessariamente precisa ser aplicado em grande escala. É um meio pelo qual qualquer pessoa, de qualquer nível, pode atingir seus fins desejados. Ele pode ser útil à pessoa mais humilde, que pode se beneficiar formando uma aliança harmoniosa com qualquer outra pessoa, como é indispensável no caso de grandes corporações com milhares de funcionários.

A mais antiga, profunda e talvez a mais benéfica forma de aplicação desse princípio é a família, ou mesmo o casal. Os benefícios de uma aliança como essa não trazem apenas gozo e felicidade para o marido e a esposa, mas também abençoam profundamente seus filhos com um caráter firme, fornecendo-lhes as bases para uma vida bem-sucedida.

A primeira aplicação desse princípio, no entanto, deve ser sempre no nível pessoal, por meio da harmonia dos quatro elementos que constituem a natureza humana. A segunda deve acontecer na família, e só então ele deve ser aplicado aos negócios.

> **NÃO HÁ SUCESSO PROFISSIONAL QUE COMPENSE O FRACASSO PESSOAL OU FAMILIAR.**

3. Um grupo de mentes coordenadas em espírito de absoluta harmonia produz mais energia do que a soma das mentes individuais.

A Mente Mestra, porém, só será eficaz quando houver autêntica confiança pessoal e interpessoal entre todos os membros que a integram.

Observe que isso se aplica às duas formas de poder: primeiro ao pessoal e, somente depois, ao coletivo.

A razão disso está no fato de a evolução de nosso sucesso sempre ocorrer em uma sequência que geralmente começa num nível de *dependência*, passa para o nível de *independência* e culmina na *interdependência*.

Para entender isso melhor, vamos retornar ao exemplo anterior.

Suponha, mais uma vez, que você seja o menino que sonha se tornar o novo guitarrista do Guns N' Roses.

Lembre-se: você tem 15 anos, acabou de ganhar uma guitarra, mas ainda não sabe tocar. Em que nível, dos três acima, você está? Ora, para realizar seu sonho, você ainda depende de vários fatores que, se desenvolvidos, podem lhe dar o poder pessoal necessário para entrar no jogo. Entre eles, aprender a tocar a guitarra. Por isso, pode-se dizer que você ainda está no nível de *dependência*.

À medida que você vai aprimorando suas habilidades com a guitarra, vai criando também o seu poder pessoal, que é o que vai movê-lo lentamente do nível de *dependência* para o nível de *independência*. E só depois de atingir esse segundo nível, com poder pessoal já bem desenvolvido, é que poderá entrar no jogo e se juntar aos demais membros do grupo.

Quando chegar a esse ponto, você já vai saber tocar a guitarra — não dependerá mais de outras pessoas ou fatores para desenvolver seu poder pessoal. O próximo passo, então, é usar seu poder pessoal para ajudar a criar um poder coletivo. Você terá de aprender a tocar em sincronia com a banda. Terá que sair do nível da *independência* e ir para o terceiro nível: a *interdependência*.

Pense sobre a questão: o que aconteceria se você fosse um guitarrista ainda no nível da dependência e decidisse participar de uma prática no nível da interdependência? Seria frustrante para todo o grupo, não seria? Mas é isso que vemos acontecer por aí com frequência. Muitas pessoas ainda no nível de dependência querem desenvolver projetos interdependentes.

Atenção: esse é o caminho mais rápido, fácil e garantido rumo ao fracasso!

Lembre-se: para poder participar do jogo do sucesso, você precisa, primeiro, como vimos na lição anterior, desenvolver alguma forma de poder pessoal. **Entenda:** uma Mente Mestra sempre é uma relação interdependente, e não dependente. Qual a diferença? Na relação dependente, um manda e o outro obedece. Já na interdependente, todos participam igualmente, cada membro contribui com seu poder pessoal para alcançar determinada causa: o propósito definido do grupo.

4. Uma pessoa sobe ao nível dos seus superiores ou desce ao nível dos seus inferiores de acordo com o comportamento daqueles que ela imita.

Vimos na lição anterior que o poder pessoal se origina da concentração de energia, conhecimento e esforço pessoal em torno de um propósito definido.

O poder coletivo, por sua vez, resulta da capacidade que temos de influenciar outras pessoas a contribuir livremente para a realização de nosso propósito, o que chamamos de Mente Mestra.

LIÇÃO 2 — A MENTE MESTRA

Você ainda se lembra dos fatores responsáveis pelo sucesso de Henry Ford? Na lição anterior, vimos que ele primeiro definiu um propósito, depois mobilizou um grupo de pessoas que harmoniosamente ajudou na realização desse propósito.

O grupo de pessoas ao redor de Ford constituía uma Mente Mestra. Ela era tão bem organizada, coordenada e poderosa que poderia ter trazido sucesso para Ford em qualquer negócio em que ele tivesse se envolvido. Isso é verdadeiro em todas as histórias de sucesso.

Poder é a forma como uma pessoa alcança sucesso em qualquer atividade. Poder em quantidades ilimitadas, porém, só pode ser obtido por um grupo de pessoas que possuem sabedoria suficiente para submeter os próprios interesses imediatos e individuais aos do grupo por meio da união de suas mentes em um espírito de perfeita colaboração.

Voltando a Andrew Carnegie, qual foi o segredo de seu sucesso? Não houve certamente ninguém que conhecesse Carnegie melhor do que seu assessor direto, Charles Schwab. Em uma de suas entrevistas, Schwab afirmou que Carnegie não tinha muitos interesses em detalhes técnicos sobre ferro ou engenharia, mas, mesmo assim, foi capaz de construir um império da metalurgia.

Como ele conseguiu isso? Schwab disse que nunca antes na história existiu alguém que, não tendo uma compreensão clara dos detalhes de seu ramo de negócio e dependendo tanto do conhecimento de outras pessoas, tenha conseguido tanto sucesso.

Em uma declaração, Schwab descreveu como ele percebia a Mente Mestra formada por Carnegie:

— Não conheci nenhum outro homem com a imaginação, a inteligência e o poder de compreensão de Carnegie. Mas sua maior qualidade era o poder de inspirar outras pessoas. Essa qualidade de atrair outras pessoas e depois incendiá-las com um desejo era sua maior força.

Qualquer estrategista, seja no setor de negócios, de política, seja em outra profissão, reconhece o valor do esforço organizado de um grupo de pessoas em torno do mesmo objetivo. Isso explica o segredo do sucesso de Andrew Carnegie. Ele aprendeu melhor do que ninguém a criar, através da Mente Mestre, esse esforço organizado em torno do seu propósito.

Esse era seu talento natural. E esse talento o habilitou a organizar as faculdades de sua mente e a faculdade da mente de outras pessoas, transformando-as em um esforço organizado, o que o tornou um dos homens mais ricos da história.

Eu sei: certamente você não quer se tornar a pessoa mais rica do mundo. Mas, se esse princípio ajudou Carnegie — um pobre imigrante escocês — a acumular tamanha fortuna, imagine como pode tornar simples a caminhada em direção àquilo que você deseja.

AS BASES DO SUCESSO ESTÃO ESTRUTURADAS SOBRE DOIS NÍVEIS DE PODER: O PESSOAL E O COLETIVO.

---

5. A Mente Mestra não é uma propriedade exclusiva dos ricos e poderosos: qualquer pessoa pode usá-la e tirar proveito dela.

Muitas pessoas, quando as coisas não estão indo bem, decidem largar tudo e ir à procura do sucesso longe de onde elas estão. Com muita frequência, também, buscam sucesso em planos complicados, baseados em uma crença na sorte ou em milagres que, segundo esperam, irão favorecê-las e misteriosamente mudar o curso de sua história.

Mas o caminho do sucesso, como podemos ver, é bem mais simples. Suas bases se estruturam sobre dois poderes: o poder pessoal e o poder coletivo. Ambos se originam do esforço organizado em torno de um propósito definido. Para obter essas duas formas de poder, então, o primeiro passo é saber o que se quer.

Depois, é preciso começar a agir. E você pode começar a fazer isso exatamente onde está, utilizando qualquer conhecimento ou ferramenta que esteja à mão, mesmo que sejam apenas pensamentos. Mas comece a agir no sentido de obter aquilo a que se propôs.

Na medida em que você utiliza as ferramentas à sua disposição, quando estiver pronto para recebê-las, outras e melhores serão colocadas no seu caminho.

Thomas Paine foi um dos grandes pensadores da Revolução Americana. Foi sua mente acurada que ajudou a moldar a declaração de independência dos Estados Unidos e a convencer os membros do comitê de independência a traduzi-la em termos reais. Ele era considerado por muitos um homem sábio e, ao falar sobre a origem de sua sabedoria, disse:

> Qualquer pessoa que observa a mente humana, ao observar a sua, deve ter percebido que há duas classes distintas de pensamentos: a primeira é construída pela reflexão e pelo próprio ato de pensar e a segunda é a que salta à mente por conta própria. Sempre tive como regra tratar com cortesia esses visitantes voluntários, examinando-os com cuidado, e é deles que tenho adquirido quase todo o conhecimento que possuo.

Paine defendia a ideia de que todo conhecimento que uma pessoa adquire na escola e na universidade cumpre um papel menor: é útil apenas para começar a estudar e a aprender por conta própria. "Toda pessoa que pretende aprender deve ser seu próprio professor", ele dizia.

Para aumentar constantemente seu poder pessoal, você terá de se esforçar o tempo todo em coletar novas ideias de fontes diversas.

Compreenda: a mente se torna estagnada, estreita e fechada a menos que esteja em constante busca de novas ideias.

Todos precisam entrar em contato com novos ambientes de tempos em tempos. Da mesma forma que ficaríamos debilitados se comêssemos a mesma comida todos os dias, a estreiteza de visão e a prática repetitiva diminuem nosso potencial, levando-nos a uma rotina de mediocridade. Por outro lado, a mente se torna mais alerta, preparada para trabalhar com maior eficiência e eficácia após levar um choque de cultura ao entrar em contato com outras ideias.

Qualquer pessoa que aspire ao sucesso não pode dizer que sua educação terminou. A pessoa que busca realizar qualquer objetivo deve continuar sendo sempre uma pesquisadora, uma estudante que procura tirar lições de todas as fontes possíveis, principalmente das conectadas diretamente ao objeto de seu propósito e que possam lhe dar conhecimento específico que a auxilie a realizá-lo.

A MENOS QUE ESTEJA EM CONSTANTE BUSCA DE NOVAS IDEIAS, A MENTE SE TORNA ESTAGNADA, ESTREITA E FECHADA.

---

6. Ninguém alcançará o poder necessário para obter um grande sucesso se não for capaz de harmonizar outras mentes em torno do seu propósito.

Um detalhe muito importante é que duas mentes não podem formar uma terceira força a menos que estejam em *absoluta harmonia* em torno de um propósito comum. Isso faz com que o ponto central do princípio da Mente Mestra esteja na palavra *harmonia*. É aí que reside o segredo do sucesso ou do fracasso de qualquer empreendimento.

Para que essa harmonia aconteça, as mentes precisam, muitas vezes, ser aquecidas com discussões e debates. As pessoas podem, por certo tempo, divergir nas ideias sobre o plano de realização do propósito definido. Mas a harmonia precisa ser absoluta na hora da execução desse plano, e não pode haver dúvida sobre o propósito. A discussão, os debates e o convívio honesto e sincero precisam acontecer naturalmente até que todas as pessoas estejam sintonizadas no mesmo centro de energia mental.

Pense sobre a questão, levando outra vez em conta o exemplo do Guns N' Roses. Para produzir uma sinergia perfeita, todos os membros da banda precisam ter um profundo conhecimento sobre as notas da música. Eles precisam praticar, incansavelmente, até haver uma harmonia perfeita. Se um deles estiver fora do tom, isso compromete a banda inteira. O mesmo precisa acontecer em qualquer Mente Mestra.

Se você já ocupou um cargo de liderança em qualquer setor, certamente entende a importância de um espírito de entendimento e cooperação na realização de qualquer propósito.

Todos os membros da equipe precisam saber qual é o propósito definido e quais são as prioridades relevantes do grupo para o momento.

Eles também, em dado momento, precisam aceitá-las, traduzi-las em ações específicas, ter disciplina para executá-las e, o mais importante, confiar mutuamente e colaborar harmoniosa e voluntariamente.

Os métodos por meio dos quais essa harmonia é alcançada variam de tantas maneiras quanto os diferentes tipos de líderes. Todo líder tem um método próprio de coordenar a mente de seus seguidores. Você precisa definir o seu. Alguns, equivocadamente, tentam usar a força; outros, a manipulação; outros, a ameaça e o castigo; e outros, ainda, a recompensa direta em troca de apoio.

Qualquer pessoa é capaz de reconhecer o tipo de líder que possui e, obviamente, seu método. Mas nenhum método, exceto o da harmonia voluntária, funciona por muito tempo.

Quando houver qualquer tipo de divergência, mesmo que seja com um subordinado, com o cônjuge ou seu filho, não tente impor a sua dominação pela força, pelo medo ou pela manipulação. Ao contrário, mantenha sua liderança pela diplomacia, lealdade e cooperação. Todas as pessoas são importantes, mas nenhuma é insubstituível.

7. Procure a colaboração de pessoas que possuem o que lhe falta para que você consiga realizar seu propósito.

Lembre-se: uma Mente Mestra é criada por meio da união, em um espírito de absoluta harmonia, de duas ou mais mentes em torno de um único propósito. A energia que resulta da união dessas mentes cria uma terceira força que pode ser usada inteiramente por qualquer uma das mentes que integram a união.

Um exemplo: se eu, você e uma terceira pessoa nos unirmos em torno de um propósito definido, a soma das nossas mentes formará uma quarta mente — a Mente Mestra. Todo o conteúdo dessa Menta Mestra, que integra a soma das nossas forças, estará à disposição de cada um de nós. Não é mágico?

Essa Mente Mestra estará disponível enquanto a aliança amistosa e harmoniosa das mentes individuais existirem. Ela se desintegrará e todas as evidências de sua existência desaparecerão no momento em que essa aliança for quebrada.

A partir do momento em que alguém do grupo perceber falta de lealdade, de sinceridade e de integridade, não será mais possível manter a sinergia do grupo. **Entenda:** quando se trata de Mente Mestra, harmonia e sinergia são inseparáveis.

Andrew Carnegie disse, certa vez, que houve inúmeros momentos em que ele precisou substituir membros da aliança que compunham sua Mente Mestra. Na verdade, Carnegie afirmou que praticamente todos os membros que compunham sua aliança no início da carreira haviam sido substituídos ao longo dos anos.

Em seu lugar, ele havia posto outras pessoas que possuíam uma habilidade maior de se adaptar às necessidades que seu propósito exigia. Esses novos membros geralmente se mostravam mais leais e possuíam um entusiasmo maior que seus antecessores.

A questão aqui é: se é verdade que não podemos vencer sozinhos, também é verdade que não podemos vencer se estivermos rodeados por pessoas desleais e sem motivação.

O sucesso é resultado de lealdade, fé, sinceridade, cooperação e outras forças positivas que precisam formar nosso ambiente.

Nas lições seguintes, você verá passo a passo como construir os ingredientes necessários para a elaboração dessa relação harmoniosa com os membros de sua Mente Mestra.

O próprio conceito que está por trás deste livro é sinérgico. O que libera nosso potencial e nos leva ao sucesso são a força e o poder que existem na integração de todas as leis. Recomendo que se dedique inteiramente a seguir cada uma dessas leis. Os resultados serão encantadores, mágicos e poderosos.

SE NÃO PODEMOS VENCER SOZINHOS, TAMBÉM NÃO PODEMOS VENCER RODEADOS POR PESSOAS DESLEAIS E SEM MOTIVAÇÃO.

---

8. Não devemos ter medo das ideias novas: elas podem significar a diferença entre o sucesso e o fracasso.

Vimos, na lei do propósito definido, que o primeiro passo é definir um propósito para sua vida.

O segundo passo é transformar esse propósito em um conceito claro e conciso.

Você precisa criar um mantra que defina seu propósito. Algo como:

"Em cinco anos, isto é, até o dia ___ de ___ de ___ (daqui a cinco anos), serei o guitarrista do Guns N' Roses."

A esse passo precisa-se seguir um plano por meio do qual você deseja transformar esse objetivo em realidade.

A etapa seguinte é formar uma aliança com pessoas que desejam se unir a você na realização desse propósito.

O objetivo dessa aliança é aplicar a lei da Mente Mestra como suporte ao seu plano de ação.

Primeiro, você deve buscar se aliar com as pessoas mais próximas. Se for casado, seu cônjuge deve ser um dos membros dessa aliança. Afinal, existe um estado de simpatia, confiança e intimidade entre o casal que já indica meio caminho andado.

Outros membros dessa aliança talvez possam ser seus pais, irmãos, professores, mentores, sócios, funcionários e amigos mais próximos.

Uma questão importante: não há necessidade, pelo menos no início, de haver unanimidade na opinião dos membros em relação à maneira como esse propósito será atingido. Mas todos os membros dessa aliança devem estar absolutamente de acordo em um ponto: acreditar que o seu propósito é possível de ser realizado.

Esses passos, bem como sua execução, precisam ser seguidos de maneira constante e persistente. Não será suficiente iniciar esse processo e segui-lo por um período determinado para ver se ele funciona ou não. Você precisa estar comprometido a segui-lo até atingir seu propósito, independentemente do tempo que isso possa levar.

Entenda: o único motivo que nos impede de realizar nosso sonho é o fato de ainda não termos desenvolvido o poder necessário para conquistá-lo.

Por isso, de tempos em tempos, talvez seja necessário alterar o plano que você adotou ou mesmo substituir e acrescentar membros à aliança que compõe a Mente Mestra. Quando necessárias, essas mudanças precisam ser feitas sem hesitação. Não se culpe por isso, ninguém consegue fazer uma leitura tão exata do futuro a ponto de conseguir criar um plano que não necessite de adequação ao longo do caminho.

Então, mãos à obra: forme sua Mente Mestra em torno do seu propósito.

E lembre-se: pessoas bem-sucedidas não negociam com a vida para permanecer na pobreza. Elas sabem que existem leis por meio das quais a vida pode ser forçada a recompensá-las nos termos que elas exigem.

> NINGUÉM CONSEGUE FAZER UMA LEITURA TÃO EXATA DO FUTURO A PONTO DE CONSEGUIR CRIAR UM PLANO QUE NÃO NECESSITE DE ADEQUAÇÃO AO LONGO DO CAMINHO.

APLICAÇÕES PRÁTICAS

1. O fator mais importante numa Mente Mestra é a missão comum entre seus integrantes. E é aqui que entra o papel do líder. Para obter sucesso, você precisa ser um líder. E liderar consiste em ter um propósito e ter a capacidade de fazer com que as pessoas à sua volta compreendam esse propósito, a fim de que ele se torne uma meta comum entre os membros da equipe. Esse é o ponto de partida da Mente Mestra.

2. Você não pode realizar grandes coisas sozinho, mas também não pode obter prestígio, sucesso e riqueza em abundância se estiver rodeado de pessoas desleais, preguiçosas e incompetentes. Por isso, depois de ter claro o que você quer, busque pessoas insanamente profissionais naquilo que elas fazem para integrar sua Mente Mestra.

3. Se você tiver um propósito claro e específico e montar um time com duas ou mais pessoas assim, tendo esse mesmo propósito em comum, elas se tornarão uma pessoa só, uma mente só: uma Mente Mestra muito mais poderosa do que a soma individual de todas que a integram. Essa Mente Mestra ganhará vida própria e passará a se autoproteger para impedir sua dissolução, decidindo quem poderá entrar nesse time. Os resultados produzidos por um grupo assim são mágicos. Monte um time nesses padrões em torno do seu propósito.

Lição 3

AUTOCONFIANÇA

A LEI

A pessoa que deseja poder, prestígio e sucesso precisa acreditar em si e em seu propósito. Ela deve ter muito claro o que busca e não ter dúvida de que pode alcançá-lo. Ela deve ignorar a palavra "impossível" e não se importar com as derrotas temporárias, pois deve ter consciência de que está caminhando para o sucesso e que os tropeços fazem parte do caminho. Se um plano fracassar, ela deve substituí-lo por outro e seguir adiante. Acima de tudo, deve confiar nela mesma e na sua capacidade de realizar seus sonhos.

CHAVES DO SUCESSO

As pessoas têm apenas uma leve ideia das possibilidades que dormem dentro delas e que apenas esperam para ser despertadas. Elas nunca terão concepção verdadeira dessas possibilidades se não desenvolverem uma autoconfiança superior ao plano das influências vulgares do ambiente em que vivem.

E não há, entre as forças humanas, uma tão capaz de libertar essas possibilidades quanto o princípio da autossugestão. Por ignorar a forma de funcionamento desse princípio, a maioria de nós o usa de tal modo que ele se transforma em um obstáculo em vez de um elemento de auxílio.

Pense, por exemplo, no que acontece com o vendedor que não possui a confiança necessária em si ou no seu produto. O que acontece quando ele aborda um cliente em potencial? O cliente sentirá sua falta de confiança e, devido ao impacto que ela terá sobre ele, difícilmente acabará realizando a compra.

Ou seja: os pensamentos do próprio vendedor irão sabotar seu desejo. Isso acontece em inúmeros segmentos da vida e justifica a importância de desenvolver as qualidades que lhe dão a autoconfiança necessária para expor o melhor que há em você.

Este capítulo irá ajudá-lo a compreender o princípio da autossugestão e, dessa forma, dominar o medo e a insegurança, adquirindo a autoconfiança necessária para realizar seu propósito definido.

Querer é poder!

LIÇÃO 3 — AUTOCONFIANÇA

1. Você será capaz de alcançar qualquer objetivo a que se propor se verdadeiramente acreditar que é capaz.

Pense em duas pessoas, uma que vive uma vida plena de sucesso, felicidade e bem-estar e outra que não está indo a lugar algum.

Analise as atitudes de cada uma delas minuciosamente e você verá que aquilo que as separa é bastante óbvio: autoconfiança.

Talvez você se lembre da primeira lição e esteja se perguntando: essa distinção não era o propósito? Sim, exatamente. Mas uma pessoa sem autoconfiança dificilmente definirá um propósito apropriado.

A pessoa que avança na vida acredita em si e completa seu desejo com ações tão dinâmicas e agressivas que ninguém duvida de que ela realmente seja capaz de alcançar seus objetivos.

Sua autoconfiança é contagiosa, persuasiva e, por seu intermédio, atrai outras pessoas que querem estar ao lado dela.

Por outro lado, a pessoa que não avança na vida revela claramente, pela emoção expressa no rosto, pela postura do corpo, pela falta de ânimo no caminhar, pela incerteza das palavras, que não confia em si mesma.

Por isso, dificilmente definirá um propósito. E quando o fizer, dificilmente atrairá outras pessoas para perto dela, a não ser que mude de atitude.

Odeio ter que dizer isso, mas uma coisa é certa: ninguém estará afim de investir em uma pessoa que não aposta em si mesma.

A primeira pessoa apta a colocar todas as fichas na mesa de apostas por você deve ser você mesma!

Repito: infelizmente ninguém acreditará em você se, em primeiro lugar, você mesmo não acreditar.

2. Convença-se de que você é capaz e a opinião de ninguém mais importará.

Chegou a hora da pergunta de um milhão de dólares:

Como você pode aumentar sua autoconfiança?

Em cada um de nós existe um potencial, um talento nato, que, se for motivado pela atitude mental adequada, nos levará a níveis de excelência nunca antes imaginados.

Todos temos algo de sutil que, se for despertado por uma influência externa apropriada, nos conduzirá ao auge das realizações de uma maneira que nunca sonhamos.

Você precisa descobrir onde está essa força e desenvolvê-la incansavelmente, até os limites da perfeição! A autoconfiança vem daí.

Imagine duas pessoas com um enorme talento para a música e com forte paixão por violinos.

Uma delas, desde cedo, dedicou-se com entusiasmo e disciplina para desenvolver a arte de tocar o violino com maestria; a outra, relapsa, distraiu-se com outras coisas e mal aprendeu a tocar o instrumento.

Agora, as duas têm a oportunidade de se apresentar em público. Quem você acha que terá mais autoconfiança? É óbvio, não é?

Da mesma forma que um violinista profissional — que detectou seu talento cedo na vida e o desenvolveu ao longo de décadas — pode pegar um violino e tocar músicas que alguém com o mesmo talento, mas sem a prática, não consegue, há um talento escondido em você esperando para ser desenvolvido. Se você fizer isso, vai atingir um nível de confiança que nunca teve.

Esse talento é sua base mais firme.

Se você descobri-lo, estimulá-lo e atuar sobre ele por tempo suficiente e da forma certa, alcançará níveis extraordinários de excelência.

Entenda: ninguém é bom em tudo. Escolha uma coisa e pratique-a até se tornar o melhor do mundo nela.

Você não acha incrível que pessoas sem expertise alguma queiram subir a níveis elevados de sucesso? Isso é muito difícil de acontecer. Sucesso, prestígio e riqueza sempre têm uma base sólida que os sustentam. Em geral, essa base é um talento muito bem desenvolvido.

E, então, eu lhe pergunto: qual é seu talento? Você já o desenvolveu? Qual é sua expertise? No que você é o melhor?

Acho que é importante introduzir a palavra "talento" com um pouco mais de profundidade. O que exatamente significa talento?

Talento é aquela habilidade que você possui de exercer determinada atividade com uma facilidade maior do que grande parte das pessoas à sua volta. Pense naquilo em que você sempre foi naturalmente bom.

Ao praticar essa atividade, você se sente confortável, tranquilo e seguro, mesmo antes de ter muito conhecimento técnico e uma prática considerável.

Na medida em que você for aprimorando esse talento com conhecimento, técnica e prática, estará extraindo o melhor de si. Além de se tornar bom nisso, vai obter satisfação, prazer e sentido nessa atividade.

A receita do sucesso é: descobrir essa atividade, torná-la a base sobre a qual você definirá seu propósito de vida e, depois, desenvolvê-la.

Um exemplo: você identificou que o seu talento é a música. Você ama música, tem facilidade em aprender a tocar guitarra, consegue tocar 15 horas todos os dias, sete dias por semana e não enjoa. Se você definir ser um guitarrista profissional como seu propósito, é só praticar. Não tem erro.

Vimos que Henry Ford, ao longo da vida, acumulou mais riqueza do que qualquer outro contemporâneo seu.

Ford, assim como seus colegas, tinha um nível escolar baixo e nenhum capital para investir. Mesmo assim, alguns anos mais tarde, centenas de profissionais, muitos com inteligência, conhecimento e educação superiores aos dele, trabalhavam para Ford por salários insignificantes.

Por quê? Ford tinha sua confiança baseada em seus pontos fortes e isso nenhum tipo de ensino ou educação formal pode nos dar.

Mas o sucesso de Ford não caiu do céu. Ele acreditou em seu potencial, transformou-o em um propósito definido e criou um plano de ação para realizá-lo. Ele se libertou da mentalidade de pobreza, desenvolveu confiança em si, pensou sobre o sucesso e alcançou-o. Os colegas de Ford poderiam ter feito a mesma coisa se tivessem seguido os passos dele. Mas, como visualizaram apenas seu salário mensal, foi isso o que obtiveram.

> **O TALENTO É A HABILIDADE QUE TEMOS DE EXERCER CERTA ATIVIDADE COM UMA FACILIDADE MAIOR QUE A MAIORIA DAS PESSOAS.**

3. Qualquer pessoa pode começar, mas apenas aquelas que acreditam em si terminam o que começaram.

Se você quiser alcançar suas maiores aspirações, superar seus desafios e desenvolver autoconfiança forte e segura, há outra coisa que você precisa fazer: assumir 100% de responsabilidade sobre sua vida. Isso mesmo: você precisa se tornar dono de si.

A verdade é: somos os únicos responsáveis por nossa vida. Mas raras vezes pensamos dessa maneira. A regra geral nos manda culpar o outro ou uma circunstância qualquer por nossos obstáculos, problemas e reveses.

Esse tipo de atitude alivia nossa consciência por um tempo, mas nos atrela permanentemente a esses problemas, o que acaba por impedir o nosso crescimento.

Quando algo nos acontece, podemos assumir dois tipos de atitude: chamar a responsabilidade para nós e agir ou negá-la, responsabilizando outra pessoa ou circunstância.

LIÇÃO 3 — AUTOCONFIANÇA

Quando negamos nossa responsabilidade, quando culpamos outra pessoa, Deus, o destino, a sorte ou uma circunstância qualquer, colocamo-nos em uma situação de vítima.

E, nessa condição, renunciamos ao controle de nossa vida. Perdemos a esperança, o entusiasmo e a motivação e nos acomodamos em um estado de resignação, estagnação e frustração.

É nesse momento que a confiança dá lugar à depreciação, reclamação, discussão, comparação e crítica.

Se você acredita que não possui controle sobre o que acontece com você, esse controle necessariamente precisa estar nas mãos de outra pessoa ou entidade. Nesse caso, você não é uma pessoa livre, porque depende de outra. Se for assim, na maior parte do tempo, você não passa de um fantoche, um boneco que se movimenta de acordo com os desejos dos outros.

Se você não tiver controle sobre sua vida, se ela estiver nas mãos de outra pessoa, como você poderá ter autoconfiança?

Nesse caso, você ainda está no estágio da dependência e, por isso, nunca poderá alcançar ou agir no nível da interdependência, onde está o verdadeiro sentido da vida plena e equilibrada.

Outra coisa: se você depender de outra pessoa, pouco adiantará definir um propósito para sua vida. Uma vez que suas atitudes dependem do outro, você nunca conseguirá realizá-lo por vontade própria.

Nesse caso, há poucas coisas que poderá fazer com sua vida além de torcer para que quem esteja no controle seja benevolente e piedoso com você. E isso, geralmente, é muito frustrante.

Nada pode ser mais frustrante do que depender permanentemente da piedade alheia. Nossa vida não tem sentido assim.

A seguir, vou apresentar seis passos que podem ser seguidos por qualquer pessoa para tornar sua vida mais poderosa, equilibrada, confiante e integrada:

1 – Descubra seu talento natural e transforme-o em seu ponto forte, aprimorando-o com conhecimento, técnica e prática.
2 – Defina um propósito com base nesse talento.
3 – Elabore um plano que explore seus pontos fortes para realizar seu propósito.

4 – Desenvolva, por meio da autossugestão, a autoconfiança necessária para desenvolver seu plano e realizar seu propósito.

5 – Aja todos os dias na execução de seu plano. Estabeleça uma meta diária para o desenvolvimento de seu talento e trabalhe arduamente para atingi-la.

6 – Forme uma Mente Mestra poderosa em torno do seu propósito definido.

NADA PODE SER MAIS FRUSTRANTE DO QUE DEPENDER DA PIEDADE ALHEIA.

---

4. Quando abrirmos a porta que leva ao poder armazenado dentro de nós, encontraremos um potencial que fará empalidecer todas as outras descobertas, do passado e do presente.

Esse tipo de dependência da qual acabamos de falar é muito mais comum do que se imagina.

Muitas pessoas talentosas, com habilidades extraordinárias, sentem-se dependentes de outras pessoas ou circunstâncias a vida inteira.

Quando isso acontece, em vez de autoconfiança, entusiasmo e ação, reinam o desânimo, a frustração e a impotência, muitas vezes culminando no trágico estado de depressão que quase sempre segue essas emoções.

Essas pessoas reagem, durante toda a vida, conforme seu condicionamento. Vivem em razão de suas condições e matam sua capacidade de mudar.

Observe alguns casos comuns de dependência:

LIÇÃO 3 — AUTOCONFIANÇA

Toda vez que alguém diz: *Essa pessoa me tira do sério!*, na verdade, isso significa que seu estado emocional está nas mãos dessa outra pessoa; que ele não possui controle sobre as próprias emoções; e que a outra pessoa, por meio de suas atitudes, o controla.

Quando alguém diz que não possui tempo para fazer o que mais gosta, na verdade, está afirmando que não tem controle sobre o próprio tempo e que são as circunstâncias que decidem o que ele fará ou não.

É preciso esclarecer, pelo menos para si, se você é escravo de escolhas erradas ou se está conscientemente nessa situação apenas por um tempo, pois sabe que precisa mudar. Sendo assim, comece a mudar agora.

Quando alguém subjuga o próprio talento para exercer uma atividade que não proporciona realização, mas que oferece certa segurança, está abrindo mão da liberdade e, por consequência, da felicidade.

Quando alguém diz que não sabe qual é seu talento e não se empenha em encontrá-lo, está se deixando controlar pela preguiça e pela ignorância.

Todas essas situações afirmam a dependência e a falta de controle sobre a vida. E são elas as principais causas da frustração, da insatisfação, do estresse e da falta de sentido em relação ao próprio trabalho.

Todos nós precisamos de outras pessoas para realizar nosso propósito, mas, como vimos na lição anterior, essa relação precisa ser de interdependência, e não de dependência. **Lembre-se:** somente pessoas independentes, donas de si, podem agir de forma interdependente.

Você sabe que precisa do poder pessoal de outros indivíduos para realizar o seu propósito, mas sabe também que eles precisam do seu poder pessoal para realizar o deles.

Precisar, contudo, não significa depender. As fontes do poder humano são inesgotáveis. Quando lhe for negado numa fonte, procure noutra.

5. Se você tentar o tempo todo ser igual aos outros, quem será igual a você?

De onde vem esse condicionamento que nos dá essa aparente noção de falta de controle e confiança? Diria que, basicamente, ele tem origem em três pontos:

Individual — Muitas vezes, o problema vem de dentro. Incerteza, insegurança, falta de confiança e medo de fracassar são os padrões mentais dominantes que se manifestam em nossas ações.

A maneira de superar essa condição é desenvolvendo seu poder pessoal e cercando-se das pessoas mais especiais que você puder encontrar.

Social — Outras vezes, o problema vem das pessoas que estão à nossa volta. Até temos um desejo e uma grande vontade, mas as opiniões, expectativas e reações das pessoas à nossa volta nos impedem de identificar, desenvolver e utilizar nossos talentos naturais e desenvolver nosso potencial.

Se esse for o caso, mude suas relações radicalmente, porque você está cercado de pessoas fracassadas. Pessoas bem-sucedidas não procuram criar fracasso à sua volta, porque elas sabem que, se fizerem isso, se tornarão vítimas da sua própria criação.

Cultural — Com frequência, o problema é a cultura dentro da qual nascemos: escola, família e religião. Se você sentir que traz essa herança consigo, tente se desvencilhar dela. Elimine-a da sua vida. Crie algo novo, defina um propósito para seu futuro longe dos laços do passado.

Qualquer uma dessas três origens, no fundo, não possui poder sobre nós, a menos que, por escolha ou omissão, não assumamos o controle e a responsabilidade sobre nossa vida.

Nossa essência, o que nos faz humanos, é a capacidade de dirigir nossa vida. Podemos fazer escolhas embasadas em nossos desejos, mudar nosso futuro e influenciar nossas circunstâncias.

Temos a capacidade de nos reinventar. Esse é o grande princípio que permite colocar em prática todos os outros.

É claro que não temos poder para alterar certas coisas, como a herança genética e as influências que tivemos no passado. Mas temos o poder de decidir o que faremos com essa bagagem.

Cada um de nós tem, dentro de si, o poder de decidir como esses condicionamentos nos afetarão daqui para a frente. Não importa o que tenha nos acontecido ou o que ainda nos acontecerá, sempre teremos o poder de escolher como reagir às diferentes situações que enfrentamos

Assumir a responsabilidade sobre nossa vida significa ter consciência desse poder e saber como utilizá-lo. E isso quer dizer que você, apesar de muitas vezes não ser responsável pelo que acontece em sua vida, tem responsabilidade pela atitude ou comportamento que tomará diante do que lhe aconteceu.

Assumir responsabilidade significa que você tem a capacidade necessária para subordinar eventos e circunstâncias que estejam fora de seu controle às suas decisões e escolhas pessoais. A consciência desse poder de subordinação é a segunda maior fonte de autoconfiança que você pode desenvolver.

Lembre-se: o que mais nos afeta não é o que acontece conosco e que está fora de nosso controle, mas, sim, a resposta que damos a isso.

O QUE NOS AFETA NÃO É O QUE ACONTECE CONOSCO, MAS A RESPOSTA QUE DAMOS A ESSES ACONTECIMENTOS.

> **6.** Não há nada mais trágico ou mais comum do que a inércia mental: para cada dez pessoas fisicamente preguiçosas, existem 10 mil mentalmente estagnadas.

Autoconfiança não é o mesmo que um mero pensamento positivo ou uma atitude positiva em relação à vida.

Usar roupa branca, comer lentilhas e fazer um pedido na virada do ano, acreditando que isso lhe trará fortuna nos meses seguintes, até pode ter seu valor, mas isso não implica autoconfiança.

Da mesma forma, sorrir o tempo todo e esperar sempre o melhor da vida não tem nada ou muito pouco a ver com confiar em si mesmo.

A autoconfiança é um sentimento mais profundo, que brota da percepção e da compreensão que temos da vida. Ela surge da maneira como vemos as coisas à nossa volta — não no sentido visual, mas em termos de percepção, compreensão e interpretação do que vemos.

Por exemplo: se você possui a convicção de que não tem controle sobre os resultados que obtém, sua percepção, compreensão e interpretação serão de vitimização e de dependência.

Quando acreditar que a culpa não é sua, acabará não assumindo responsabilidade e não dando a resposta adequada.

Nesse caso, você pode até agir de maneira positiva, pode sorrir e dizer que a vida é assim mesmo. Seu pensamento e sua atitude estarão sendo positivos, mas será que você poderá dizer que está sendo autoconfiante? Certamente, não.

Então, o que é autoconfiança? É ter uma convicção segura de que podemos agir sobre as circunstâncias e, muitas vezes, torná-las nossas aliadas. É ter a convicção profunda de que a escolha final é sempre nossa e de que podemos fazê-la de maneira que sempre nos beneficie.

7. A indecisão é projeto do medo: ela se materializa em dúvida e as duas juntas se combinam para formar o medo.

É muito importante que você entenda isso: autoconfiança, na verdade, é uma convicção. Nossas convicções são inseparáveis de nossos resultados. Elas são fonte de nosso comportamento e atitude. Elas definem a forma como nos relacionamos conosco, com os outros e com as circunstâncias à nossa volta. Elas são as lentes que definem o modo como vemos o mundo. O que vemos sempre está muito mais interligado com nossas convicções do que com a própria realidade. A realidade não é como a percebemos. Nós a percebemos da forma como somos. Se quisermos mudar nossa realidade, deveremos primeiro mudar nossas convicções. Ter consciência desse processo nos dá controle absoluto sobre a realidade e nos enche de autoconfiança.

Por isso, todo processo de mudança externa começa necessariamente dentro de nós. Nossa forma de pensar — que cria nossas atitudes, e que, por sua vez, criam nossos resultados — não passa de consequência de nossas convicções.

O que isso quer dizer? O pensamento, ao contrário do que imaginamos, não é a origem de nossas ações. Ele é um estágio intermediário entre o que realmente acreditamos — nossas convicções — e nossas atitudes, que são a manifestação dessas convicções.

Por isso, pensar de forma positiva, quando no fundo nossas convicções nos dizem outra coisa, não é muito eficiente.

Se quisermos de fato mudar, teremos de ir a um nível além do pensamento e alterar aquilo em que realmente acreditamos

A influência de nossas convicções mostra por que o poder pessoal sempre vem antes do poder coletivo.

Mostra também que é inútil querer criar poder pelo esforço organizado de um grupo de pessoas, se não produzimos uma quantidade razoável de poder pessoal alinhando nosso comportamento, nossas atitudes e nossos valores a um profundo senso de responsabilidade sobre a vida.

Não há como criar relações consistentes e sólidas sem uma base pessoal igualmente consistente e sólida.

Como vimos no capítulo anterior, o processo de construção da Mente Mestra passa por três estágios: dependência, independência e interdependência.

Vimos também que as pessoas dependentes são controladas por seu condicionamento mental. Elas são um produto do meio em que cresceram e vivem. Sua atitude é passiva.

Enquanto não assumimos responsabilidade absoluta sobre nossa vida, permanecemos no estágio da dependência e nossa autoconfiança será restrita.

Já as pessoas independentes possuem controle sobre seu condicionamento mental e criam resultados a partir do esforço individual. O controle sobre seu condicionamento lhes dá poder de ação, libertando-as da posição passiva das pessoas dependentes. Elas desenvolvem um considerável poder pessoal para alcançar seus objetivos.

Sendo assim, quanto maior seu poder pessoal, maior será seu nível de independência e mais autoconfiança você terá. Quanto maior sua autoconfiança, mais facilmente terá relações interdependentes, que são a maior fonte do sucesso.

As pessoas interdependentes avançam um estágio além da independência e combinam seus esforços com os de outras pessoas pelo princípio da Mente Mestra. Além do poder pessoal, criam um círculo de poder coletivo, que dá um sentido muito mais amplo ao seu propósito definido.

Por meio da aliança com outras pessoas, elas unem seus talentos e suas habilidades para criar algo muito maior do que elas próprias.

Para sair do estágio de dependência, precisamos usar os dons naturais, como consciência, imaginação, visualização e força de vontade para romper com nossas convicções e nossos padrões mentais mais profundos. Quando tivermos consciência de que temos controle sobre nossas circunstâncias, teremos poder para manipulá-las de acordo com nossos desejos.

LIÇÃO 3 — AUTOCONFIANÇA

> **QUANTO MAIOR FOR SEU PODER PESSOAL, MAIOR SERÁ SUA AUTOCONFIANÇA.**

8. As emoções positivas formam o lado que leva para o sucesso, as negativas formam o lado que leva para a pobreza.

O medo, oposto da autoconfiança, é a razão principal da pobreza, do fracasso e da miséria que se apresentam de inúmeras formas. A pessoa que domina o medo pode triunfar em qualquer empreendimento, não importa quais forem as forças reunidas para derrotá-lo.

A confiança em si mesmo começa com o controle sobre o medo. Toda pessoa possui a influência de seis medos básicos. Dentro desses medos principais podem ser agrupados os menores. Eis os seis:

O medo da pobreza — Apesar dos inúmeros discursos que desprezam a riqueza, poucas coisas na vida causam mais problemas, humilhações e sofrimento ao ser humano do que a falta de dinheiro.

Assumir isso como uma verdade exige coragem.

A idolatria ao dinheiro é inegável. Tê-lo em abundância quase sempre é sinônimo de prestígio, poder e valor. Sua ausência, entretanto, quase sempre, significa o contrário.

O medo de envelhecer — Há duas razões pelas quais muitos de nós temem o envelhecimento:

> **1** – Uma tem raízes no medo da pobreza. Aos olhos do jovem, o envelhecimento na pobreza sempre é assustador.
>
> **2** – A segunda tem sua origem na idolatria da força e do poder que residem na juventude.

A força física, porém, poderá ser substituída, sem prejuízo algum, pela força da sabedoria que vem com a idade, se investirmos, é claro, na sua construção.

O medo da crítica — Somos seres profundamente impactados pelo medo da opinião alheia. Muitas vezes deixamos de planejar e executar por medo do que os outros possam pensar ou falar.

Esse medo, porém, é mais absurdo. Ele se apresenta de várias formas, das quais a maioria é de natureza insignificante, trivial e até mesmo infantil.

O medo da rejeição — Muitas vezes somos atribulados pelo medo de perder o amor de alguém, principalmente o da pessoa amada. Corroemo-nos de ciúmes e de fantasias suspeitas.

Esse medo produz mais devastações no espírito de uma pessoa do que qualquer outro, pois, não raras vezes, leva à ruína moral, psicológica e financeira.

O medo da doença — Junto com a pobreza e a velhice, o medo da doença é extremamente assustador, porque nos expõe diretamente à dor e nos conduz à insegurança e ao desconhecido.

O medo da morte — Para muitos, o momento da morte parece ser uma preocupação que os acompanha a vida inteira, menos quando essa hora realmente chega. É inútil se preocupar com a morte, uma vez que a única certeza que temos é de que ela é inevitável.

Cada um de nós, quando chega à idade do discernimento, é subjugado por um ou mais desses seis medos básicos. Todos eles estão localizados no campo das preocupações.

Por isso, o passo inicial para eliminá-los é identificá-los, observar como eles se manifestam e como os alimentamos.

O passo seguinte é agir, apesar do medo, em busca da realização do nosso propósito. Somente a ação pode nos libertar do medo. Mas para agir, precisamos assumir responsabilidade sobre nossa vida. Precisamos ter autoconfiança.

Entre as forças da natureza, talvez não haja outra tão proveitosa para o desenvolvimento pessoal quanto a autossugestão — aquilo que dizemos diariamente para nós mesmos.

Por isso, aposse-se do princípio da autossugestão e faça uso constante dele, transformando-se numa pessoa decidida, dinâmica, proativa e independente.

Comece por copiar este texto, memorizá-lo e recitá-lo durante 60 dias, três vezes ao dia, refletindo sobre cada verso:

> "Creio em mim mesmo.
> Creio nos que trabalham comigo.
> Creio no meu líder.
> Creio nos meus amigos.
> Creio na minha família.
> Creio que Deus emprestará tudo o que eu necessito para triunfar, contanto que eu me esforce para isso por meios lícitos e honestos.
> Creio nas orações e nunca fecharei meus olhos para dormir sem antes pedir a divina orientação, a fim de ser paciente com os outros e tolerante com os que possuem crenças diferentes das minhas..
> Creio que o sucesso é o resultado do esforço inteligente e não depende de sorte, de magia, de amigos duvidosos, de companheiros ou do meu chefe.
> Creio que tirarei da vida exatamente o que nela colocar e, assim sendo, serei cauteloso quanto a tratar os outros como quero que eles me tratem.
> Não caluniarei aqueles de quem não gosto.
> Não diminuirei o meu trabalho por ver que outros o fazem.
> Prestarei o melhor serviço de que for capaz, porque jurei a mim mesmo triunfar na vida e sei que o triunfo é sempre o resultado do esforço consciente e eficaz.
> Finalmente, perdoarei os que me ofendem, porque compreendo que algumas vezes ofendo os outros e necessito do seu perdão."

9. Primeiro, formamos nossos hábitos; depois, nossos hábitos nos moldam.

Basicamente, todas as nossas atitudes se enquadram em dois campos: o das preocupações e o da influência.

Pessoas dependentes geralmente atuam no campo das preocupações. Elas sentem os problemas, percebem o que está errado, mas se submetem passivamente às suas preocupações por causa de sua dependência.

Quando assumimos responsabilidade sobre nossa vida, passamos do campo das preocupações para o da influência.

O campo das preocupações sempre está fora de nosso alcance. É algo externo, do qual acreditamos depender passivamente, como vítimas indefesas. Nesse campo, o foco são os outros, as circunstâncias, os eventos. Já o campo da influência está dentro de nós. Somos nós que temos ação sobre ele.

Quando focamos nossa atenção e energia para nós mesmos, nos questionando, desafiando, refletindo e mudando nossas convicções e atitudes, expandimos nosso campo de influência e aumentamos nosso poder pessoal. O resultado será um aumento de segurança, conforto e, consequentemente, de autoconfiança.

Não há nada mais trágico — ou mais comum — do que a inércia mental. Para cada dez homens que são fisicamente preguiçosos, existem 10 mil que são mentalmente estagnados. E um espírito estagnado é um enorme campo fértil para o medo e a insegurança.

Nossas convicções, basicamente, são hábitos de pensamento. Viver no campo das preocupações, assim como no campo da influência, é consequência do hábito de pensar e agir que adquirimos ao longo da vida.

Hábitos representam padrões mentais consistentes e, muitas vezes, inconscientes que se manifestam automática e involuntariamente nas nossas ações do dia a dia. Eles resultam do ato de fazer sempre a mesma coisa, pensar do mesmo modo ou repetir as mesmas palavras o tempo todo.

Depois que um hábito é formado, ele conduz e direciona automaticamente nossas ações. Primeiro, formamos nossos hábitos; depois, nossos hábitos nos moldam.

Visualize a confecção de uma corda de náilon. Suponha que você acrescente um fio por dia. Apesar da fragilidade de cada fio isolado, em pouco tempo, a corda não poderá mais ser rompida.

Nossos hábitos mais profundos são como cordas bem tecidas, difíceis de serem rompidos. Por isso, condicionamentos como o de ter uma atitude passiva, procrastinar, criticar, condenar e culpar os outros não podem ser mudados de uma hora para outra, é necessário tempo e dedicação.

> **UMA MENTE ESTAGNADA É UM CAMPO FÉRTIL PARA O MEDO E A INSEGURANÇA.**

10. Não gostamos de ser perturbados nas nossas crenças, convicções e preconceitos.

Como já falei, existe uma ideia coletiva que diz que somos o resultado dos nossos condicionamentos. Que a forma ou maneira com que desenvolvemos nossos padrões mentais determina amplamente quem somos e que nada pode ser feito para mudar esse condicionamento.

Não caia nessa lorota, isso não é verdade.

Nossos condicionamentos podem ser rompidos e alterados da forma como desejarmos. Como?

A ideia é esta: voluntariamente e, se necessário, pela força da disciplina, direcione suas ações e pensamentos para a atividade desejada até que isso se torne um hábito. Somente estabelecendo hábitos inteiramente novos podemos nos livrar dos hábitos antigos.

Pense sobre a maneira como aprendeu a escrever.

Primeiro você conduziu lentamente o lápis sobre letras já pontilhadas ou copiou as letras a partir de um modelo já desenhado.

Você repetiu esse processo até que, finalmente, formou o hábito de traçar essas linhas. Com o exercício da repetição, passou a escrever rapidamente e com extrema facilidade.

É assim com qualquer hábito: você começa lentamente e com dificuldades, mas, quando menos espera, tudo mudou.

O hábito influencia tanto nosso pensamento quanto nossas ações. Qualquer afirmação que você faça repetidamente para si mesmo ou qualquer desejo que plante e nutra em sua mente por um tempo razoável irá criar comportamentos que o tornarão uma realidade física.

Fiz questão que você entendesse isso, porque o princípio do hábito é a única forma de vencer os seis medos básicos que nos mantêm distantes da ação que nos leva ao desenvolvimento dos nossos desejos.

Por intermédio do medo, criamos o hábito da inércia e da estagnação. Para mudar, temos de usar o mesmo princípio e criar o hábito da ação.

APLICAÇÕES PRÁTICAS

1. Afaste-se das pessoas que o puxem para baixo, há pessoas demais fazendo isso. Quando perceber essa influência, afaste-se. Não se preocupe: há uma diferença entre autoconfiança, arrogância e prepotência e você saberá identificá-la.

2. Exalte seus pontos fortes diariamente, porque você não é perfeito e cometerá erros. E os seus adversários, as pessoas invejosas e medíocres à sua volta, irão lembrá-lo deles o tempo todo. Se você não for firme, se não exaltar suas coisas boas, chegará o tempo em que passará a acreditar neles.

3. Tenha claro os momentos e os motivos dos quais você sente orgulho, porque haverá momentos na sua vida em que não se sentirá tão bem assim. Quando isso acontecer, você precisará se lembrar desses momentos o tempo todo.

Lição 4

O HÁBITO DA ECONOMIA

A LEI

A pessoa que gasta mais do que ganha, que vive num permanente estado de escassez de dinheiro, raramente terá a disciplina e a autoconfiança necessárias para definir um propósito ousado, nem a credibilidade para criar e manter uma Mente Mestra sólida. Por isso, se você busca prestígio, sucesso e riqueza, chegou a hora de olhar para suas finanças pessoais e compreender a importância do hábito de guardar parte do que você ganha, desenvolvendo o hábito da economia.

CHAVES DO SUCESSO

Qualquer pessoa que atinge a idade de começar a entender os benefícios de ter dinheiro quer tê-lo. Mas querer, somente, não é o suficiente. Você precisa ir além e desenvolver uma mentalidade de abundância e riqueza.

Você precisa aprender a exigir de si mesmo um aumento da capacidade de ganhar dinheiro e, ao mesmo tempo, separar sistematicamente uma quantia certa do que ganha. Se fizer isso, em pouco tempo, irá eliminar todas as limitações imaginárias do seu espírito e terá aberto o caminho que o levará para a sua independência financeira.

Todas as pessoas que alcançaram grande sucesso na vida, antes de trilhar a estrada do sucesso, tiveram de corrigir certos pontos fracos na sua personalidade.

Uma das maiores fraquezas que se interpõem entre as pessoas e o sucesso é a tendência de gastar mais do que se ganha.

Nesta lição, você vai descobrir por que economizar dinheiro é uma das qualidades mais essenciais para alcançar o sucesso e entender por que tão poucas pessoas conseguem fazê-lo.

Querer é poder!

1. Sem economizar, não é possível vencer na vida. Não há exceção a essa regra e ninguém poderá escapar dela.

Milhares de pessoas vivem em estado de pobreza e limitação porque fazem mau uso da lei desse hábito. **Por exemplo:** em vez de desenvolverem o hábito de economizar, desenvolvem o hábito de gastar de forma descontrolada. A queixa cínica é: sobra mês no fim do salário.

Ignorando a força do hábito, tornam-se incapazes de perceber que sua situação é uma consequência lógica de suas próprias atitudes.

Repito: economizar é fundamental. Sem esse hábito, você jamais conseguirá criar o poder necessário para obter sucesso e criar riqueza.

Nossos resultados, em grande parte, são uma consequência daquilo em que acreditamos. E quando uma pessoa fixa em sua mente a ideia de que nunca terá dinheiro suficiente ou de que sua capacidade de ganhar dinheiro se limita a certa quantia, ela dificilmente ganhará mais do que isso.

Ela passará a aceitar o limite autoimposto e desenvolverá uma mentalidade de escassez que a levará a temer a pobreza. Com isso, ela não perceberá mais as oportunidades que cruzarão seu caminho e, assim, sua sentença estará lavrada e sua sorte, decidida.

Uma vez que a oportunidade de formar uma mentalidade de abundância escapulir, ela dificilmente retornará por conta própria. Passaremos o tempo todo à sua espera, fixando assim nosso destino. Mesmo que consigamos em certos momentos uma pequena sobra, quando menos percebermos, estaremos de volta ao ponto de origem, sem nada.

Mas entenda: desenvolver o hábito de economizar não significa limitar suas fontes de renda ou viver com um pensamento de escassez. **Ao contrário:** ao desenvolver o hábito da economia, você não somente irá conservar o que ganha de uma maneira sistemática, como também abrirá novos caminhos para oportunidades ainda maiores.

Por isso, o hábito de economizar não só é bom pelo dinheiro que você ganha, mas pelo estado mental que uma reserva financeira produz. Ele lhe dará a visão, a autoconfiança, a imaginação, o entusiasmo, o poder da iniciativa, a autonomia e a liderança necessários para aumentar sua capacidade de ganhar dinheiro.

> **ECONOMIZAR NÃO SÓ É BOM PELO DINHEIRO QUE POUPAMOS, MAS PELO ESTADO MENTAL QUE UMA RESERVA FINANCEIRA PRODUZ.**

2. A maioria das pessoas possui, fixamente, um potencial de ganho autoimposto. Elas nunca receberão mais do que o estabelecido em suas mentes.

A lei do hábito basicamente funciona assim: se você seguir um caminho todos os dias ao se dirigir ao trabalho ou a outro lugar que visite com muita frequência, em pouco tempo, o hábito estará formado.

Sua mente o levará, automaticamente, pelo caminho que você seguiu diariamente, sem que o pensamento intervenha. Se sair com a intenção de seguir em outra direção e não estiver alerta, o hábito o conduzirá ao caminho de todos os dias.

Se você compreender a lei do hábito e aplicá-la no desenvolvimento de uma rotina diária de economizar, garantirá sucesso no jogo financeiro por aplicar dois conceitos fundamentais: por um lado, você economiza e, por outro, cria todos os requisitos necessários para investir suas economias de forma sábia.

Compreenda: se todos os dias você exigir e pleitear de si mesmo resultados melhores, aumentando sua capacidade de ganhar dinheiro, e, ao mesmo tempo, guardar sistematicamente uma quantia razoável do que ganha, inevitavelmente atingirá um ponto onde todas as limitações serão removidas da mente.

Esse será o começo da sua independência financeira. Nada pode ser mais lógico e simples do que esse processo.

Aplicando a lei no sentido contrário, ao permitir que o medo da escassez se apodere da sua mente, muito antes de perceber, terá reduzido sua capacidade de guardar dinheiro.

Em pouco tempo, você atingirá um ponto em que não conseguirá cobrir sequer as despesas básicas da sua sobrevivência, muito menos pensar em investimentos extras.

> **3.** A pobreza, por si só, é suficiente para matar qualquer ambição, destruir a autoconfiança e, junto com ela, qualquer esperança de vencer.

O acúmulo de dívida também resulta de um hábito. Só que a pessoa faz o inverso: ao invés de desenvolver o hábito da economia, ela desenvolve o hábito de gastar mais do que ganha.

Esse hábito quase sempre começa sutilmente, crescendo aos poucos, passo a passo, até adquirir uma proporção em que toma conta da situação, escravizando suas vítimas.

Poucas pessoas, uma vez afetadas pelo hábito do endividamento, conseguem se libertar desse erro em tempo de conseguir explorar algo melhor para suas vidas.

Por isso, fique alerta: a dívida é como areia movediça. Se não ficarmos atentos, quanto mais lutarmos para sair, mais ela nos devorará.

E mais: se acrescentarmos a pobreza ao peso do endividamento, torna-se ainda menor a chance de que a pessoa que se torna vítima desses dois males consiga dar a volta por cima.

A dívida é um mestre impiedoso, um inimigo fatal do hábito de economizar. Uma vez endividados, nossas chances de economizar se tornam muito pequenas.

Ninguém consegue dar o melhor de si, ninguém consegue se expressar de uma maneira que impõe respeito, ninguém consegue criar e alcançar um propósito definido em sua vida, ninguém consegue criar uma Mente Mestra forte e sólida quando está seriamente endividado.

Há três razões que explicam o porquê:

> **Razão nº 1** – A pessoa que está endividada possui um padrão mental que a colocou nesse estágio. Para se libertar dessa situação, ela precisa primeiro se ver livre desse padrão mental.
>
> **Razão nº 2** – Uma pessoa presa às dívidas está na mesma situação que aquela que está presa à ignorância. Ela se sente ameaçada pelas limitações impostas pela própria situação.
>
> Ou seja: a pessoa que se sente aprisionada por dívidas não possui tempo ou inclinação para estabelecer ou trabalhar sobre propósitos definidos, enfrentará dificuldade em estabelecer uma Mente Mestra e terá sua autoconfiança abalada.
>
> Por tudo isso, repito: nenhum sacrifício é grande demais para evitar qualquer tipo de endividamento.
>
> **Razão nº 3** – Como vimos no fim da lição anterior, o medo da pobreza é um dos seis medos mais destrutivos. A pessoa que se torna vítima do endividamento é afetada por esse medo. Sua ambição e autoconfiança são anuladas; e, aos poucos, ela se retrai no isolamento e na desmoralização, evitando qualquer reação.

NENHUM SACRIFÍCIO É GRANDE DEMAIS PARA EVITAR QUALQUER TIPO DE ENDIVIDAMENTO.

---

4. O hábito de economizar não só é positivo pelo dinheiro que você guarda, mas também pelo estado mental que o fato de ter dinheiro produz.

Qualquer ideia que fixamos na consciência, mesmo que involuntariamente, ou qualquer pensamento que permitimos que se estabeleça na mente, independentemente de sua origem — seja como resultado da influência de amigos e familiares ou repetidos por sugestão do ambiente — tende a provocar em nós atitudes que estejam em harmonia com essa influência.

Se você formar o hábito de pensar e falar em prosperidade, abundância e riqueza, muito em breve, estará praticando atos que o levarão em direção a esses objetivos. E quando menos perceber, evidências físicas como oportunidades novas, amplas e inesperadas aparecerão.

Coisas com energia igual se atraem. Se alguém se habitua a falar e a pensar que os negócios não vão bem, em pouco tempo, eles começarão, de fato, a dar errado.

Se deixarmos uma pessoa amarga e pessimista exercer sua influência sobre nossa equipe, ela destruirá o trabalho de pessoas competentes. E fará isso implantando nos espíritos dessas pessoas a ideia da pobreza, da escassez e do fracasso.

Em grande parte dos lares, o tema central das conversas é a escassez e a pobreza. Quase sempre, esses lares não conseguem mais do que isso. As pessoas pensam na pobreza e a aceitam como seu destino final. Julgam que, pelo fato dos seus antecessores terem sido pobres, elas precisam permanecer pobres também.

Elas não percebem que a consciência da pobreza é produzida pelo hábito de pensar em pobreza, de falar em pobreza e de sentir medo dela.

Com o tempo, esse pensamento, assim como toda ideia mantida por um longo período em nossas mentes, produz suas evidências materiais e físicas. Essas evidências, por sua vez, darão origem a pensamentos ainda mais contaminados por esses sentimentos, criando um ciclo de pessimismo

...e afeta todos os nossos resultados. O hábito de pensar em escassez e pobreza faz elas se solidificarem em nossas vidas.

> **AS PESSOAS PENSAM NA POBREZA E A ACEITAM COMO SEU DESTINO FINAL.**

5. Todo sacrifício do mundo será pouco para evitar a infelicidade das dívidas.

Há dois tipos de dívidas, tão diferentes em natureza, que merecem ser consideradas aqui:

> **1** – Dívidas feitas pela aquisição de coisas banais e supérfluas, que são gastos irreversíveis, tornando-se um peso morto.
> **2** – Dívidas decorrentes de negócios e aquisições de bens ou imóveis que podem ser convertidos em ativos.

O primeiro tipo de dívidas deve ser evitado a todo custo. O segundo, poderá ser tolerado, se o devedor for prudente e não se permitir ir além de limites razoáveis, gastando além da sua capacidade.

Quando uma pessoa gasta além de seus limites, em qualquer tipo de negócios, entra no campo das possibilidades e da especulação.

A partir desse momento, ela passa a depender da sorte, entregando o controle da situação ao mero acaso.

Nesse caso, a pessoa até pode se beneficiar com um lance de sorte, mas esse tipo de atitude quase sempre devora as suas vítimas ao invés de enriquecê-las.

Geralmente, todas as pessoas que gastam mais do que podem são tentadas a especular, com a esperança de que no futuro poderão liquidar, com uma simples obra do acaso, todos os seus débitos.

A sorte, porém, costuma não mostrar a cara quando se conta com ela. E longe de se encontrarem livres de dívidas, com capital extra, os especuladores quase sempre se tornam escravos dos saldos negativos. Um devedor desse nível, em função dos juros que paga, deixa de trabalhar para si e se torna um escravo do seu próprio problema financeiro.

Isso não significa que nunca podemos assumir riscos na vida. Riscos são necessários, mas precisam ser calculados e devem sempre estar escorados em um rigoroso plano estabelecido sobre o hábito da economia, e não do consumo descontrolado e desnecessário.

> **6.** Qualquer hábito pode ser abandonado e substituído por outro mais desejável. O hábito de gastar deve ser substituído pelo de economizar, pois isso contribuirá para que se alcance independência financeira.

A pessoa que tem dívidas, para se ver livre do espírito da escassez e da pobreza, precisa, de saída, tomar duas medidas radicais:

Primeiro: Abandonar o hábito de comprar a crédito.
Segundo: Liquidar, pouco a pouco, as dívidas já contraídas.

Mas entenda: não é preciso bater com a cabeça no fundo do poço para elaborar um orçamento pessoal rígido e saudável.

Cortar a dívida pela raiz antes de perder o controle, evitando as consequências emocionais negativas que ela causa, é a melhor atitude que podemos desenvolver.

Se você conseguir organizar seu orçamento e começar a poupar antes de se tornar vítima do hábito de comprar e gastar excessivamente, posso lhe garantir uma coisa: seu alicerce para uma vida financeira saudável estará construído.

Os seis passos definidos a seguir são uma ferramenta prática para auxiliar qualquer pessoa a liquidar qualquer débito:

1. Identifique suas dívidas

Primeiro, vamos olhar para suas dívidas. Encare o problema de frente. Crie coragem e enfrente os extratos, notas e contas que o mantêm preso no cativeiro dos endividados.

Em seguida, calcule o valor total que deve e relacione seus credores. Identifique qual dívida tem as maiores taxas de juros e descubra o quanto você está realmente pagando de juros nesses casos.

Mas lembre-se: um número percentual não representa muita coisa. É preciso saber quanto você está pagando de juros em valores exatos. Você precisa saber quanto está depositando do seu trabalho na dívida. Só assim compreenderá que está trabalhando para ela.

Quando tiver feito isso, mesmo que o valor total pareça sombrio e assustador, saiba que deu o primeiro passo para se livrar dessa prisão.

2. Crie o seu orçamento

Agora, vamos olhar para seus gastos. Descubra em que está gastando seu dinheiro e determine o quanto desses gastos pode ser reduzido por mês.

Primeiro, decida quanto você realmente precisa para a sobrevivência diária e veja quanto precisa para cobrir a manutenção dos pagamentos mínimos da sua dívida.

Depois, corte o resto. Evite fazer qualquer gasto fora dos dois itens acima. Não tenha pena de si mesmo. Você terá de fazer sacrifícios e cortar muitas coisas supérfluas em seu orçamento até colocar a sua vida financeira em ordem.

LIÇÃO 4 — O HÁBITO DA ECONOMIA

3. Procure seus credores e renegocie suas dívidas

Com suas contas organizadas, tente renegociar as dívidas dentro de um plano que caiba no seu orçamento. Marque uma consulta com um *coach* financeiro, caso o seu banco ofereça esse tipo de serviço.

Tente renegociar todas as dívidas que achar necessário, mantendo rigorosamente o orçamento definido no item 2.

Ao renegociar as dívidas, além de obter melhores taxas de juros, você se livrará de multas e cobranças indesejadas.

4. Pague a sua dívida

Se o banco colocar um *coach* financeiro à sua disposição, peça ajuda para definir quais dívidas devem ser pagas primeiro. Senão, pague primeiro aquelas contas que possuem as taxas de juros mais altas.

Fique atento: se tiver um empréstimo a juros mais baixos, ou mesmo sem juros, mas que lhe esteja causando grande estresse mental e emocional, a tendência é querer começar por ele.

Quando esse for o caso, tente negociar novos prazos, mantendo baixa a taxa de juros. Somente em último caso esse tipo de conta deve ser paga antes de dívidas com juros mais elevados.

Lembre-se: a primeira medida para liquidar suas dívidas é estancar o crescimento delas. Contas com juros altos continuam criando aumento nos débitos.

5. Siga o plano com rigor

Qualquer plano só funcionará se, paralelamente, você parar com os gastos excessivos. Mantenha-se fiel a isso.

Economizar é um hábito. Resista às primeiras tentações de comprar qualquer coisa. Com o tempo, essa necessidade passará.

Assim que pagar um conjunto de dívidas, comece, imediatamente, a quitar as dívidas remanescentes.

Siga um processo de pagamento cachoeira, de cima para baixo, até que todas as suas contas estejam pagas.

6. Comece a investir

Assim que você liquidar suas dívidas, mova seu dinheiro para uma conta poupança ou de investimentos.

Evite a tendência de voltar ao velho hábito de gastar descontroladamente.

Livre da preocupação das dívidas, você estará pronto para reformular seus hábitos mentais e redirecionar a sua marcha em direção à prosperidade.

Adote, como parte do seu objetivo definido, o hábito de economizar uma parte exata dos seus rendimentos, mesmo que essa economia seja apenas uma quantia pequena. Antes mesmo de poder imaginar, o hábito se instalará na sua mente e você sentirá alegria em economizar.

Depois de dominar o medo da escassez e desenvolver o hábito da economia em seu lugar, a acumulação de dinheiro não será difícil.

E lembre-se: o hábito de economizar não só é positivo pelo dinheiro que você guarda como também pelo estado mental que uma reserva financeira produz na sua mente.

APLICAÇÕES PRÁTICAS

1. Defina em sua mente uma descrição exata do que você quer, até mesmo a quantia que deseja adquirir. Esse propósito vai se tornar um ponto de referência que moldará seus pensamentos e ações em planos práticos para realizá-lo.

2. Usando a lei do hábito, mantenha esse propósito sempre em mente. Essa prática destruirá a mentalidade de pobreza e construirá em seu lugar uma visão daquilo que você busca.

3. Aja. Quando começar a agir, você pleiteará prosperidade e passará a aceitar e a esperar aquilo que busca de uma forma diferente, porque saberá que está pagando o preço e, por isso, merece a recompensa.

4. Prepare-se para receber o que busca e para usá-lo de maneira sábia, pavimentando o caminho para o hábito da economia.

5. Estabeleça quanto você economizará de tudo o que receber pelo seu trabalho. Por exemplo, no mínimo 10% de todas as suas entradas. Assim que suas conquistas aumentarem, suas economias também aumentarão.

Lição 5

INICIATIVA E LIDERANÇA

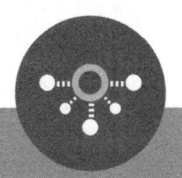

A LEI

Sonhos, desejos e propósitos sem ação para pouco ou nada servem. É preciso iniciativa e liderança para criar e articular os meios necessários para torná-los realidade. Somente a pessoa que tiver iniciativa criará um propósito definitivo, formará uma Mente Mestra, nutrirá sua autoconfiança e economizará parte do que ganha. E é ela, a iniciativa, que o transformará em um líder. Então, se você busca um lugar no topo, chegou a hora de intensificar sua iniciativa e tornar-se um líder!

CHAVES DO SUCESSO

O mundo dá seus melhores prêmios em troca de uma única coisa: iniciativa. Tudo começa com uma ideia. Mas as ideias não sabem tomar conta de si próprias. Elas precisam de orientação, direcionamento e inspiração, o que só a iniciativa pode dar.

É difícil ter iniciativa ou tornar-se um líder eficiente quando não acreditamos em nós mesmos. Assim como é difícil acreditarmos em nós quando não conseguimos pagar nossas contas ou, pior ainda, quando devemos uma vela para cada santo.

Por isso, agora que você já aprendeu o valor do propósito definido, da Mente Mestra, da autoconfiança e do hábito de economizar, é hora de aprender os meios que lhe ajudarão a se tornar um líder poderoso – e não mais um mero simpatizante.

Os dois princípios desta lição – iniciativa e liderança – são termos associados, pois a liderança é essencial para a consecução do sucesso e a iniciativa é a verdadeira base sobre a qual a liderança é construída.

Então, vamos em frente. Nesta lição, você descobrirá um recurso que, se aplicado de maneira inteligente, o levará a gravitar nos andares mais altos do sucesso.

Querer é poder!

LIÇÃO 5 – INICIATIVA E LIDERANÇA

1. Iniciativa é a qualidade excepcionalmente rara que impele a pessoa a fazer o que é preciso, sem ser necessário que alguém lhe diga o que fazer.

Quando se trata de iniciativa, podemos classificar as pessoas em quatro categorias:

1 – Aquelas que agem sem que alguém lhes diga para agir e sem especificar que ação tomar.
2 – Aquelas que agem quando alguém lhes diz, uma única vez, para agir, orientando-as sobre o que fazer.
3 – Aquelas que agem somente quando a necessidade as força a fazê-lo.
4 – Por último, na escala inferior, aquelas que não agem nem mesmo quando alguém as estimula e mostra passo a passo o que fazer.

Pense sobre essas quatro categorias. **Honestamente:** em qual delas você está?

A liderança não se impõe ou surge do nada. Liderança é algo que você precisa criar. E a única maneira de criá-la é desenvolvendo o hábito da iniciativa. Ela não pode ser encontrada em quem não tem iniciativa.

A questão é: precisamos de iniciativa para tudo. Principalmente nas situações em que você quer:

- Detectar seu talento
- Desenvolver sua paixão
- Encontrar um sentido verdadeiro para sua vida
- Criar um propósito definido
- Formar uma Mente Mestra em torno desse propósito
- Desenvolver a autoconfiança para executar essas ideias
- Adotar o hábito da economia

Para não transformar este livro em uma obra gigante, então vou parar de listar coisas para as quais é preciso ter iniciativa. Mas acho que você já conseguiu ter uma ideia da importância do tema.

É indispensável, porém, que você entenda: apenas quando tivermos iniciativa para desenvolver todas essas características, apenas quando tivermos desenvolvido a liderança sobre nós mesmos, poderemos verdadeiramente liderar outras pessoas.

O sucesso não tem atalhos. Não há como aterrissar de paraquedas nele. O caminho precisa ser trilhado passo a passo. E cada passo requer iniciativa.

Outra questão-chave: em que consiste a sua liderança?

Todos nós, voluntária ou involuntariamente, exercemos algum tipo de influência sobre os outros. Essa influência é o nosso nível de liderança atual. Não importa onde estivermos, nossas atitudes sempre servirão de exemplo para algumas pessoas. Sua equipe sempre será um reflexo daquilo que você é.

Liderança é exemplo, não discurso. Por isso, quando nossas atitudes não forem o exemplo que queremos que as pessoas sigam, não adiantará tentar orientá-las com regras e sermões, isso será inútil.

Em vez disso, devemos desenvolver o tipo de atitude que gostaríamos que elas tivessem e expressá-lo em nossas ações. Se você fizer isso, irá se surpreender com a rapidez com que as pessoas à sua volta adotarão as mesmas atitudes.

Por exemplo: se sua família está se degradando, não faça o papel de vítima. Assuma a responsabilidade pela crise. Procure as causas dessa degradação em suas atitudes e mude, transforme-se, reinvente-se e verá que aqueles que o seguem também mudarão.

Se quiser realmente desenvolver iniciativa, pare a leitura por um minuto e reflita sobre essas duas questões:

- O que seria necessário para você se tornar um líder ainda melhor em sua família, empresa ou comunidade?

- Quais são, na sua opinião, os atributos da verdadeira liderança e como você pode cultivá-los?

Escolha o que você quer ser! Se você consegue visualizar algo em sua mente, também pode realizá-lo em sua vida!

LIÇÃO 5 — INICIATIVA E LIDERANÇA

2. O mundo concede os seus grandes prêmios, tanto em dinheiro como em honras, em troca de uma coisa: iniciativa.

Como é muito importante desenvolver a iniciativa em todos os aspectos da sua vida, quero apresentar a você três táticas extremamente poderosas que já podem ser colocadas em prática:

1. Declare guerra à procrastinação

Se quer desenvolver iniciativa, a primeira coisa que você precisa fazer é tornar-se um inimigo fiel da procrastinação. É sério! Elimine esse hábito do seu dia a dia. Você consegue!

O que é procrastinar? A resposta é familiar a todos nós: deixar para amanhã o que deveríamos fazer agora (ou ter feito ontem!). A maioria das pessoas tem uma tendência incrível a deixar tudo para depois.

Esse mal está no gargalo das forças mais vitais do ser humano. E odeio dizer isso, mas, se você é um procrastinador crônico, é muito difícil atingir qualquer nível de sucesso antes de se livrar desse mal. Por outro lado, conseguir fazer as coisas bem-feitas dentro do prazo representa uma enorme vantagem na vida.

Uma coisa importante: deixar de procrastinar não significa apenas fazer as coisas urgentes e importantes. Mas também fazer aquelas coisas que aparentemente não exercem nenhuma pressão na nossa agenda, que não possuem urgência aparente, mas que são extremamente importantes.

Entre elas estão atividades como planejar, ler um livro, cuidar da saúde, criar um propósito definido, trabalhar na organização da sua Mente Mestra, praticar o hábito da economia, desenvolver a autoconfiança e assim por diante.

2. Pratique o hábito da iniciativa a todo o momento

A segunda coisa é praticar a iniciativa constantemente.

Não importa onde esteja neste momento, você tem o poder de exercer certo nível de liderança, mesmo que seja apenas sobre si mesmo.

A questão aqui é: independentemente do que estiver fazendo, cada dia traz consigo a oportunidade de fazer alguma coisa nova, fora da sua agenda, que será de extremo valor para você e para outras pessoas. E quando a fizer, não espere uma recompensa financeira imediata. Faça-a simplesmente como prática, como forma de desenvolver um espírito de iniciativa forte e agressivo em você.

Não importa o quanto recebam as pessoas que trabalham exclusivamente pelo dinheiro. Se não ganham mais que o pagamento monetário, elas sempre se sentirão mal remuneradas. Dinheiro é necessário, mas as grandes recompensas da vida não podem ser medidas em valores monetários.

A alegria de criar uma obra de arte, por exemplo, é uma alegria que não pode ser substituída pelo dinheiro que ela representa. Ela possui um valor em si, que se manifesta por meio do próprio processo de criação e que é muito maior do que qualquer recompensa material.

Nenhum sentimento produzido pelo dinheiro pode ocupar o lugar da alegria e da satisfação da pessoa que vê o fim de um trabalho feito com arte. E você pode transformar seu trabalho em arte em qualquer ramo profissional, todos os dias.

3. Estimule outras pessoas a praticar a iniciativa

A terceira coisa, e talvez a mais importante, é estimular a iniciativa em outras pessoas. Parece estranho, mas acredite: a melhor forma de desenvolver o hábito da iniciativa é estimular outras pessoas a desenvolvê-la.

Pense sobre o assunto: você já reparou que, quando uma pessoa se converte a uma religião, a primeira coisa que ela faz é tentar converter para a mesma religião as pessoas que estão à sua volta?

Adote esse mesmo processo com a iniciativa. Fale sobre isso com as pessoas à sua volta, com os membros da sua equipe, com sua família.

LIÇÃO 5 — INICIATIVA E LIDERANÇA

Mas lembre-se: não podemos estimular a prática da iniciativa se nós mesmos não a praticarmos.

Você até pode, por um tempo, manipular ou liderar pela força ou por imposição. As pessoas até podem obedecer enquanto precisam do emprego, mas dificilmente terá delas a sua paixão e seu entusiasmo.

Entenda: grandes resultados não são alcançados por pessoas frias, passivas e disciplinadas pela força ou por coerção.

O líder que pensar que pode manter sua liderança assim não irá muito longe. Sua equipe irá sabotá-lo e boicotá-lo assim que tiver a oportunidade de fazê-lo.

Você já deve ter ouvido falar que quem vive pela espada morrerá por ela. O que isso quer dizer? Que aquilo que dermos ao mundo, receberemos de volta. Se semearmos o ódio e a inveja, desenvolveremos essas mesmas qualidades nos outros e em nós mesmos. Se ajudarmos os outros a desenvolver o hábito da iniciativa, em compensação, desenvolveremos esse hábito neles e também em nós mesmos.

Um último detalhe importante: se você praticar o hábito da iniciativa e estimular as pessoas a praticá-lo, já estará dando passos seguros em direção à liderança.

3. Mais ouro foi extraído dos pensamentos do homem do que todo aquele que foi tirado da terra.

Em todos os segmentos da sociedade, há os líderes que exercem liderança verdadeira e há os que visam benefícios próprios, buscando vantagens pessoais. Essa característica divide a liderança em dois tipos: um é construtivo e positivo e o outro é destrutivo e negativo.

O negativo, que não leva ao sucesso, mas sim ao fracasso absoluto, é o tipo adotado por líderes que forjam sua liderança por meio da força, corrupção, deslealdade e manipulação.

Não há necessidade de descrever aqui esse tipo de liderança. Basta pensar, por exemplo, em Mussolini, Adolf Hitler, Bin Laden, Hugo Chaves, Pablo Escobar, entre tantos outros.

Todos eles eram grandes líderes, não há dúvida em relação a isso. Mas, em vez de deixarem uma contribuição positiva ao mundo, levaram seus seguidores e a si mesmos à destruição. Tinham todos os requisitos necessários para a liderança. Eles tinham imaginação, tremendo autocontrole e um entusiasmo contagiante. Mas, ao mesmo tempo, tinham um erro de caráter. O desejo de liderança era baseado em ambição e autoengrandecimento.

Agora pense em Madre Teresa, Nelson Mandela, Martin Luther King, Gandhi, Abraham Lincoln. O que os diferencia dos primeiros? Tanto Lincoln como Hitler lideraram exércitos. Onde está a diferença? Ora, está no objetivo de cada um deles.

No caso de Lincoln, o objeto de sua liderança foi trazer a verdade, a justiça e a compreensão ao povo americano. Foi libertar as pessoas da escravidão. Além de autoridade formal — o cargo de presidente —, ele tinha autoridade moral. Seus valores estavam embasados em princípios universais que estão acima do interesse individual.

Hitler, porém, criou seus próprios valores. Seu caráter estava embasado em suas crenças pessoais, que contradiziam princípios como igualdade, justiça e caridade. Ao invés de libertar o povo da escravidão, ele tentou escravizá-lo.

Entenda: o tipo de liderança sempre se define no caráter da pessoa. Uma vez definido seu caráter, busca-se a cooperação e a influência de pessoas para o objetivo definido nesse caráter.

Outra palavra importante para entender a diferença entre esses dois tipos de liderança é "cooperação".

É o caráter que define o tipo de cooperação que teremos: espontânea ou forçada. Se o caráter estiver embasado em princípios universais, baseados na igualdade e justiça, a cooperação será espontânea.

Se, entretanto, a cooperação for imposta pela força e manipulação, a harmonia não sobreviverá por muito tempo: infidelidade e conspirações de toda ordem a destruirão.

LIÇÃO 5 — INICIATIVA E LIDERANÇA

Cooperação é um dos fatores mais importantes em qualquer tipo de liderança. Ela é fundamental na vida em família, nas relações amorosas, nas empresas e organizações, na sua comunidade e em qualquer tipo de governo.

Nenhuma pessoa pode alcançar elevados níveis de sucesso ou durar em sua posição de liderança se não entender ou aplicar a regra da cooperação em suas relações. Obter cooperação é manter o coração aberto e estar seguro de que o fim buscado é tão importante para a outra pessoa quanto é para você.

A falta de cooperação destrói mais empresas, relações sociais e familiares do que todas as outras causas combinadas. O fim da cooperação acontece, geralmente, quando a pessoa no comando tenta injetar suas necessidades, intenções e desejos nas pessoas que lidera.

Quando a cooperação acaba, a competição e disputa acabam se tornando o foco principal das pessoas. Quando isso acontece, as perdas se tornam, muitas vezes, irreversíveis e irreparáveis.

> **4.** Em qualquer tipo de negócio, aquele que assumir a liderança terá de viver sob os holofotes. Disputa, concorrência, ciúme e inveja serão sentimentos comuns das pessoas à sua volta.

Para qualquer pessoa que se destacar no mundo da arte, literatura, música, indústria ou qualquer outra atividade, tanto a recompensa quanto o preço a ser pago serão sempre os mesmos. A recompensa é a satisfação e o reconhecimento. As penalidades são a inveja e a detração.

A questão aqui é: se seu trabalho se tornar um modelo para sua comunidade, seu país ou para o mundo, ele também se tornará alvo de críticas e de inveja. Se, por outro lado, ele for medíocre e insignificante, você será deixado em paz, quieto em seu canto, mas também sofrerá a frustração e o irreparável remorso de estar vivendo em vão.

Multidões foram até Bayreuth, na Alemanha, para admirar a música de Wagner. Enquanto isso, um pequeno grupo que havia sido despojado e substituído pelo seu estilo o criticava. Com argumentos contaminados por raiva, inveja e ódio, diziam que ele era um músico vulgar.

Especialistas em navegação e jornalistas criticavam Robert Fulton. Afirmavam que ele nunca seria capaz de construir um navio a vapor. Ridicularizaram seu sonho até mesmo no dia em que multidões se aglomeraram nas margens do rio Hudson, em Nova York, para ver o barco a vapor singrar as águas e mudar a história náutica.

Minorias diziam que Henry Ford não sobreviveria mais do que um ano com seu automóvel Modelo T. Ford, porém, ele ignorou todos os comentários, cuidou daquilo que era importante e seguiu em frente, tornando-se o homem mais poderoso e rico do mundo em seu tempo.

O líder é atacado porque é um líder. E o esforço para derrubá-lo é apenas uma prova a mais de sua liderança.

Ao sentir-se incapacitado de igualá-lo ou superá-lo, o crítico tenta destruir o líder. Mas se tivermos construído nossa posição sobre a autoridade moral, a crítica de nossos oponentes apenas reforçará nossa posição.

Na verdade, nada disso é novidade. Sentimentos como inveja, medo, ganância, ambição e o desejo de ser maior do que o outro têm a idade do próprio ser humano. E todos nós sabemos também que esses sentimentos não nos levam a lugar algum, exceto ao desespero e à frustração.

Por que, então, não nos livramos deles? Ora, falta iniciativa. Faltam-nos compreensão, visão, disciplina e entusiasmo. Em outras palavras, falta-nos liderança sobre nós mesmos. E sem ela, como já disse, jamais poderemos liderar outras pessoas de forma eficaz.

Quando a liderança tem base sólida, quando é estruturada sobre um propósito definido e um caráter reto, ela não pode ser afetada pelos ataques dos adversários.

Grandes acadêmicos, poetas, pintores, políticos, empreendedores, cientistas e inventores, todos foram atacados e todos permaneceram acima das críticas. Muitos usaram-nas como estímulos, como degraus que os levaram cada vez mais em direção ao seu sucesso. Você pode fazer isso também.

Compreenda: aquilo que é bom e de valor se faz notar, não importa a intensidade das críticas. Um líder verdadeiro não pode ser afetado pela inveja alheia. Ao contrário, ele se reafirma com esses sentimentos, porque esse tipo de atitude apenas reforça os holofotes da sua posição.

> **O LÍDER É ATACADO PORQUE É UM LÍDER. E O ESFORÇO PARA DERRUBÁ-LO É APENAS UMA PROVA A MAIS DE SUA LIDERANÇA.**

5. A pessoa, sozinha, tem o poder de transformar seus pensamentos em realidade física.

Há uma qualidade essencial da qual dependem a iniciativa e a liderança: coragem. E é bom esclarecer que há dois tipos de coragem. Uma é a coragem física e a outra é a coragem moral. Para alcançar sucesso, prestígio e riqueza material, você precisa tanto de uma quanto da outra.

Como é muito importante que você entenda a diferença entre as duas, vou analisar cada uma delas um pouco mais a fundo:

Coragem física — Basicamente é bravura, que significa não ter medo. O maior pateta pode agir com bravura. E, muitas vezes, ele faz isso porque é incapaz de reconhecer o perigo ou não tem conhecimento suficiente para se sentir ameaçado. Coragem física é importante, mas, quando mal utlilizada, pode ser muito danosa.

Por isso, além de bravura, você precisa de coragem moral.

Coragem moral — É muito mais do que bravura. Ela é essa firmeza de espírito, essa força de caráter que, mesmo reconhecendo cada detalhe do perigo envolvido, nos faz seguir em frente, encarando a situação.

Podemos considerar a questão da seguinte maneira: enquanto bravura, como já vimos, é uma característica *física*, a coragem é uma característica *mental* e *moral*.

Suponha que você tenha que falar em público, num evento muito importante, pela primeira vez. Certamente você irá sentir um frio na barriga e suas pernas irão tremer — isso é medo de enfrentar uma situação que não lhe é familiar. Se, apesar desse medo, você seguir em frente, agirá com bravura. E essa é a coisa certa a fazer.

Agora, imagine que você seja duramente criticado e publicamente afrontado devido ao que você disse em público, que reação você teria? Seja qual for sua atitude, não seria interessante usar sua coragem física para resolver essa questão.

Nesse caso, uma reação mais coerente seria utilizar sua coragem moral. Você pode, humildemente, mas com coragem, admitir que aquilo que está sendo questionado, na verdade, foi dito de forma inapropriada por você ou pode sustentar seu ponto de vista, reforçando ainda mais sua argumentação. Isso é coragem moral.

No exercício da liderança, muitas vezes nos encontraremos diante de situações em que seremos contrariados. Essas opiniões contrárias podem ser argumentos fortes que confrontam nossa decisão. Se isso ocorre em um momento em que temos a certeza de que nossa atitude é a correta, precisamos ter a coragem moral de mantê-la. No entanto, se as evidências mostram que nossa escolha realmente foi equivocada, precisamos admitir o nosso erro.

Para desenvolver coragem moral, é preciso um caráter firme, intenção sincera e foco no resultado que desejamos. Além disso, temos que assumir responsabilidade pelos nossos atos, independentemente de eles terem sido uma decisão exclusivamente nossa ou sob a influência da opinião de outra pessoa.

Tudo se resume à velha questão: não interessa por que você tomou a decisão; uma vez que você bateu o martelo, a responsabilidade das consequências será sempre e somente sua.

Volto a dizer: iniciativa, assim como liderança, exige coragem. Sem ela, não há como desenvolver iniciativa. A verdade é que a coragem,

LIÇÃO 5 — INICIATIVA E LIDERANÇA

principalmente a coragem moral, abriga inúmeras outras qualidades importantes para o exercício da liderança.

O *sacrifício* é uma delas. Uma vez que tiver seu propósito estabelecido, você terá que se doar à sua realização o tempo todo.

Outras duas qualidades necessárias são *trabalho duro* e *responsabilidade* — características triviais de um vencedor. Você será o primeiro a chegar no trabalho e o último a sair. Terá que assumir erros das pessoas de sua confiança e ainda terá que agir com simpatia, respeito, caridade e penitência, mesmo quando isso exigir todas as suas forças.

Não se assuste. Você fará isso porque deseja. Porque sabe que sua equipe é a base da sua liderança. E cada vez que perder um membro da sua equipe, saberá que perdeu com ele uma parte da sua base.

Outro fator é a *persistência*. Um propósito definido nunca será mais do que um mero desejo até que você se torne uma pessoa persistente. Isso significa que, depois de tomada a decisão, terá de persistir até o fim. Ninguém irá muito longe desistir facilmente das coisas.

A determinação, que anda de mãos dadas com a persistência, é outra qualidade que brota da coragem moral. A diferença entre ter e não ter persistência é a mesma entre simplesmente desejar algo ou desejá-lo com determinação e agir obsessivamente para obtê-lo.

Por fim, vem a *decisão*. O subordinado, em qualquer setor, é sempre uma pessoa que não sabe ao certo o que quer. Ele vacila, procrastina e, muitas vezes, tem dificuldade de se decidir, mesmo em temas de menor importância. Ele sempre espera pelo outro, precisa ser induzido ou forçado pelas circunstâncias para tomar uma decisão.

Um dos maiores requisitos para a liderança é o poder de tomar decisões rápidas e firmes. Líderes são pessoas de pronta decisão. Mesmo em assuntos de pouca importância, fazem escolhas de forma rápida e definitiva. Pessoas que não possuem liderança significativa, ao contrário, são indecisas e inseguras.

Resumindo: para alcançar qualquer objetivo, você precisa desenvolver o hábito de persegui-lo com agressividade, determinação e persistência. Deve manter essas qualidades até realizá-lo, não importa se isso exija um ano ou dez. Para isso, você precisa de iniciativa e liderança. Você não terá um propósito definido se não possuir um desejo ardente de obtê-lo, a ponto de esse desejo não lhe permitir descanso enquanto não for realizado.

A INDECISÃO ROUBA A OPORTUNIDADE.

---

6. Toda pessoa que pretende vencer em um empreendimento deve ter a coragem de cortar todas as fontes de recuo.

O ser humano tem uma necessidade enorme em seguir um líder. Em qualquer parte do mundo, em todos os setores da sociedade, pessoas andam angustiadas em busca de alguém que as guie. Alguém em quem elas possam se inspirar, que lhes aponte o caminho, que lhes dite as regras, que pense por elas, que as represente, que as motive à ação; mas também em quem elas possam colocar a culpa quando as coisas não vão bem.

Porém, para poder dar a essas pessoas o que elas esperam, você precisa desenvolver uma forte liderança pessoal. Agora, vou expor quatro passos que você pode dar desde já para começar a assumir uma forte postura de liderança sobre si mesmo:

1. Questione

A falta de iniciativa geralmente é resultado de um condicionamento mental. Quem não tem iniciativa está acostumado a agir somente quando lhe é dito o que fazer.

Para mudar esse condicionamento, precisamos ter consciência dele. A maneira de desenvolver essa consciência é fazer perguntas a nós mesmos e refletir sobre as respostas. É preciso fazer uma análise atenta e uma

LIÇÃO 5 – INICIATIVA E LIDERANÇA

reflexão ponderada sobre nossas atitudes. Logo, notaremos nossos padrões mentais. Ao notá-los, poderemos agir sobre eles e transformá-los.

Vejamos um exemplo: suponha, outra vez, que seu sonho seja tornar-se o guitarrista do Guns N' Roses. Esse é um sonho ousado e a maioria das pessoas acreditaria que ele é impossível para alguém comum.

Uma pessoa com iniciativa perguntará:

- Mas será que é mesmo impossível?
- O que, de fato, faz as pessoas pensarem que é impossível?
- Como o Slash, Robin Finck, Buckethead e DJ Ashba conseguiram? Qual o caminho que trilharam?
- Quem eram eles? Como surgiram?
- Quais as características que os distinguem das pessoas comuns?

Perceba: se você insistir nessas perguntas, é bem provável que descobrirá que essa não é uma missão impossível. Se você tiver talento para a música, seguir os passos deles e fizer o que eles fizeram, é bem provável que chegará aonde eles chegaram.

2. Analise as vantagens e os obstáculos

Quando a maioria das pessoas pensa numa ideia um tanto ousada, a primeira coisa que vem à sua mente é algo como: "é complicado demais" ou "isso não funciona".

Uma pessoa com iniciativa, geralmente, faz uma análise bem prática e realista das suas vantagens iniciais em relação aos obstáculos aparentes. **Detalhe:** perceba que, ao fazer essa análise, ela já começa a montar estratégias mentais de como tirar proveito das vantagens e buscar alternativas para superar os obstáculos.

A dica aqui é: identifique os obstáculos que aparentemente lhe impedem de realizar seus sonhos e, depois, descubra alternativas e possibilidades para superá-los.

Especule sobre o pior que poderia lhe acontecer se seus planos não dessem certo. Sugira possíveis soluções. Formule alternativas para implantar essas sugestões e tente prever possíveis resultados.

Em seguida, comente suas alternativas com pessoas que você admira, apresente suas ideias e peça opiniões. Você logo descobrirá que as pessoas querem ajudá-lo.

3. Faça uma simulação

Escolha uma entre as alternativas acima e crie um plano para colocá-la em prática. Escreva seu plano, elaborando um passo a passo para executá-lo.

Não procrastine, faça isso logo.

Grandes empresas, como a Southwest Airlines, tiveram seu embrião esboçado sobre um guardanapo, em uma mesa de restaurante, durante uma refeição.

4. Assuma a responsabilidade e aja na prática

Agora, chegou o momento da ação! Execute seu plano com bravura e coragem. Estejaecidido e seguro, mas não deixe de ser sensível, sábio e cuidadoso com as adequações que terão que ser feitas ao longo do caminho.

Nunca perca o foco do que você deve fazer, de como, quando e, talvez o mais importante, por que deve fazer.

Lembre-se: poder é esforço organizado. Esforço organizado é esforço direcionado de acordo com um plano que foi concebido com a ajuda da imaginação, guiado por um propósito definido e que recebeu força com iniciativa e autoconfiança. Esses quatro princípios se misturam em um só e se tornam poder nas mãos do líder. Sem a união desses princípios, a liderança efetiva torna-se impossível.

A próxima lição, em imaginação, nos levará ainda mais longe na arte da liderança. Na verdade, liderança e imaginação estão tão interligadas e são tão essenciais para o sucesso, que uma não pode ser desenvolvida de maneira completa sem a outra. A iniciativa é a força motriz que empurra o líder para frente, mas a imaginação é o espírito que diz ao líder para onde ir.

Nossas vitórias e fracassos são consequências dos planos que criamos e aplicamos. Com o uso inteligente do princípio da imaginação, você pode criar planos para realizar qualquer propósito e estar em um nível de compreensão superior ao de qualquer pessoa que não o aplica.

O PODER SEMPRE VEM DO ESFORÇO ORGANIZADO.

APLICAÇÕES PRÁTICAS

Elimine da sua personalidade o hábito da procrastinação, agindo da seguinte maneira:

1. Faça todos os dias uma coisa específica que é preciso ser feita, sem que qualquer outra pessoa lhe diga que deve fazê-la. Olhe à sua volta até encontrar, no mínimo, uma coisa que possa adicionar à sua agenda. Algo que você não tinha o hábito de fazer e que será um benefício para outras pessoas, sem esperar nenhuma recompensa em troca.

2. Fale todos os dias com uma pessoa sobre o valor do hábito de fazer uma coisa diária sem que alguém lhe peça. Entenda que os músculos do corpo se tornam mais fortes à medida que são usados, sendo assim saiba que o hábito da iniciativa se tornará mais forte quanto mais ele for praticado.

3. Entenda que você deve desenvolver o hábito da iniciativa, a começar pelas coisas pequenas e comuns ligadas ao seu trabalho diário. Por isso, vá todos os dias ao seu local de trabalho como se o único propósito fosse desenvolver o hábito da iniciativa e da liderança.

Lição 6

EXPLORE SUA IMAGINAÇÃO

A LEI

Toda e qualquer coisa que já foi criada pelo ser humano teve sua origem na imaginação. Quer felicidade? Quer sucesso? Quer poder, prestígio, riqueza? Imagine-os. Um pouco de iniciativa, somado à imaginação, pode levá-lo a qualquer lugar. E tudo o que você consegue imaginar, se seguir o procedimento correto, também consegue criar na realidade.

CHAVES DO SUCESSO

Para colocar em prática qualquer uma das lições anteriores — propósito definido, Mente Mestra, autoconfiança, o hábito da economia, iniciativa e liderança — você precisa fazer uso da imaginação.

A imaginação é uma forma de pensamento criativo que abre os olhos da mente e cria uma conexão com o que há de mais divino em nós. E é daquilo que cultivamos nela que surge o desenvolvimento do modelo mental do qual a nossa realidade futura emergirá.

Em outras palavras, a imaginação é o laboratório no qual são elaboradas todas as ideias e planos criados pelo ser humano.

Por isso, a imaginação pode ser considerada o ponto central da filosofia do sucesso. Todas as lições, tanto as anteriores como as posteriores, têm sua base nela.

E nesta lição, você verá como usar a imaginação para criar a realidade que você deseja, tornando-se uma pessoa altamente criativa e inovadora.

Querer é poder!

LIÇÃO 6 – EXPLORE SUA IMAGINAÇÃO

1. Primeiro vem o pensamento, depois sua organização em ideias e planos e, em seguida, a transformação desses planos em realidade.

Observe os estágios da realização de um propósito:

1 – Primeiro, vem a ideia.
2 – Depois, a convicção de que é possível executá-la.
3 – A seguir, vem a organização dessa ideia em planos.
4 – Por fim, acontece a transformação desses planos em realidade.

Você percebeu algo interessante nesses quatro estágios? Se pensar um pouco, verá que o ambiente onde todos eles se formam e se desenvolvem é o mesmo: a imaginação.

Por que essa observação é importante? Porque toda energia, todo poder, tudo que pode exercer qualquer influência sobre sua vida está nas suas mãos por meio do uso da imaginação.

Entenda: todos os seus sonhos e esperanças podem se tornar realidade se você aprender a usar a sua imaginação de forma deliberada e criativa. Então, não crie nenhum limite para esse poder, limitando sua capacidade de imaginar.

Qualquer projeto começa pela imaginação. Assim como o carvalho se origina do germe que repousa no interior da semente, também nossas conquistas são resultado das ideias e dos planos que criamos na nossa imaginação e nutrimos na nossa mente.

O poder de ser o que você deseja, de obter o que você quer e de alcançar o que você pretende está dentro de você, apenas esperando ser libertado. **Mas atenção:** você precisa saber como libertá-lo. E, antes de aprender a fazer isso, terá de aceitar que você tem esse poder. Essa é uma escolha que terá de fazer, e ela depende unicamente de você. Ninguém pode interferir.

A imaginação é uma das poucas coisas sobre a qual você pode desenvolver um controle absoluto. Você pode, por exemplo, ser privado da riqueza, liberdade e outros meios, mas ninguém pode lhe tirar o privilégio de usar sua imaginação para criar, visualizar e encontrar meios de se tornar quem você quer ser.

O que é, então, a imaginação?

Infelizmente, na maioria das vezes, ela é considerada algo indefinido, que não se pode descrever e que também não tem muita utilidade, a não ser para criar ficção. Esse é o problema. A falta de compreensão do poder da imaginação é um dos fatores que nos mantêm na pobreza e na mediocridade. Por isso, prepare-se para aprender uma das coisas mais importantes da sua vida: usar sua imaginação para criar a realidade que você quiser.

Pense sobre o assunto: para o que você realmente usa sua imaginação? Você tem isso claro? Você a usa deliberadamente ou ela não tem servido para muita coisa?

Antes de avançar nessas questões, quero refletir com você sobre o papel da imaginação. O que é imaginar?

Na verdade, imaginar é criar, no presente, uma visão clara de uma situação futura, uma imagem mental de uma realidade que ainda não existe fisicamente. **Um exemplo:** a planta de uma casa antes de o engenheiro desenhá-la graficamente ou a ideia de um romance antes de o autor escrevê-lo.

Por ser uma força criativa, o princípio da imaginação lhe dá um poder imenso e uma extraordinária capacidade de reinventar sua vida e explorar ao máximo seu potencial. É através dela que você esboça, no presente, o seu futuro.

Por isso, uma vez que compreender esse princípio e começar a usá-lo em seu benefício, você estará a um passo de se libertar de todas as condições limitantes, como a pobreza, e realizar todos os seus desejos.

Como você já sabe, nossas conquistas nascem de um propósito definido. Mas raramente definiremos um propósito, tampouco criaremos os demais fatores necessários para o sucesso — como Mente Mestra, autoconfiança, o hábito da economia, iniciativa e liderança — se não soubermos usar a imaginação. **O motivo é simples:** todas essas qualidades são criadas e desenvolvidas na nossa mente.

TUDO COMEÇA COM A IMAGINAÇÃO.

2. A grande sacada não é ver o que os outros não veem, mas pensar o que ninguém pensou sobre algo que todos veem.

O processo de criação de qualquer coisa possui dois estágios:

> **Estágio nº 1** – A criação mental
> **Estágio nº 2** – A criação física

A primeira criação sempre é a criação mental, que acontece na nossa imaginação. A segunda criação é a realização física daquilo que, antes, somente existia na nossa mente.

A criação mental pode ser voluntária ou por omissão. Isso é, de duas uma: ou você escolhe o que quer criar, controlando sua imaginação, ou você fica pensando aleatoriamente e acaba por criar qualquer coisa.

A maioria das pessoas pensa que só criamos coisas quando estamos decididos a fazer isso. E esse é o problema. Ignoramos os fatos de que a nossa imaginação está em funcionamento o tempo todo e que somos nós que criamos nossa realidade com nosso pensamento.

A criação consciente, deliberada, sempre começa com a definição de um propósito. **Ou seja:** você para, toma posse do seu pensamento e decide o que vai criar, definindo um propósito.

O processo acontece da seguinte forma: você cria, em sua imaginação, uma visão clara do que quer. Essa visão precisa ser tão nítida e rica em detalhes a ponto de você já se sentir em posse do objeto dessa visão muito antes de tê-lo em sua forma física. Essa sensação o fará agir no sentido daquilo que deseja e fará com que você crie o objeto do seu desejo na realidade.

Imaginar é pensar. Pensar é sentir. E sentir é planejar. Quando você se sente feliz, grato e entusiasmado, está planejando. Quando você se sente triste, preocupado e com medo, está planejando. E aquilo que você planeja geralmente acaba acontecendo.

Por isso é tão importante você compreender o princípio da imaginação. É por meio dele que você pode reinventar a si próprio, sua família, organização ou empresa.

Existe uma grande diferença entre aquilo que você aprecia e não aprecia na sua imaginação. Se mantiver seu pensamento naquilo que aprecia, criará mais objetos nesse sentido. E o mesmo acontece com os pensamentos indesejáveis.

Lembre-se sempre dos dois estágios do processo criativo. Nada pode se manifestar na sua realidade se primeiro não existir na sua imaginação.

> **NINGUÉM PODE NOS TIRAR O PRIVILÉGIO DE USAR NOSSA IMAGINAÇÃO PARA CRIAR, VISUALIZAR E BUSCAR OS MEIOS DE NOS TORNARMOS QUEM QUEREMOS SER.**

3. A imaginação pode criar a ideia que fará toda a diferença na sua vida.

Todas as coisas que já foram criadas pelo ser humano começaram na imaginação de alguém. E se você busca sucesso, prestígio e fortuna, tudo o que precisa é usar sua imaginação para criar uma única ideia que agregue valor ao que já existe no Universo.

Pense sobre o assunto: alguma vez você já se perguntou como surgiu a ideia do supermercado?

Acho que você concorda que, hoje em dia, é inconcebível pensar em fazer as compras de casa sem passear entre as imensas gôndolas recheadas de mercadorias, escolhendo a dedo os produtos que queremos. Mas sei que você sabe que nem sempre foi assim.

Como surgiu essa ideia?

Em 1916, Clarence Saunders, um modesto empregado de um armazém nos Estados Unidos, estava em uma fila com uma bandeja nas mãos, esperando para se servir em uma cafeteria que oferecia uma novidade: o autoatendimento.

Saunders não era um empresário, tampouco era considerado um gênio, e sequer tinha alguma característica que revelasse nele qualquer habilidade especial.

Mas algo que mudaria o mundo aconteceu, naquele dia, na imaginação de Saunders. Enquanto aguardava na fila, com seu pensamento vagando, ele teve um *insight*: em sua imaginação, tirou a ideia do autoatendimento da cafeteria e a implantou em outros ramos de negócio, até se fixar na ideia dos mercados, na época conhecidos como armazéns.

De posse da ideia, em poucos meses, Saunders criou um projeto onde traçou as condições necessárias para colocá-la em prática e elaborou o que hoje conhecemos como sistema de autoatendimento nos supermercados. Nos anos seguintes, fundou uma rede de mercados baseada nesse sistema e tornou-se um multimilionário.

Repito: tudo está na imaginação.

Primeiro, Saunders teve uma ideia; em seguida, transformou essa ideia em um propósito definido. Ele já possuía ou desenvolveu a autoconfiança necessária para transformar esse propósito em realidade. A ação foi consequência.

E qual foi o papel da imaginação nesse processo?

Além de inicialmente conceber a ideia, ela foi o ambiente onde esses três fatores — autoconfiança, iniciativa e propósito definido — criaram corpo e se desenvolveram. É assim que todas as grandes ideias são transformadas em realidade.

Assim como Saunders, certamente você já teve um *insight* significativo. Em algum lugar, em certo momento, alguma revelação se manifestou: uma ideia abstrata que parecia genial. O que aconteceu depois disso?

Na maioria das vezes, não acontece nada. Simplesmente abandonamos a ideia por falta de iniciativa, de autoconfiança, de relações seguras que nos estimulem sinergicamente, ou mesmo por não termos praticado o hábito da economia e, por conta disso, não termos capital acumulado para dar início à realização da ideia.

Repito: tudo nasce na imaginação.

Veja outro exemplo: a famosa história de Thomas Edison e a invenção da lâmpada elétrica.

Assim como Saunders, Edison, ao criar a lâmpada elétrica, nada mais fez do que combinar dois princípios antigos e bastante conhecidos. Mas sua descoberta lhe rendeu uma fortuna e o colocou nos livros de história como um dos maiores inventores de todos os tempos.

O que Edison fez? Como qualquer outra pessoa com conhecimentos básicos em eletricidade, ele sabia que era possível produzir luminosidade ao aquecer um filamento com uma carga elétrica. Mas havia um problema: como encontrar um filamento, ou uma substância, que pudesse ser aquecido por um longo período sem que fosse consumido pelo próprio calor?

Na tentativa de encontrar essa substância, Edison testou, sem sucesso, milhares de materiais, inclusive casca seca de batata-doce. É sério.

Um dia, depois de anos de pesquisa, a solução se apresentou em sua imaginação.

Ao rever alguns conceitos de física, ocorreu-lhe que qualquer tipo de combustão seria impossível na ausência de oxigênio. Ele tinha consciência de que o problema da resistência dos seus filamentos era suportar o tremendo calor ao qual eles tinham de ser submetidos.

Mas e se ele conseguisse, por meio da eliminação do oxigênio, impedir a combustão?

Ele então instalou o filamento dentro de um globo de vidro, sugou todo o oxigênio do globo e eureca! Seu propósito — a lâmpada elétrica — havia se tornado uma realidade.

Esses dois exemplos — de Saunders e Edison — nos mostram que tudo o que precisamos é de uma ideia. Uma única ideia que traga algo novo, diferente e que agregue valor à vida das pessoas.

E uma coisa interessante: além de criar ideias novas, com o uso da imaginação, podemos combinar conceitos antigos, experimentar diferentes circunstâncias e associar os resultados de um experimento a outro até que, enfim, a revelação aconteça.

LIÇÃO 6 – EXPLORE SUA IMAGINAÇÃO

> **4.** Uma das coisas mais valiosas que alguém pode aprender é a arte de pôr em prática conhecimentos e experiências observados no comportamento de outros.

Um dos conceitos de liderança mais reverenciado da atualidade é o de que um líder possua a capacidade de ver o valor e o potencial das outras pessoas e saiba expressá-los a elas de forma tão decisiva que os liderados passem a reconhecê-los em si próprios

Realmente, há poucas coisas mais valiosas do que descobrir e expandir o potencial de outras pessoas, estimulá-las a fazer uso de seus pontos fortes e a administrar seus pontos fracos de maneira que eles não se tornem um obstáculo.

O que poderia ser mais poderoso do que ver o melhor no seu cônjuge, nos seus filhos, nos seus colegas de trabalho, nos seus empregados ou mesmo no seu chefe? Do que constantemente lembrá-los das qualidades deles? De acreditar neles e ajudá-los a detectar e a realizar o potencial que trazem dentro de si?

Essa é uma questão importante: a imaginação não serve apenas para criar coisas, elaborar projetos ou alcançar nosso propósito. Ela também é fundamental para detectar o potencial de outras pessoas e criar uma equipe que se complemente, na qual os pontos fracos de uma pessoa são compensados pelos pontos fortes de outra. Esse é o segredo da Mente Mestra.

Ninguém, no início da carreira de Andrew Carnegie, dava-lhe créditos de ser dono de habilidades incomuns ou mesmo de ser dotado de algum tipo de genialidade. Na verdade, suas virtudes eram muito usuais, exceto em um aspecto: sua extraordinária habilidade de selecionar pessoas que se complementassem e que cooperassem em um espírito mútuo de harmonia no desenvolvimento de suas ideias.

Que outra habilidade Carnegie precisou para emergir de uma infância pobre e acumular, em valores atuais, 300 bilhões de dólares, tornando-se não apenas um dos homens mais ricos de seu tempo, mas também de toda a história?

Qual foi o segredo de Carnegie? Ele usou a imaginação.

Primeiro, criou um propósito definido e, depois, cercou-se de pessoas que possuíam prática, talento, habilidades e visão necessários para transformar seu propósito em realidade.

Usando a imaginação, ele via as pessoas por meio de suas capacidades e das suas melhores ações. Ele via nas pessoas aquilo que elas eram capazes de se tornar, não apenas aquilo que elas eram, e constantemente reafirmava o potencial de cada uma.

Uma vez que ele tinha a equipe de pessoas certas à sua volta, simplesmente tratava de comunicar a elas, de forma exata e clara, qual era seu propósito e deixava que criassem seus meios para atingi-lo. Raras vezes ele próprio teve de criar os planos para realizar os objetivos que definia em sua imaginação.

Entenda: tudo o que Carnegie fez foi desenvolver uma qualidade e colocá-la em uso com maestria singular. E isso lhe deu uma enorme vantagem sobre as outras pessoas.

Qualquer pessoa que entenda o significado de esforço organizado como Carnegie, conheça suficientemente a natureza do ser humano a ponto de ter a habilidade de escolher as pessoas certas para determinada função e, como esforço adicional, faça uso das leis aqui apresentadas poderá alcançar os mesmos resultados. Muitos, ao longo dos anos, o fizeram.

Então, além de uma ideia, desenvolva também uma qualidade pessoal. Descubra qual é seu ponto forte e use a imaginação para desenvolvê-lo ao nível de excelência e colocá-lo a serviço da humanidade.

Lembre-se: tudo começa na imaginação. Em um mundo onde a maioria das pessoas nunca usa sua imaginação, uma ideia singular e uma qualidade bem desenvolvida lhe darão uma enorme vantagem sobre 95% das pessoas.

APRENDA A VER AQUILO QUE AS PESSOAS PODEM SE TORNAR, NÃO APENAS O QUE ELAS SÃO.

LIÇÃO 6 — EXPLORE SUA IMAGINAÇÃO

5. Imaginar é ver como o mundo seria se isso ou aquilo fosse diferente.

Um dos maiores poderes a seu alcance, na vida, vem de uma única qualidade: ver, em sua imaginação, o que mais ninguém vê.

A ponte do Brooklin é uma das pontes suspensas mais antigas dos Estados Unidos. Com quase dois quilômetros de comprimento, conectando os distritos de Manhattan e Brooklin, ela foi a primeira ponte suspensa em fios de aço. Por vários anos, foi a maior ponte do mundo nessa categoria.

Conta-se que, na época em que a ponte foi construída, um homem já de certa idade tinha uma pequena tenda na extremidade oriental do rio, onde consertava calçados. Quando os engenheiros começaram a cravar estacas e a marcar o lugar onde seria a ponte, esse pobre sapateiro balançava a cabeça em descrédito e dizia:

— Nunca irão concluir essa ponte. Não é possível fazer isso.

Os engenheiros e operários, porém, continuaram seu trabalho. Décadas depois, quando a ponte já estava concluída, o bom e velho sapateiro continuava balançando a cabeça em descrédito, dizendo:

— Como foi que eles fizeram isso?

Esse homem viu a ponte se erguer diante dos olhos e, mesmo assim, não teve a habilidade de conceber em sua imaginação o que via.

Os engenheiros que planejaram a ponte a viam, em sua imaginação, como realidade muito antes de tomarem qualquer ação prática no sentido de construí-la.

A maioria de nós olha para a vida, circunstâncias e outras pessoas com pessimismo, restrições e cautela. Sofremos de uma espécie de miopia mental, que, em vez de expansão, provoca nosso encolhimento.

Sem imaginação, agimos como São Tomé. Recusamo-nos a acreditar em certas coisas antes de as termos visto, experimentado e sentido. Contentamo-nos com isso, ensinamos nossos filhos que "é assim mesmo" e ficamos nesse ciclo vicioso. Mas você não precisa ser uma pessoa assim.

Entenda: o mundo só muda quando alguém olha para ele com olhos diferentes. Então, se você deseja sucesso, prestígio e riqueza, comece a olhar à sua volta com os olhos da imaginação. Tudo o que existe à sua volta pode ser melhorado. Encontre uma maneira de fazer isso.

Lembre-se: o melhor livro ainda não foi escrito, a melhor casa ainda não foi construída, o melhor desempenho ainda não foi alcançado, o melhor carro ainda não foi fabricado, a melhor energia ainda não foi descoberta, a melhor escola ainda não foi fundada. Não se preocupe com sua situação atual, o jogo começou recentemente. Escolha uma ideia e comece. **O principal é isto:** começar. Quando você der o pontapé inicial, metade do trabalho já estará feita. Comece outra vez e o trabalho estará concluído.

AS COISAS MUDAM SOMENTE QUANDO OLHAMOS PARA ELAS COM UM PENSAMENTO DIFERENTE.

---

6. Tudo aquilo que uma pessoa consegue e tudo o que deixa de conseguir é resultado direto de seus próprios pensamentos.

Vimos, no início desta lição, que existem duas fontes por meio das quais podemos nos beneficiar da imaginação: podemos desenvolver essa faculdade em nossa mente e, também, podemos nos aliar a pessoas que já possuem essa faculdade desenvolvida.

Andrew Carnegie, como vimos, fez os dois. Ele não só se beneficiou da sua própria imaginação, mas também reuniu em torno de si um grupo de pessoas que possuíam essa qualidade essencial em áreas onde ele não tinha o conhecimento necessário.

LIÇÃO 6 – EXPLORE SUA IMAGINAÇÃO

Isso é fundamental, principalmente quando nossos negócios cobrem um número variado de atividades. No caso de Carnegie, ele tinha, em seu grupo, especialistas em finanças, vendas, engenharia, inovações e muitas outras áreas.

Com essa estratégia, além de se tornar um dos homens mais ricos do mundo, Carnegie também transformou centenas de seus funcionários em multimilionários.

É importante ter isso em mente, porque existe uma crença de que não podemos nos realizar profissionalmente trabalhando para outras pessoas. Entendo, pela minha experiência, que não há problema algum em estarmos conectados a outra pessoa em uma relação de trabalho subordinado, desde que essa relação esteja de acordo com o princípio da lei da Mente Mestra.

Ou seja: deve haver harmonia na realização do propósito definido de cada membro que integra a equipe.

7. Se aprendermos a usar a imaginação, nossos erros e fracassos tomarão outra dimensão: se tornarão ativos de valor incalculável.

Se você seguir fielmente as instruções contidas nas lições que vimos até aqui, já estará na rota do sucesso. Como eu sei disso? Porque você já sabe o que quer da vida e conhece um conjunto de princípios necessários para obter aquilo que almeja. Em um mundo onde a maioria das pessoas não sabe o que quer, isso já é uma vantagem gigantesca.

Entenda: a pessoa que sabe o que quer já está a meio caminho do sucesso. Melhor ainda, porém, está aquela que sabe o que quer, acredita que é capaz de obtê-lo e coloca a imaginação a serviço para encontrar um plano viável para realizar o seu propósito. Muito melhor ainda, entretanto, está aquela que possui a iniciativa e a liderança para fazer o necessário para executar o plano traçado.

A definição de propósito, o primeiro passo na busca do sucesso, é fundamental porque exige o uso da imaginação e da decisão. E esses dois elementos crescem conforme são utilizados. Se você tomar a decisão imediata de forçar a imaginação a criar um propósito definido, tornará mais poderosa a capacidade de tomar decisões em outras áreas da vida.

Nesse processo, adversidades e fracassos temporários se tornam bênçãos disfarçadas, que, por sua vez, nos forçam a usar a imaginação e tomar a decisão de agir em outras direções. Ficamos forçados, então, a buscar alternativas.

Agimos com mais determinação quando temos um objetivo e somos pressionados por ele. Quando estamos diante da emergência, somos forçados a tomar decisões, elaborar planos e usar nossa imaginação de uma maneira que não faríamos em circunstâncias favoráveis.

Lembre-se: não saia por aí correndo atrás de sucesso e de riquezas, olhe para dentro de si em busca de ideias. Use sua mente para pensar de forma construtiva. Toda riqueza tem sua origem na mente. A riqueza, o sucesso e o reconhecimento estão nas ideias. O dinheiro é apenas uma moeda dada em troca de ideias. Por isso, é sempre a ideia que decide o destino do dinheiro.

NÃO CORRA ATRÁS DE DINHEIRO, OLHE PARA DENTRO DE SI EM BUSCA DE IDEIAS.

APLICAÇÕES PRÁTICAS

1. Comece algo. Use sua imaginação. Dê algo específico para sua mente se ocupar de forma criativa. O maior segredo do sucesso é a iniciativa somada à imaginação. Mais do que qualquer outra, essa foi a qualidade que colocou mais pessoas nos altos postos.

LIÇÃO 6 – EXPLORE SUA IMAGINAÇÃO

2. Crie algo. Crie-o primeiro na sua mente. Faça um esboço mental de alguma coisa que você deseja muito e o mantenha constantemente em seu pensamento. Monitore suas emoções para ver como se sente a respeito da sua criação, procurando sentir o máximo de entusiasmo no maior tempo possível.

3. Mantenha-se no controle. Se necessário, force-se a manter a mente em coisas que você quer alcançar em sua vida. É o sonhador – o homem que faz uso da sua imaginação, que pensa fora da caixinha, que acredita na magia e no misticismo – quem define o futuro, moldando-o com seu entusiasmo. Sem ele, poucos avanços teriam sido possíveis.

Lição 7

ALIMENTE SEU ENTUSIASMO

A LEI

A ação prática que leva ao sucesso e à riqueza sempre começa com um estado de espírito conhecido como entusiasmo. Ele é a força que cria a ação. E se você deseja sucesso e riqueza, busque-o onde puder. Sem ele, você dificilmente terá a força de vontade necessária para definir um propósito, ou o poder necessário para criar uma Mente Mestra, ou a iniciativa e a liderança necessárias para realizar os sonhos que habitam sua mente.

CHAVES DO SUCESSO

Antes de obter prestígio, alcançar sucesso ou acumular riquezas, você precisa desenvolver um estado de espírito que magnetize sua mente com os objetos do seu desejo.

Você precisa sentir, no presente, uma expectativa positiva em relação ao seu futuro. E essa expectativa nasce da visão clara e definida que possui desse futuro e da certeza de que obterá aquilo que definiu como seu propósito.

Pense em você como um poderoso centro de energia.

Na medida em que você irradia a energia produzida pelo seu pensamento, chama para si tudo o que se identifica com essa energia – outros pensamentos, circunstâncias, eventos, criações similares ou pessoas que querem aquilo que você tem.

Todas essas coisas começam a girar à sua volta, passando a fazer parte da sua experiência.

Por isso, você cria na sua realidade exatamente aquilo que traz em seu espírito. Nesta lição, você irá descobrir de forma prática como criar a energia que lhe ajudará a materializar na sua vida aquilo que você quiser.

Querer é poder!

LIÇÃO 7 — ALIMENTE SEU ENTUSIASMO

1. Desenvolver entusiasmo é definir o propósito certo para sua vida.

O desenvolvimento do entusiasmo é simples. Basicamente ele depende de duas coisas: do propósito definido e do estado de espírito — isso é, das emoções que sentimos em relação a ele.

Há, em cada um de nós, mesmo que adormecido, um anseio profundo, natural e espontâneo de explorar ao máximo nosso potencial. Queremos dar uma contribuição significativa para o mundo, envolver-nos de forma apaixonada em uma atividade que dê sentido à nossa vida.

É desse desejo, e da esperança de realizá-lo, que nasce o entusiasmo.

Para ativar esse desejo, precisamos encontrar nosso significado único, pessoal, e transformá-lo em algo específico, palpável, que esteja bem claro na nossa mente.

Repito: o entusiasmo está dentro de você. Para acordá-lo, basta se envolver com algo que toque sua essência.

Quando você se envolver com um propósito ou um projeto que explore o melhor que há em você, seu entusiasmo despertará em outros níveis. Sua energia transcenderá suas limitações e sua criatividade se expandirá sobre todos os setores de sua vida.

O resultado: um sentido novo, grande e maravilhoso. Você descobrirá uma paixão genuína — a paixão pela vida.

Para aflorar, inovar e criar um desempenho extraordinário, ter iniciativa e exercer liderança, você precisa dessa energia, dessa força que, como já disse, está além do conhecimento, da inteligência e da competência, e que só é possível alcançar quando agimos com paixão.

Para revelar o seu melhor, você precisa dessas duas coisas: entusiasmo e paixão.

Somente o entusiasmo poderá levá-lo aos níveis mais elevados do sucesso, da prosperidade e da motivação humana. E você somente poderá ter entusiasmo se tiver paixão pelo que faz.

Se sua situação atual não lhe permite desempenhar a atividade onde está seu talento e sua paixão, não há problema: exerça seu trabalho de uma maneira alegre e eficaz, mas, paralelamente, use a imaginação para criar o propósito de mudar de ramo, movendo-se, lentamente, para aquilo que te faz feliz.

Por exemplo: imagine que você trabalhe nos fundos de um escritório de contabilidade, fazendo contas e fechando balanços o dia inteiro, e que, apesar da prática tê-lo tornado eficiente nisso, você odeia a sua atividade. Esse trabalho o desmotiva, é psicologicamente oneroso e frustrante. Tudo o que você quer é sair dali e abrir uma floricultura.

Qual é o melhor caminho a seguir?

Continue seu trabalho na contabilidade, mas comece, nas horas vagas, a perseguir seu sonho, seguindo os passos descritos na lição cinco:

- Questione
- Analise
- Simule

Então, quando encontrar o momento certo, aja.

Se fizer isso, os resultados aparecerão com uma velocidade muito maior do que você pode imaginar.

Mesmo que a falta de capital ou outras circunstâncias sobre as quais você não possui controle imediato o impeçam de abrir sua empresa agora, ninguém poderá impedi-lo de determinar, em sua mente, fazer isso no futuro.

Da mesma forma, ninguém poderá impedi-lo de agir com entusiasmo e planejar uma maneira de transformar esse sonho em realidade.

Essa é a essência da felicidade.

A pessoa feliz é a que curte o que possui, mas nunca para de sonhar em atingir desempenhos ainda maiores. É essa busca que cria o entusiasmo.

Compreenda: o entusiasmo não depende da sua posição atual, mas do lugar ou posição que você almeja chegar. Ninguém consegue se entusiasmar por nada. O entusiasmo sempre tem uma causa, e essa causa, se não existe, pode e deve ser criada.

LIÇÃO 7 — ALIMENTE SEU ENTUSIASMO

> **A PESSOA ENTUSIASMADA CURTE O QUE TEM, MAS NUNCA PARA DE SONHAR EM ATINGIR DESEMPENHOS SUPERIORES.**

2. O entusiasmo sempre é o resultado de uma busca, por isso ele é a chama que incendeia a combustão que nos faz agir.

Muitas vezes somos levados a pensar que o entusiasmo é motivado por fatores externos — como salário, ambiente de trabalho e segurança. Por consequência, pensamos que focar nesses fatores é uma forma de aumentar nosso entusiasmo.

Na verdade, pesquisas recentes comprovam que o entusiasmo sempre é consequência de fatores internos — e está diretamente relacionado ao sentido que vemos no nosso trabalho. Os fatores externos, entretanto, só servem para evitar descontentamento e insatisfação.

E como se define um propósito claro e específico, que esteja alinhado com nossos pontos fortes e que seja capaz de nos fazer vibrar de entusiasmo todos os dias?

Existe uma fórmula muito simples, que eu chamo de a Fórmula de Leipzig, porque a aprendi com o produtor e cineasta americano Adam Leipzig.

A fórmula é simples, mas incrivelmente poderosa. Não a subestime e nem a ignore. Aliás, eu recomendo que, durante a leitura desta lição, você tenha um papel e uma caneta à mão e faça o exercício. Se responder cinco perguntas muito simples, você terá seu propósito definido ainda hoje. E o que é mais importante: escrito no papel!

Tudo o que você precisa fazer é responder a essas cinco questões:

1 – Quem você é?
2 – O que você faz?
3 – Para quem você faz isso?

4 – Do que essas pessoas precisam ou necessitam que as faz virem até você?

5 – Qual o benefício que elas recebem com aquilo que você oferece a elas? Ou dito de forma ainda mais direta: por que elas precisam disso?

Será que você consegue respondê-las? Simples, não é? Porém, para que não reste nenhuma dúvida, vamos retomá-las fazendo alguns breves comentários sobre como respondê-las.

1. Quem é você?

Essa resposta é simples. Não tente complicá-la. Apenas responda com seu nome.

Minha resposta seria: Eu sou o Jacob.

Agora, escreva a sua: _____

Pronto. Simples assim. Agora só faltam quatro!

2. O que você faz?

Pense sobre o assunto: o que você ama fazer? Você ama cozinhar? Escrever? Cantar? Cuidar da saúde das pessoas? Ama estudar leis? Adora fazer cálculos? Tratar os dentes das pessoas? O que você realmente ama fazer?

Como na questão anterior, procure não complicar. Escreva sua resposta com o mínimo de palavras possível.

Uma nota: nos meus cursos e seminários, muitas pessoas confessam que não conseguem pensar em apenas uma coisa, já que gostam de fazer várias coisas diferentes e que não sabem o que escolher. Se você é umas dessas pessoas com múltiplas paixões profissionais e está confuso entre elas, tente criar um filtro respondendo a essa questão:

LIÇÃO 7 — ALIMENTE SEU ENTUSIASMO

- Qual é a atividade específica em que me sinto, neste momento, mais qualificado a ensinar para outras pessoas?

  Mais uma vez: responda com o mínimo de palavras possível.
  Minha resposta seria: faço pesquisa, escrevo livros e ministro seminários.
  Agora, escreva a sua: _____
  Vamos em frente.

3. Para quem você faz isso?

Considere a atividade que você escreveu na resposta anterior e pense: para quem você faz esse trabalho?

Você faz isso para crianças? Para empresários? Para mulheres? Para que tipo de crianças, empresários ou mulheres? Quem são essas pessoas que usufruem do seu trabalho?

Minha resposta seria: para pessoas inteligentes.
Agora, escreva a sua: _____

4. Do que essas pessoas precisam que as faz virem até você?

Agora, chegou o momento de descrever qual é a necessidade que elas têm e que você supre com seu trabalho. Ou seja: do que essas pessoas precisam ou necessitam a ponto de fazê-las vir até você para obter aquilo que você tem a oferecer?

Repito: não complique sua resposta. Se trabalha numa creche, as pessoas vêm até você porque querem que cuide das crianças delas. Se é contador, é para cuidar da contabilidade. Se é dentista, é para cuidar dos dentes. Se é dono de uma boate, é para dançar, paquerar e se divertir.

Simples assim.

Minha resposta ficaria assim: querem expandir sua mente e desenvolver maestria absoluta sobre ela.

Agora, escreva a sua: _____

Pronto, agora vamos para a última questão.

5. Por que elas precisam disso?

Pense outra vez: como a vida dessas pessoas melhora com aquilo que você oferece a elas? Qual é o impacto que elas desejam que seu trabalho tenha na vida delas?

Minha resposta ficaria assim: assumir o controle total sobre seu destino e criar em sua vida os resultados que elas querem.

Agora, escreva a sua: _____

Definição do propósito de vida:

Agora, junte todas as respostas numa única frase e você terá seu propósito de vida.

O meu, ficou assim:

Eu sou Jacob Petry, faço pesquisa, escrevo livros e ministro seminários para pessoas inteligentes, que querem expandir sua mente e desenvolver maestria absoluta sobre ela, a fim de assumir o controle total sobre seu destino e criar em sua vida os resultados que elas querem.

Agora, escreva o seu:

_____
_____
_____
_____
_____

3. Embora outras pessoas possam se opor às nossas ambições, o desânimo vem, com muito mais frequência, de nós mesmos.

Se você respondeu às cinco questões e juntou as respostas numa sentença o que você tem aí é o primeiro esboço do seu propósito. Lógico: você pode e deve aprimorá-lo, mas essa é a base.

LIÇÃO 7 — ALIMENTE SEU ENTUSIASMO

Quero que você se atente a uma coisa muito importante, que é a chave mágica da Fórmula de Leipzig. Observe que, das cinco perguntas, apenas duas são sobre você. As outras três são sobre outras pessoas: para quem, o que elas precisam e como elas se transformam como resultado do que você tem.

Por que isso é importante? Ora, porque essa fórmula força você a separar o melhor que você tem dentro de si, desenvolvê-lo e colocá-lo a serviço dos outros. Não é mágico?

E é isso que cria o verdadeiro entusiasmo. Pessoas entusiasmadas possuem uma mente com raízes profundas para dentro de si, mas voltada para fora, para os outros.

Saber o que você tem de melhor, desenvolvê-lo e ter claro quem são as pessoas que você serve com seu melhor, o que essas pessoas precisam e que benefícios elas têm com o que você oferece a elas dá um sentido perfeito e completo à sua vida. E é desse sentido que aflora todo entusiasmo vital e duradouro.

Geralmente, ao definir um propósito, apenas levamos em conta o que nós queremos. Mas compreenda: isso não é o mais importante. Isso é jogo pequeno. O mais importante é o que você tem a oferecer para as pessoas, como você pode servi-las e como você agrega valor à vida delas! A sua parte, o que você vai receber em troca, vem como consequência.

Uma vez que você definiu seu propósito, você precisa voltar toda a sua atenção para ele. Nas lições seguintes, você irá aprender em detalhes como fazer isso.

Por ora, tudo o que você precisa saber é isso: você não está aqui para mudar o mundo e torná-lo do jeito que você acha que ele deveria ser. Você está aqui para criar, à sua volta, o mundo que você quer. Nas próximas lições, saberá como.

SUA MISSÃO NÃO É MUDAR O MUNDO, MAS CRIAR, À SUA VOLTA, O MUNDO QUE VOCÊ DESEJA.

APLICAÇÕES PRÁTICAS

1. O Universo conspira para manifestar, em sua vida, aquilo em que você coloca o foco da sua atenção mental. Entenda: os pensamentos se conectam uns aos outros. Na medida em que eles se conectam, tornam-se mais e mais fortes. Ao mesmo tempo, a emoção que você sente também se torna mais forte.

2. Se você pensar constantemente no seu propósito definido, sentindo-se feliz por saber que está no caminho da realização dele, esses pensamentos se tornarão cada vez mais fortes e produzirão uma emoção também cada vez mais forte. Essa emoção se transforma em um estado de espírito conhecido como entusiasmo.

3. Quanto maior for esse entusiasmo, mais pensamentos similares se manifestarão, aumentando ainda mais sua energia! Pessoas se contagiarão com essa energia e passarão a se aliar a você, contribuindo com inteligência, talento e recursos para a realização do seu propósito. É assim que começa todo prestígio, sucesso e riqueza.

Lição 8

AUTOCONTROLE

A LEI

Autocontrole é a capacidade que nós temos de dominar o nosso pensamento. Sem autocontrole, a imaginação se perde em devaneios e a mente assume as rédeas da nossa vida, puxando-nos para onde quiser, desperdiçando nossa energia e criando confusão. Se você, honestamente, deseja alcançar o máximo do seu potencial, precisa desenvolver domínio absoluto sobre seu pensamento e usá-lo para canalizar sua energia física, mental e espiritual para o fim específico que definiu como seu propósito de vida.

CHAVES DO SUCESSO

Se tudo o que criamos é primeiro criado em pensamento e se a natureza nos dotou de tal forma que temos controle absoluto sobre nosso pensamento, é correto dizer que também temos controle absoluto sobre aquilo que criamos.

Se é assim, por que criamos tanta coisa que não desejamos? Ora, é porque, apesar de termos controle sobre nosso pensamento, não o exercemos. E ao não exercê-lo, criamos nossa realidade por omissão.

Quando você não tem controle sobre sua mente, você pensa em coisas que não gostaria de pensar, supõe coisas que não gostaria de supor, diz coisas que não gostaria de dizer, faz coisas que não gostaria de fazer e cria coisas que não gostaria de criar.

Ter controle sobre si mesmo é ter controle sobre seus pensamentos. Nada mais. Além do pensamento, o que mais haveria ser controlado?

Nesta lição, você encontrará as ferramentas para desenvolver a habilidade necessária para assumir esse controle em qualquer situação e criar a realidade que você desejar. Em outras palavras, essa lição lhe ensinará, de maneira muito prática, como se tornar um Mind Master© – isso é, um mestre da mente, o senhor do seu destino e o capitão da sua alma.

Querer é poder!

LIÇÃO 8 — AUTOCONTROLE

> **1.** A força de um Mind Master© não está na capacidade de pensar, mas sim em algo mil vezes mais poderoso: o poder de controlar e direcionar seus pensamentos para onde quiser.

Autocontrole é o domínio que temos sobre nós mesmos. Por meio dele, podemos dirigir nosso pensamento para fins específicos.

Se você está seriamente pensando em fazer alguma mudança significativa na sua vida, essa é a qualidade que você mais precisa desenvolver.

Procure estudar a vida de qualquer uma das pessoas que o mundo chama de "grandes" e verá que o sucesso dela foi proporcional à capacidade que ela desenvolveu de controlar e dominar sua mente.

Basicamente, o autocontrole cumpre dois papéis fundamentais em sua vida:

> **Primeiro** – Ele é extremamente necessário para qualquer objetivo que você deseja alcançar.
> **Segundo** – Ele pode evitar que sua vida seja destruída em um momento de estresse, no qual facilmente se perde o controle.

Grande parte das pessoas condenadas a viver confinadas em uma prisão está lá porque não teve o autocontrole suficiente para canalizar sua energia para algo positivo. Se analisarmos nossos momentos mais difíceis, nossos maiores desafios, perceberemos que nossa maior fonte de sofrimento, disparadamente, é consequência da nossa falta de autocontrole.

Pense, por exemplo, sobre a principal causa da obesidade, do alcoolismo, da dependência de drogas, da infidelidade, da violência e até mesmo dos problemas financeiros que enfrentamos.

Qual é o mal que pode ser responsabilizado por tudo isso?

Nossa falta de autocontrole.

A maior importância do autocontrole é garantir a você, o trabalho em conjunto, de um número de recursos necessários para a realização do seu propósito definido.

Como vimos nas lições anteriores, nenhuma pessoa pode pretender liderar os outros antes de aprender a liderar a si mesma. E para isso, precisamos de autocontrole.

> **AUTOCONTROLE É TER CONTROLE SOBRE AQUILO QUE PENSAMOS.**

2. Cada uma das 16 leis do sucesso é uma forma de exercer autocontrole. Sem ele, transformar sua vida se torna muito difícil.

Vamos retomar um ponto já tratado anteriormente, mas crucial para a compreensão deste capítulo: o hábito de economizar.

Pense no assunto: por que temos tanta dificuldade em guardar uma quantia fixa do que recebemos? Ora, uma das razões, a principal talvez, é porque somos criaturas extremamente influenciáveis.

Achamos difícil resistir à tentação de fazer o que vemos os outros fazerem. Se nosso vizinho comprar um carro novo, sentiremos um desejo quase irresistível de comprar um também; e, se não temos condições de comprar um carro novo, pelo menos temos de encontrar uma forma de trocar de modelo, mesmo que as condições não sejam nada favoráveis.

Enquanto isso, não damos a mínima atenção ao futuro. Apenas vivemos o dia a dia. Hábitos como a velha máxima de guardar pelo menos 10% do que ganhamos perdem a força cada vez que uma ideia nova de gastar atravessa nossa mente.

Quer um exemplo?

LIÇÃO 8 — AUTOCONTROLE

Responda: quanto dinheiro você tem na sua conta poupança? Se você é como a maioria das pessoas, não possui uma conta poupança ativa. E o motivo de não a ter é a falta de autocontrole nos seus gastos.

Consequência: gastando tudo ou até mais do que recebe, com o passar do tempo, você tende a desenvolver uma mentalidade de escassez — o que pode, como vimos na lição quatro, acorrentá-lo à pobreza.

Ignoramos a existência de leis que precisam ser respeitadas por todos os que pretendem triunfar na vida.

A questão aqui é: vivemos em um mundo imediatista. Queremos o melhor e o queremos agora. Mas as pessoas que tem autocontrole agem diferente. Elas se esforçam para ter disciplina e desenvolvem uma enorme vantagem sobre quem deixa os desejos e as vontades à deriva.

O mais incrível é que, nas gerações atuais, a falta de autocontrole está sendo perpetuada pelos próprios pais. Primeiro, eles se tornaram vítimas do hábito de fazer despesas supérfluas e, agora, repassam o exemplo para os filhos.

Entenda: mesmo pequenas economias atrairão oportunidades que não poderão ser aproveitadas pelos que não possuem economia alguma, que são a grande maioria.

A quantia que se economiza, muitas vezes, pelo menos no início, não é tão importante quanto o fato de estabelecer o hábito de exercer controle sobre si mesmo. Com a prática de pequenas economias, aos poucos, você se convence de que é alguém que possui autocontrole.

Você talvez possa estar se perguntando: por que estamos falando do hábito da economia outra vez? Ora, é para lhe mostrar a importância que o autocontrole pode ter e esse é apenas um exemplo. Podemos, depois, olhar com a mesma concepção para todos os demais setores da nossa vida. Se você, por exemplo, desenvolver o autocontrole sobre seus gastos e criar o hábito da economia, três coisas que afetarão positivamente sua vida acontecerão:

> **1 –** Você praticará a disciplina e o autocontrole, que lhe darão a gostosa sensação de domínio sobre si mesmo.

> **2** – Uma vez que tiver uma soma acumulada, por menor que seja, você se sentirá incentivado a ampliá-la cada vez mais, o que é muito positivo.
>
> **3** – Pessoas com dinheiro na mão sempre terão grandes oportunidades de ganho diante de si, seja pela realização de um negócio de ocasião, seja pela autoestima positiva e segurança que esse capital lhe dará ou seja até mesmo pelo fato de, em uma eventual necessidade emergencial, não precisar se endividar.

Entenda: não há prosperidade possível onde não há controle e domínio sobre os gastos. Afinal, a prosperidade não depende de quanto dinheiro conquistaremos na vida, mas de quanto economizaremos. E hábitos como o da economia somente serão possíveis para quem tiver autocontrole.

> **O AUTOCONTROLE É ESSENCIAL NO DESENVOLVIMENTO DO SEU PODER PESSOAL.**

3. Se nossos atos são construtivos e estamos em paz com nós mesmos, não há necessidade de parar para dar explicações, pois os atos falam por si.

O autocontrole é um fator essencial no desenvolvimento do poder pessoal. É por meio dele que podemos eliminar hábitos como reagir a tudo o que nos parece ofensivo, agir com excessos e criar monstros mentais que destroem nossa paz, alegria e coragem.

Uma pessoa com autocontrole, por exemplo, não se entrega ao ódio, à inveja, ao ciúme, às revanches ou a qualquer emoção destrutiva similar.

Perder a cabeça ou irritar-se com uma argumentação é um sinal de que ainda não estamos familiarizados com os fundamentos nos quais o autocontrole é baseado.

Da mesma forma, ganância, egoísmo e autoapreciação indicam falta de autocontrole em uma das suas formas mais perigosas.

Até mesmo a autoconfiança, uma das faculdades fundamentais do sucesso, quando desenvolvida em excesso ou fora dos limites da realidade, torna-se perigosa.

Sacrifício pessoal é outra qualidade louvável que, quando levada aos extremos, torna-se um dos indícios da falta de autocontrole.

Uma pessoa com autocontrole não entra em êxtase, nem se torna descontroladamente entusiasmada por alguma coisa ou pessoa.

Amor é essencial para obter felicidade e sentido na vida, mas a pessoa que entrega sua felicidade em nome do amor, que coloca sua razão de viver nas mãos de outra pessoa, seja ela quem for, assemelha-se ao carneiro que entra na toca dos lobos e implora para dormir ali ou ao canário que insiste em brincar com os bigodes do gato.

Uma pessoa que possui domínio sobre si mesma não permitirá ser influenciada pelo cínico ou pelo pessimista, nem permitirá que outra pessoa pense por ela.

Uma pessoa com autocontrole estimulará sua imaginação e seu entusiasmo até que eles produzam ação, mas irá controlar sua ação e não permitirá que essa ação a controle.

Alguém que possui controle sobre si mesmo nunca irá, sob qualquer circunstância, caluniar outra pessoa ou procurar revanche por qualquer causa ou incidente em que tenha se envolvido.

Da mesma forma, não irá odiar aqueles que não concordarem com ele, pelo contrário, irá se esforçar para compreender as razões que levaram essa pessoa a discordar dele e tirará qualquer proveito possível dessa compreensão.

Por fim, a falta de autocontrole que causa mais aflição é o hábito de formar opiniões antes de estudar os fatos.

Grande parte das informações que temos não é baseada em fatos. Trata-se de meras opiniões sem conexão com a verdade. Da mesma forma, grande parte dos fatos que conhecemos, embora seja verdadeira e real, não tem importância alguma para a realização do nosso propósito.

Todos os fatos que podem ser usados para realizar nosso propósito são relevantes e importantes; todos aqueles que não podem ser usados para esse fim têm pouca ou nenhuma importância e devem ser esquecidos.

A incapacidade e a negligência em fazer essa distinção são responsáveis pelo abismo que separa, tão bruscamente, pessoas que possuem as mesmas habilidades e que têm oportunidades iguais, mas que alcançam resultados extremamente distintos.

Apenas quando levarmos em conta fatos reais e verdadeiros, com uma relação direta com a consecução do nosso propósito, estaremos prontos para assumir controle sobre nosso pensamento.

QUEM TEM AUTOCONTROLE NÃO SE ENTREGA AO ÓDIO, INVEJA, CIÚME, REVANCHES OU QUALQUER EMOÇÃO DESTRUTIVA.

---

4. O sucesso e a riqueza devem ser conquistados por meio do domínio de nós mesmos.

Agora que você já sabe que autocontrole é o domínio sobre seu pensamento, é importante discutirmos de onde vem o estímulo que coloca nosso cérebro em ação.

Em geral, esse estímulo vem de duas fontes: a *autossugestão* e a *sugestão*.

A autossugestão, como a própria palavra diz, é a sugestão que você dá a si mesmo.

Por exemplo: quando algo acontece conosco, imediatamente começamos um monólogo interno, onde explicamos a nós mesmos aquilo que nos aconteceu.

LIÇÃO 8 – AUTOCONTROLE

O que falamos para nós mesmos nesses momentos tem grande influência sobre o sentido que o acontecimento tem para nós e impacta fortemente nosso comportamento. E isso é a autossugestão.

Por meio da autossugestão, podemos selecionar o tipo de pensamento com o qual alimentaremos nossa mente. Mesmo que o pensamento sofra influência do condicionamento do passado, podemos, através da autossugestão, mudar esse pensamento e adequá-lo ao nosso desejo.

Além daquilo que falamos para nós mesmos, tem aquilo que os outros nos dizem. E isso é conhecido como sugestão. Se não ficar atento, poderá facilmente permitir que outras pessoas definam seu pensamento por meio da influência que elas exercem sobre você.

É exatamente isso que geralmente ocorre: as pessoas permitem que os outros decidam a qualidade e o conteúdo de seus pensamentos.

E o que é pior: a maioria aceita essa influência sem ao menos se questionar se a sugestão que recebe faz sentido ou não. Ou seja: aceita a sugestão dos outros considerando cada palavra que eles dizem como verdade.

Lemos os jornais e assistimos aos noticiários diariamente. Acreditamos naquilo que está escrito e no que é dito como se fosse a verdade absoluta.

Geralmente, aceitamos essa intromissão como se não tivéssemos o poder de fechar a porta e não permitir o exercício de qualquer tipo de influência sobre nós.

Não temos apenas o poder de pensar, mas algo ainda mais importante: o poder de controlar nossos pensamentos e dirigi-los para onde desejarmos.

Por isso, autocontrole, como todas as outras lições que tratamos até aqui, é uma questão de exercer disciplina sobre nosso pensamento.

Entenda: você tem o poder de selecionar o material que constitui o pensamento que predomina na sua mente. E você pode estar certo de uma coisa: os pensamentos que predominarem em sua mente, em última análise, o levarão ao sucesso ou ao fracasso.

Então, se você possui controle sobre seus pensamentos e eles são a principal fonte do sucesso ou do fracasso, ambos dependem apenas da sua escolha.

Isso faz do pensamento nossa ferramenta mais importante, a ferramenta com a qual construímos nosso destino de acordo com nossa própria vontade.

Se a energia que a maioria das pessoas desperdiça com a falta de disciplina e autocontrole fosse organizada e empregada de maneira construtiva na busca da realização de um propósito definido, todas as carências e faltas de oportunidades com as quais justificamos nosso fracasso seriam suprimidas.

Da mesma forma, se o tempo que muitas pessoas gastam falando da vida alheia fosse aproveitado de maneira útil, seria suficiente para suprir todas as queixas de falta de tempo para buscar aquilo que desejam mais intensamente.

Todas as pessoas felizes, satisfeitas e que triunfam na vida são dotadas de disciplina e autocontrole, ao passo que aquelas que fracassam permitem que seus pensamentos, palavras e atos sejam reféns da sugestão dos outros ou mesmo das circunstâncias que se impõem.

> OS PENSAMENTOS QUE PREDOMINAM EM NOSSA MENTE SÃO O QUE NOS LEVARÁ AO SUCESSO OU AO FRACASSO.

5. Muitas pessoas passam a vida inteira à procura de tempestades e complicações. E, em geral, elas encontram o que procuram.

O pensamento é o poder mais elevado que temos à nossa disposição. Cada um de nós é a soma geral dos nossos pensamentos dominantes. Podemos controlar ou mudar quem somos ao mudar nossos pensamentos dominantes.

Coloque em sua mente, por meio do princípio da autossugestão, pensamentos positivos e construtivos que estejam em harmonia com seu

LIÇÃO 8 — AUTOCONTROLE

propósito definido. A mente irá transformar esses pensamentos em realidade física e devolvê-la para você como um produto já finalizado. E como se desenvolve o autocontrole?

Quando você deliberadamente escolhe os pensamentos que deseja e se recusa a admitir sugestões contrárias, incoerentes com os seus objetivos, está exercitando autocontrole na sua forma mais eficiente e mais elevada. Os seres humanos são a única espécie capaz de fazer isso.

Se você observar as pessoas à sua volta, facilmente perceberá que aquelas que alcançam sucesso e abundância material são as que possuem maior autocontrole. Por outro lado, as que dificilmente conseguem grandes resultados são as que permitem que seus pensamentos, palavras e ações se desenvolvam à revelia.

Repito: ter autocontrole é exercer controle sobre a qualidade do nosso pensamento.

Por isso, nas próximas lições, você aprenderá, com detalhes, como nutrir sua mente com os pensamentos que representem exatamente aquilo que você quer criar na sua realidade, eliminando aqueles que não estão de acordo com seus anseios.

Quando você tiver plena capacidade de fazer isso, terá se tornado um Mind Master©, uma pessoa que tem maestria sobre sua mente. E esse deve ser o seu objetivo maior.

Acredite em mim: estimular nossa mente com sugestões e pensamentos da nossa própria escolha é um privilégio que todos temos, mas poucas pessoas sabem usar. Para aqueles que adotarem esse direito sagrado, não haverá nada dentro dos limites da razão que eles não possam alcançar.

PODEMOS MUDAR QUEM SOMOS AO MUDAR NOSSOS PENSAMENTOS DOMINANTES.

> **6.** Temos uma vantagem extraordinária sobre aqueles que nos ofendem: o direito de lhes perdoar, ao passo que eles não possuem esse privilégio.

Quando alguém nos ofende, temos uma tendência natural de retribuir na mesma moeda. Se alguém nos agrada, também retribuímos o favor da mesma forma. Agimos assim naturalmente.

Se chegarmos a uma festa e uma pessoa desconhecida for muito cortês e gentil conosco, a tendência natural será gostar dela. Se, por outro lado, ela nos ignorar e nos tratar com ignorância e desrespeito, nosso sentimento será de desrespeito e a nossa tendência será ignorá-la da mesma forma.

Esse tipo de atitude é tão natural que quase fica chato falar sobre isso. Mas qual é o problema dessas nossas reações tão óbvias?

Usando essa tendência tão simples e natural, qualquer pessoa pode controlar nossa vida da maneira como ela bem quiser. Se ela não nos desejar por perto, poderá conseguir isso ao agir com desrespeito e indiferença. Se ela quiser alguma coisa de nós, basta agir com simpatia e, até mesmo, bajulação.

Para evitar esse tipo de manipulação, precisamos aprender a lidar com as pessoas de uma maneira mais séria. O jeito de fazer isso é tornar-se uma pessoa independente tanto da boa quanto da má opinião das outras pessoas. Falaremos muito sobre isso na lição 15, mas aqui vai uma dica rápida: aprenda a tolerar todo tipo de ofensa e abuso sem retaliar.

Por que isso é importante? Ora, se uma pessoa começa a nos difamar ou atacar, justa ou injustamente, precisamos nos lembrar de que, se dermos o troco respondendo-a na mesma moeda, estaremos permitindo que ela controle nossos pensamentos e, por consequência, nossas ações e nossos resultados.

Por outro lado, se nos recusarmos a deixar que suas palavras nos afetem e mantivermos nossa compostura, permanecendo calmos e serenos, além de manter todas as faculdades da razão, assumiremos nós o controle sobre a outra pessoa.

LIÇÃO 8 — AUTOCONTROLE

Nossa retaliação será com uma arma muito mais poderosa, algo com o que a outra pessoa não estará familiarizada. Ao não respondermos às suas ofensas, a tomaremos de surpresa, o que geralmente a levará a perder o controle. Consequentemente, a dominaremos com facilidade.

Outra maneira de praticar o autocontrole é mantendo-se sempre fiel e leal àquelas pessoas que *não* estão presentes. O que quero dizer com isso é o seguinte: quando alguém, na sua presença, fizer algum comentário negativo ou criticar alguém que você conheça, mas que não esteja presente, em vez de entrar na onda do ataque, tome uma posição defensiva em favor da pessoa ausente, reforçando os pontos positivos dessa pessoa. Isso lhe dará uma enorme credibilidade com todos que estiverem presentes.

Você também pode treinar o autocontrole ao se libertar do hábito de "matar o mensageiro". Isso significa não se irritar com a pessoa que o criticar, falar algo que você não goste ou apontar uma falha sua.

Pelo contrário: analise seu próprio caráter, tente compreender o motivo pelo qual essa pessoa falou isso, investigue se ela de fato tem razão e, sinceramente, agradeça à crítica e comprometa-se a corrigir isso em você.

Outra forma de desenvolver o autocontrole é mudando a maneira como agimos com nossos erros. Geralmente, temos uma tendência de resistir aos nossos erros, tentar encobri-los ou encontrar um bode expiatório — o que, muitas vezes, é um erro maior do que aquele que tentamos encobrir.

Quando erramos, a coisa mais simples é admitir o erro e corrigi-lo imediatamente, impedindo que ele ganhe força, se propague e afete negativamente os momentos posteriores.

Reconhecer o erro e admiti-lo nos devolve o controle sobre a situação. Não há nada de complicado nisso, mas essa atitude é tão rara que, quando a praticamos com sinceridade, nos tornamos mais fortes e mais confiáveis do que éramos até o momento em que cometemos aquele erro.

Por isso, pessoas que aprenderam a agir dessa forma costumam dizer que aprendem muito com suas falhas, como se fossem uma grande benção na vida delas.

A receita é muito simples e consiste em quatro passos:

1 – Reconheça o erro
2 – Admita-o
3 – Corrija-o
4 – Aprenda com ele

Esses quatro passos transformam qualquer fracasso em sucesso. Afinal, não são os nossos erros que criam nossos maiores problemas, mas a forma relapsa e descontrolada com que lidamos com eles.

Deixar de seguir esses passos é um segundo erro, quase sempre maior que o primeiro, que nos leva à autocomplacência e nos força a buscar desculpas, mentiras, justificativas e, por fim, a apontar as fraquezas dos outros para esconder as nossas.

Esforce-se para dizer, pronta e honestamente, sempre que for o caso: "Desculpe, eu estava errado" ou "Desculpe, errei! Lamento profundamente o ocorrido e vou trabalhar para corrigir isso".

Mas faça isso com o coração aberto, com sinceridade contagiante. Seja íntegro em sentimentos, palavras e ações.

QUANDO ERRAMOS, A COISA MAIS SIMPLES E CORRETA É ADMITIR E CORRIGIR O ERRO IMEDIATAMENTE.

APLICAÇÕES PRÁTICAS

1. O ser humano não é um capricho do destino. Ele é seu próprio destino. "Como o homem pensa no seu coração, assim ele é". Entenda: ninguém pode impedi-lo de obter aquilo que você deseja, exceto você mesmo através do seu pensamento. Aprenda a controlar seu pensamento: estabeleça seu propósito e o mantenha firme na sua mente até ele se tornar realidade.

2. Permita que entre na sua mente apenas aquilo que for útil para a realização do seu propósito. Porque, não importa o quanto você trabalhe, se sua mente estiver saturada de negatividade, medo e fracasso, ela vai anular seu esforço, neutralizar sua energia e afastar o sucesso de você. Lembre-se: não existem limitações sobre o que você é capaz, exceto as que você planta na sua mente. Então, fixe firmemente na sua mente a convicção de que você pode realizar qualquer coisa que desejar e aja para realizá-la.

3. Toda riqueza depende da compreensão clara de que a mente é o único criador da nossa realidade. Por isso, o grande negócio da vida é o pensar. Durante os próximos três dias, observe seu pensamento. Fique atento a tudo o que se passa na sua cabeça e procure relacionar a maneira como você pensa com seus resultados.

Lição 9

FAÇA SEMPRE MAIS DO QUE O EXIGIDO

A LEI

Ganha mais quem serve melhor. Se você quer conquistar verdadeira riqueza, precisa criar valor para as outras pessoas. Essa é a chave! Seu sucesso sempre será proporcional à quantidade de valor que oferece com seu trabalho. Quanto mais valor você cria para os outros, mais valor sentirá em si mesmo e melhor será sua posição no mercado. Uma das maneiras mais eficazes de criar valor para o próximo é desenvolver o hábito de sempre fazer mais do que aquilo que é exigido de você. Faça isso e verá que o mundo lhe devolverá mais do que você espera.

CHAVES DO SUCESSO

Fazer sempre mais do que o exigido é uma lei que deve ser seguida por qualquer pessoa que busca obter prestígio, sucesso, acumular dinheiro e, ao mesmo tempo, encontrar a felicidade e desfrutar da paz de espírito.

Os benefícios de seguir essa lei são enormes. Principalmente sobre nossa autoestima e senso de propósito.

A autoestima é o valor que atribuímos a nós mesmos, é o quanto gostamos de nós. O senso de propósito determina o valor que damos à nossa vida, é o quão significante ou importante pensamos que nossa vida é.

Tanto nossa autoestima quanto o senso de propósito aumentam muito quando criamos valor para as outras pessoas, oferecendo-lhes mais do que elas esperam de nós.

Quando você presta serviços da melhor maneira possível, esforçando-se para fazer cada vez mais e melhor, está fazendo uso da mais elevada forma de compensação possível. Por isso, você lucrará mais com esse esforço do que a outra pessoa para quem você está trabalhando.

Faça da prática dessa lei um hábito diário e siga-o com a mesma regularidade em que faz suas refeições. Nesta lição, você verá como!

Querer é poder!

LIÇÃO 9 — FAÇA SEMPRE MAIS DO QUE O EXIGIDO

> **1.** Não importa se o trabalho é simples como fazer um embrulho ou servir café: o Universo sempre recompensa pessoas que oferecem um trabalho melhor do que aquele que delas é exigido.

Apesar de muitas pessoas procurarem fazer o mínimo possível em seu trabalho, se você quiser obter sucesso, prosperidade e riqueza, precisa fazer mais do que o exigido.

Existem inúmeras razões pelas quais você deveria desenvolver o hábito de fazer mais do que aquilo que é esperado de você. Entre essas razões, existem duas que transcendem, em importância, todas as demais.

Primeira razão — Ao estabelecer a reputação de alguém que sempre rende um serviço melhor do que é exigido, você se beneficiará em comparação com as pessoas à sua volta, que raramente seguem esse princípio. O contraste da sua atitude será tão notável, que haverá pouca concorrência para seu trabalho, independentemente do tipo de trabalho em que estiver envolvido.

Não importa se você é sacerdote, advogado, escritor, professor ou se ganha a vida limpando casas, você se tornará mais valioso e terá condições de obter uma recompensa maior pelo seu trabalho se percorrer um quilômetro extra e fizer um pouco mais do que o esperado.

Observe as lojas, restaurante e comércios que você frequenta. Você vai mais naqueles que lhe oferecem menos do que é esperado deles ou naqueles que oferecem sempre um pouco mais? E quais você recomenda para seus amigos?

Segunda razão — Suponha que você queira desenvolver braços fortes. O que faria? Sabemos que a única forma de desenvolver essa força muscular é usando os braços de forma intensa e constante, exigindo deles cada dia um pouco mais.

Agora, suponha que, por ignorar as leis naturais que regem o desenvolvimento dos músculos, você acredite que, para tornar seu braço mais forte, precise amarrá-lo ao seu corpo, tirando-o de uso e mantendo-o imóvel e em descanso. Inutilizar o braço traria força ou o atrofiaria, enfraquecendo-o?

Essa lei está evidente em todos lugares. A árvore mais forte da floresta, por exemplo, não é aquela que está protegida do vento e escondida do sol, mas aquela que está exposta, que é forçada a usar sua força e resistir contra o vento, contra a chuva e contra os raios do sol.

A mesma lei que se aplica à natureza se aplica a quem presta um serviço maior do que lhe é exigido.

Uma das leis imutáveis da natureza é a seguinte: é por meio do esforço organizado que o poder e a força se desenvolvem. E o propósito desta lição é mostrar como cultivar essa lei para que ela possa ser útil a você na busca de seu sucesso.

Repetindo: se criarmos o hábito de desenvolver mais serviço do que nos é solicitado, inevitavelmente nos destacaremos dos demais e seremos recompensados por isso. E se continuarmos seguindo essa lei, eventualmente desenvolveremos força suficiente para nos remover de qualquer trabalho indesejável, optando pela atividade que amamos e criando a vida que queremos.

2. O conhecimento se transforma em poder apenas por meio da organização e do uso que dele se faz.

Olhe à sua volta: que tipo de negócio está crescendo? Que empresas estão conquistando mercado? As que tentam tirar o máximo dos seus clientes dando o mínimo em troca? Ou as que estão sempre tentando cativar os clientes, dando-lhes um pouco mais do que o esperado?

LIÇÃO 9 – FAÇA SEMPRE MAIS DO QUE O EXIGIDO

Quais os profissionais que estão conseguindo os melhores postos e as maiores promoções? Aqueles que estão sempre se esquivando do trabalho? Ou os que estão sempre empenhados em fazer mais e melhor?

A resposta parece óbvia, não é? E tem mais, o fato de que muitas pessoas estão oferecendo o mínimo de esforço possível em seu trabalho favorece todos aqueles que, como você, estão dispostos a fazer mais do que lhes é exigido.

Na verdade, a lei que nos orienta a fazer sempre mais e melhor possibilita a qualquer pessoa definir sua própria renda, sem que ninguém possa impedi-la disso.

Tudo que você precisa é de um pouco de sensibilidade para perceber a oportunidade e a iniciativa para, então, poder agir. Se alguém tentar impedir a ação dessa lei, isso não será um problema por muito tempo, porque o seu hábito de fazer mais e melhor será percebido por outras pessoas, que irão desejar essas vantagens.

Entenda: a simples prática constante dessa lei, por si só, em pouco tempo, o fará parecer um gigante entre pigmeus.

A partir de hoje, comece a utilizá-la. Procure oportunidades para colocá-la em prática. Tire vantagem dela. Fortaleça-se com ela.

E é claro, você pode sobreviver tranquilamente fazendo o mínimo possível. Mas a sobrevivência é tudo o que obterá.

Então, quando as coisas apertarem, quando o mercado entrar em crise e o trabalho reduzir, o que em um momento ou outro vai acontecer, o seu serviço será um dos primeiros a serem descartados. E como se justificará então? Quem irá culpar ou responsabilizar pelo seu fracasso?

O PODER E A FORÇA SEMPRE SÃO O RESULTADO DE UM ESFORÇO ORGANIZADO EM TORNO DE UM PROPÓSITO ESPECÍFICO.

> **3.** Ninguém pode prestar um serviço sem receber a recompensa do Universo; assim como ninguém pode se recusar a prestar esse serviço sem perder essa recompensa.

Se as vantagens de fazer mais do que é exigido de nós são tão óbvias, por que tão poucos fazem uso disso?

Deixe-me responder da seguinte maneira: em geral, quando pensamos em fazer mais do que aquilo pelo qual somos pagos, somos atormentados por uma estranha ideia de que estamos sendo passados para trás. Por algum motivo, pensamos que estamos pagando o pato, que estamos fazendo a parte do outro sem sermos remunerados por isso.

Mas deixa eu lhe dizer mais uma vez: quando se trata de uma lei Universal, é impossível que alguém seja logrado senão por si mesmo.

Tem uma coisa que quero que você entenda: há, em todas as transações e negociações que fazemos, uma terceira parte envolvida, que é invisível e silenciosa, mas poderosa. Essa terceira parte é a lei natural das coisas e ela sempre se encarrega de providenciar o justo cumprimento de todos os acordos, de modo que nenhuma atitude honesta ou desonesta fique sem sua recompensa ou punição.

Se fizer sua parte, não se preocupe com a do outro. Apenas espere. A lei natural das coisas cumprirá sua parte e terá o cuidado de pagar seu serviço múltiplas vezes, através de um princípio conhecido como a lei do retorno multiplicado.

Veja como a lei do retorno multiplicado se aplica na natureza:

Primeiro, o agricultor prepara cuidadosamente a terra.

Em seguida, ele põe a semente no solo e a protege das ervas daninhas. Enquanto isso, aguarda que a natureza lhe devolva as sementes que ele plantou, mas com uma recompensa muito mais valiosa.

Sem a lei do retorno multiplicado, o agricultor não sobreviveria, porque não obteria o suficiente para o sustento de sua família. Não haveria sentido em semear e cuidar da terra se ele não recebesse em troca muito mais do que plantou.

Mesmo que, devido às circunstâncias naturais, a colheita não saia tão bem em um ano, o agricultor é beneficiado pela abundância do ano seguinte. Simples e seguro assim.

E essa mesma lei se aplica em todos os demais setores da vida, ainda que poucas pessoas tenham aprendido essa verdade fundamental e a maneira como tirar vantagem dela.

O ensaísta e poeta americano Ralph Waldo Emerson expressou isso da seguinte maneira:

> "Causa e efeito, meios e fins, semente e fruto não podem ser separados, pois o efeito sempre aparece na causa, o fim preexiste nos meios e o fruto na semente.
>
> A lei da natureza é: esforce-se e terá poder; mas os que não se esforçarem não o terão.
>
> Ninguém poderá se tornar líder sem prestar mais serviços do que é sua obrigação e ninguém poderá vencer na vida sem se tornar antes um líder na profissão escolhida."

Marshall Field, empresário americano, foi um dos maiores comerciantes da sua época. Sua rede de lojas, a Marshall Field's, criada em 1852, foi uma marca reconhecida em todos os Estados Unidos até ser incorporada pela Macy's, em 2005.

Conta-se que, certo dia, uma senhora comprou uma gola de renda muito cara na loja de Field. Por motivos pessoais, essa senhora nunca vestiu a peça.

Dois anos depois de tê-la comprado, deu-a à sua sobrinha como presente de aniversário. A sobrinha não gostou da peça e foi até a loja de Marshall com o intuito de devolvê-la e pegar outra em troca.

Apesar de já terem se passados dois anos e a peça ter saído de moda, Marshall não somente aceitou a troca como a fez sem um único comentário negativo.

Entenda: Marshal não tinha nenhuma obrigação moral ou legal de aceitar o produto. Mas foi justamente esse fato, porém, que tornou essa transação tão importante.

Inicialmente, a peça custava cinquenta dólares. E não parece um equívoco suspeitar que, após ser devolvida e a moça receber outro produto no mesmo valor, a gola de renda tenha ido diretamente na cesta de liquidações e vendida por um pequeno percentual desse valor.

Diante desse fato, alguém facilmente poderia pensar que a loja saiu perdendo. Mas ela não perdeu um único centavo. Ao contrário, lucrou tremendamente com a transação.

Veja o porquê: a moça que retornou a peça sabia que a loja não tinha obrigação de aceitá-la; por isso, quando a loja aceitou a troca e foi tão cortês, ela não apenas se tornou uma cliente como passou a contar o acontecido e a elogiar a atitude para todas as pessoas de sua rede de relações.

Essa transação foi o assunto com as amigas dessa moça por várias semanas. E a loja de Field recebeu mais recomendações e publicidade positiva do que ela poderia obter comprando anúncios no valor dez vezes maior do que o da peça. Lembre-se: nenhuma publicidade é mais poderosa e eficaz do que a recomendação de um amigo.

Compreenda: a lei do retorno multiplicado é uma lei simples, mas o sucesso, como já falei, é consequência de uma série de leis simples.

Quando você faz apenas aquilo que é sua obrigação, não há nada de extraordinário para atrair comentários favoráveis.

Mas quando, por vontade própria, você faz mais do que aquilo que é esperado, sua ação atrairá a atenção favorável de todas as pessoas que são afetadas por ela.

Assim, ao estabelecer uma reputação favorável, você avança e, eventualmente, a lei do retorno multiplicado começará a trabalhar em seu favor, criando demanda para seus serviços.

Lembre-se: todos nós temos a oportunidade de fazer uso da lei do retorno multiplicado, estando sempre às ordens e prontos para prestar serviços dos quais os outros desejam se esquivar.

LIÇÃO 9 — FAÇA SEMPRE MAIS DO QUE O EXIGIDO

4. Somos mais eficientes, mais eficazes e obtemos melhores resultados quando fazemos aquilo pelo que sentimos uma paixão natural.

Deixe-me revelar um fator essencial que lhe ajudará muito no desenvolvimento do hábito de sempre fazer mais do que o exigido: será muito mais fácil seguir o princípio dessa lei se você escolher um trabalho que você goste de fazer. Todos temos certa atividade que amamos.

Conta-se que, há muitos anos, um grupo de socialistas organizou uma comunidade em Louisiana, nos Estados Unidos. Eles adquiriram uma extensa área de terras e desenvolveram um programa comunitário que acreditavam trazer mais satisfação e menos preocupações.

A ideia era não pagar salário para ninguém. Cada pessoa executava o tipo de trabalho que mais lhe agradava ou para o qual tinha maior talento. O resultado desse trabalho se tornava propriedade comum de todos.

Certo dia, um imigrante suíço se uniu à colônia. Na hora de escolher uma tarefa, decidiu trabalhar na tipografia. Poucos dias depois, queixou-se de que não gostava desse trabalho. Então, foi colocado em um outro posto, como operador de máquina.

Dois dias depois, disse que o trabalho de operador também não lhe agradava e pediu uma nova transferência. Foi encarregado de ajudar na produção de leite. Mas também ali teve dificuldades e passou a trabalhar na lavanderia, onde novamente não se sentiu bem.

Assim, ele foi experimentando todos os tipos de trabalho, um após o outro, até que, um dia, foi transferido para um dos trabalhos mais duros da comunidade: a fabricação de tijolos.

Na olaria, recebeu um carrinho de mão, uma picareta e uma pá e foi posto para cavar e juntar o barro usado na fabricação de tijolos.

Semanas depois, sem ouvir qualquer tipo de reclamação e observando que o suíço trabalhava muitas horas além do necessário, um dos membros da coordenação perguntou-lhe como estava se sentindo em sua nova tarefa, ao que o imigrante respondeu:

— Esse é exatamente o tipo de trabalho que eu amo.

Parece estranho que alguém possa escolher, entre inúmeros tipos de trabalho, o de cavar e carregar barro, não parece? Contudo, esse imigrante suíço se sentia plenamente satisfeito, porque era essa a atividade que mais se adaptava à sua natureza. Ele trabalhava sozinho, não precisava pensar, exercia grande esforço físico e não acumulava grande responsabilidade, e isso era justamente o que lhe dava maior satisfação.

Há trabalhos dos quais não gostamos. Outros, dos quais gostamos moderadamente. Mas há, para todos nós, uma ou mais atividades pelas quais nutrimos verdadeira paixão. Pessoas de sucesso, felizes e de bem com a vida, geralmente, são apaixonadas por aquilo que fazem. Somos mais eficientes, mais rápidos e obtemos melhores resultados quando estamos empenhados em um trabalho pelo qual sentimos paixão.

O trabalho que se faz exclusivamente com a finalidade de ganhar a vida raras vezes é exercido com amor. Na maioria delas, é o contrário: ele é desagradável, frustrante e até mesmo detestado. A atividade que desperta ódio e aborrecimento logo nos enjoa e se torna cansativa. Por outro lado, quando nos ocupamos de uma atividade que nos causa prazer, trabalhamos durante longas horas sem ficarmos enjoados e cansados.

Quando fazemos o que amamos, não sentimos dificuldade em fazer mais do que nossa obrigação. Por essa razão, todos deveríamos ter o cuidado de construir nossa carreira no ramo que mais nos agrada.

A pessoa que observar essa regra tem uma dupla recompensa: a primeira é uma tendência natural de ser melhor remunerado do que a pessoa que não ama o que faz; e a segunda é experimentar o contentamento íntimo do prazer pelo que faz, o que aquele que não trabalha no que ama jamais conhecerá.

Na verdade, se não recebermos outra recompensa pelo nosso trabalho além daquela que consta no contracheque, a remuneração será insuficiente, seja qual for o montante que recebermos.

Então, considere isso: o *status* da atividade que exercemos não é o mais importante; o que realmente importa é se amamos verdadeiramente aquilo que fazemos. E a razão para isso é que, quando estamos envolvidos com uma atividade pela qual temos paixão, não sentimos dificuldade em fazer mais do que nos é exigido, indo além das nossas obrigações e, assim, sendo compensados pela lei do retorno multiplicado.

Por essa razão, todos deveríamos dar o melhor de nós mesmos para encontrarmos esse tipo de atividade e o tornar nosso propósito definido.

> **SERÁ MUITO MAIS FÁCIL FAZER MAIS DO QUE O EXIGIDO SE TIVERMOS PAIXÃO PELO NOSSO TRABALHO.**

5. Sucesso não é sinônimo de dinheiro, mas de realização pessoal. Confundimos as duas coisas porque a realização pessoal frequentemente é recompensada com prosperidade financeira.

Os dois maiores obstáculos que impedem que nos dediquemos ao trabalho que amamos são a busca de resultados financeiros e a opinião da família e dos amigos.

Nem sempre o trabalho pelo qual sentimos mais amor é o mais lucrativo. Muitas vezes, parece que não temos escolha: a necessidade fala mais alto e o trabalho pelo qual temos maior inclinação parece não trazer a melhor remuneração.

Assim, entre escolher por recompensa financeira imediata, direcionando nosso esforço para campos puramente comerciais, e a remuneração que virá anos mais tarde, após o acúmulo de conhecimento que nos habilita a trabalhar na área do nosso talento, preferimos a recompensa imediata, renunciando à nossa paixão.

Além disso, quem escolher o trabalho que ama nem sempre terá, no seu campo de apoio, o suporte de seus amigos e familiares. Ao escolher o trabalho pelo qual temos paixão, quase sempre somos forçados a investir extraordinário esforço e energia na busca e no desenvolvimento, coletando, organizando, classificando e testando o conhecimento necessário para desenvolver nosso potencial — e isso, em curto prazo, pode parecer desvantajoso financeiramente.

Entretanto, apesar dessa aparente desvantagem, a pessoa que se envolve com o trabalho que ama geralmente é recompensada com dois tipos de benefícios decisivos.

> **Primeiro** – Ela descobre, nessa atividade, a maior recompensa de todas: a felicidade.
> **Segundo** – Sua recompensa financeira, embora muitas vezes demore mais para chegar, no fim das contas, será muito maior.

Por quê? Porque o trabalho feito com amor geralmente é maior em quantidade e qualidade do que aquele exercido exclusivamente pelo dinheiro.

Por isso, se quisermos de fato acumular dinheiro e desfrutar de paz de espírito, encontrando a felicidade, é preciso sacrificar a remuneração financeira imediata para poder acumular conhecimento, adquirir técnica e desenvolver a prática, para apenas então obter a recompensa. Essa tem sido a experiência de qualquer industrial, cientista, inventor ou filósofo do tempo de Sócrates até os dias atuais.

Nenhum trabalho feito com amor pode ser considerado um desperdício. Aqueles que fazem mais do que aquilo que deles é esperado, mais cedo ou mais tarde, serão recompensados, e muito além do que poderiam imaginar.

Entenda: sua segurança não está no cargo que ocupa ou nas pessoas com as quais se relaciona, ela está na sua capacidade de gerar valor, suprir necessidades e solucionar problemas.

> **QUEM NÃO RECEBE OUTRA RECOMPENSA, ALÉM DO SALÁRIO, PELO SEU TRABALHO É MAL REMUNERADO INDEPENDENTEMENTE DE QUANTO GANHA.**

APLICAÇÕES PRÁTICAS

1. A partir deste momento, ofereça, em tudo que fizer, mais serviços do que lhe são requisitados. Não peça nem espere qualquer tipo de recompensa imediata por isso. Faça-o com a pura convicção de que você está colocando em uso uma das mais poderosas leis do sucesso e que você não sairá desapontado. Faça essa experiência tanto com pessoas conhecidas quanto com pessoas estranhas que talvez nunca mais verá.

2. Quando alguém lhe pedir algum serviço, ao invés de dizer mentalmente: "Mostre-me sua grana que lhe mostrarei o meu trabalho", inverta a regra dizendo: "Deixe-me mostrar meu trabalho de maneira que, se você ficar satisfeito, eu possa então ver a sua grana".

3. Em tudo que fizer, coloque um pouquinho de esforço extra, acrescente um pouquinho mais de trabalho. Não se contente simplesmente com o bom. Procure a excelência em tudo. Logo você parecerá uma ilha de excelência neste vasto oceano de mediocridade que o cerca e o mundo lhe pagará em ouro por isso.

Lição 10

DESENVOLVA UMA PERSONALIDADE AGRADÁVEL

A LEI

Você não pode obter sucesso duradouro sendo arrogante, prepotente, desleal, ganancioso, invejoso e egocêntrico. Você precisa ter uma personalidade agradável, baseada em amor, empatia, bondade, integridade e honestidade. Somente assim as portas do mundo se abrirão para você.

CHAVES DO SUCESSO

Somos poderosos centros de energia. Essa energia se manifesta tanto por meio de fontes visíveis quanto invisíveis. Quando nos aproximamos de uma pessoa, mesmo que não tenhamos articulado uma única palavra, podemos sentir a influência da sua energia.

As pessoas se aproximam ou se afastam de nós baseadas nessa energia. Se a energia dela se identificar com a nossa, ela se aproxima. Se não houver identificação, ela se afasta. É por isso que se diz que somos a média das cinco pessoas com as quais passamos a maior parte do nosso tempo.

Se quiser ter pessoas com uma personalidade agradável ao seu lado, primeiro, precisa desenvolver essa personalidade em você.

Uma personalidade agradável é a base sobre a qual devemos construir nosso sucesso. Fazendo isso de maneira inteligente, encontraremos facilidade para remover qualquer obstáculo que se imponha ao longo do caminho.

A aplicação prática dessa lei, por si só, tem criado os grandes políticos, vendedores, comerciantes, empresários e empreendedores do mundo inteiro. Ela tem transformado pessoas comuns em grandes líderes da noite para o dia.

Nesta lição, você compreenderá o que é uma personalidade agradável e como desenvolvê-la em si próprio e nos membros da sua equipe. De posse dessa compreensão, você poderá dominar facilmente qualquer circunstância ou obstáculo que encontrar no seu caminho.

Querer é poder!

LIÇÃO 10 — DESENVOLVA UMA PERSONALIDADE AGRADÁVEL

1. Iremos obter tudo o que quisermos quando auxiliarmos um número suficiente de pessoas a obterem tudo aquilo que elas querem.

Não importa quem você é neste momento. Por mais antipático, casmurro ou desgracioso que seja, você pode se tornar agradável e atraente aos olhos do mundo.

Existe um jeito de desenvolver sua personalidade de tal forma que ela se torne extremamente agradável e atraente. E ele é muito simples: basta assumir um interesse honesto e profundo pelas outras pessoas.

Anos atrás, uma equipe de vendedores veteranos de uma companhia de seguro aplicou uma peça em um vendedor novato, que nunca vendera nenhum tipo de produto como aquele.

Como batismo de fogo, os veteranos lhe deram, como prospecto para sua primeira venda, um artista muito chato que já havia dispensado a maioria dos melhores vendedores da companhia. Eles mentiram ao novato dizendo que o artista estava à procura de apólices e que a venda seria fácil, bastava ir até lá e fechar o pedido.

O novato, humilde, foi até a casa do artista. Uma hora e meia depois, retornou com um largo sorriso no rosto, agradecendo aos colegas pela recomendação. Todos estranharam o comportamento do jovem. Afinal, esperavam que ele voltasse frustrado.

Questionado se tinha realmente conseguido efetuar a venda de alguma apólice, o novato, agradecendo mais uma vez, respondeu que sim. Na verdade, ele disse que havia feito uma venda extraordinária.

Indignados, os veteranos quiseram saber como ele havia conseguido aquele feito.

Ele explicou que, assim que chegou ao endereço que lhe fora dado, encontrou o pintor trabalhando em uma tela. Aproximou-se, pediu licença e fez uma série de referências sobre a pintura.

Como o vendedor novato era um admirador de arte, não teve dificuldade em manter um diálogo sobre o assunto. Os dois conversaram por quase uma hora até que, finalmente, o pintor perguntou o nome e a profissão do vendedor.

— Falemos sobre mim depois. Por ora, interessa-me mais aprender sobre arte com o senhor — respondeu, muito sincero, o jovem.

O artista sorriu satisfeito. Querendo corresponder à polidez do visitante, insistiu em saber em que tipo de negócio ele estava envolvido. Então, o novato apresentou-se e disse o que fazia. Curioso, o pintor o questionou sobre o funcionamento das apólices. O vendedor foi respondendo às perguntas e enfatizando as vantagens de fechar aquele negócio.

Após ouvi-lo atentamente, o pintor confessou:

— Já havia recebido outros vendedores dessa mesma companhia, mas nunca havia, de fato, compreendido a importância desse seguro. Mas o senhor apresentou tudo de um modo tão diferente! Gostaria que me sugerisse todas as apólices que acredita que eu deveria possuir e, se possível, quero comprá-las do senhor — disse o artista.

Reflita comigo: como esse vendedor conseguiu vender as apólices?

Na verdade, ele não as vendeu. O artista as comprou.

Como ele conseguiu isso?

Por meio da sua empatia, o vendedor, mesmo que inconscientemente, primeiro buscou compreender o outro, para, depois, ser compreendido. Primeiro deu importância ao assunto do outro, para, depois, poder expor o seu.

Ser empático não é o mesmo que ser simpático.

A simpatia é resultado da nossa personalidade, ela acontece no nível das aparências e, por isso, pode ser fingida.

A empatia acontece em um nível mais profundo, no nível da compreensão. Para ser empático, você precisa compreender o outro.

Todos temos uma necessidade genuína de sermos compreendidos, admirados, respeitados, valorizados, de recebermos incentivos e sermos amados. Gostamos daqueles que têm o tato de nos ouvir com respeito, que nos dão atenção e mostram interesse pelos assuntos que habitam nosso coração. Quando esse desejo é satisfeito, inclinamo-nos com satisfação sobre o assunto que habita o coração do outro.

LIÇÃO 10 — DESENVOLVA UMA PERSONALIDADE AGRADÁVEL

Entenda: existe apenas um meio de desenvolver uma personalidade agradável e esse meio é interessar-se, profunda e verdadeiramente, por aquilo que habita o coração dos outros.

Então, se deseja alcançar prestígio, sucesso e riqueza, a partir de hoje, você precisa se esforçar para entender as necessidades, preocupações e convicções das outras pessoas, e fazê-lo sem julgar, rotular ou criticar.

Compreenda: antes de obter a atenção da outra pessoa, você precisa ouvi-la, interessar-se honestamente pelo que ela é e pelo que ela está sentindo. Repito: precisamos primeiro nos esforçar para compreender, para, somente então, sermos compreendidos.

É como dizem: podemos obter tudo o que quisermos da vida, desde que, primeiro, auxiliemos um número suficiente de pessoas à nossa volta a obter aquilo que elas querem.

Por isso, a partir de hoje, esforce-se diariamente para desenvolver uma personalidade atraente. Você já sabe como.

O MELHOR CONSELHO NÃO VALE MUITO SE FOR APLICADO NO PROBLEMA ERRADO.

---

2. Congratule-se quando enxergar menos os defeitos alheios e mais os seus, pois isso significa que você está na companhia de pessoas grandiosas.

Nossa personalidade é a soma total das características e aparências que nos distinguem dos demais: as roupas que usamos, o corte de cabelo, a expressão do rosto, o tom da voz e a forma como pensamos.

Existem, então, duas características gerais que compõem nossa personalidade: a *visível* e a *invisível*.

Como já ficou claro nas lições anteriores, a parte mais importante é a invisível, composta por aquilo que pensamos.

A parte visível é a forma como nos comportamos, as roupas que vestimos, o corte de cabelo, a postura do corpo e a expressão do rosto e do olhar. E é por meio dela que expressamos a parte invisível.

Vale chamar a atenção para a vitalidade e a postura do corpo — denominadas magnetismo pessoal. Elas são expressas pela forma como caminhamos ou cumprimentamos a outra pessoa, pelo nosso aperto de mão, nosso olhar e nossos modos.

O magnetismo pessoal é muito importante e cumpre um papel essencial na definição da nossa personalidade. Hoje já se sabe que não é apenas o psicológico que impacta o físico, mas que também o físico impacta o psicológico.

A chave, então, é observar todos os aspectos, mas principalmente nossa energia, porque ela atrairá pessoas e coisas até nós que tendem a reforçar cada vez mais nossas características.

Tudo isso determina se somos ou não agradáveis aos olhos do outro.

Outra vez, Ralph Waldo Emerson expressou isso de uma maneira perfeita:

> "Há uma confissão completa no nosso modo de olhar, nos nossos sorrisos, nas nossas saudações e apertos de mãos.
>
> Os seus pecados mancham, maculam a boa impressão que uma pessoa causa.
>
> Quando isso acontece, mesmo sem saber o porquê, simplesmente não confiamos nessa pessoa.
>
> Seus vícios transparecem nos seus olhos, desfiguram o seu rosto, torcem seu nariz, põem o estigma da fera na sua cabeça e escrevem 'louco' na testa de um rei."

Se você for bem-sucedido em sua meta, vai se dar conta, em algum momento, de que a corrupção, a desonestidade, a inveja, a manipulação e a ganância, nunca compensam.

Mesmo que quem agir assim consiga se safar da justiça, as algemas da consciência o manterão preso por todas as horas do dia, pelo resto da vida. E, no final de tudo, quando olhar em retrospectiva, verá que nada disso valeu a pena e que nem mesmo havia sido necessário.

3. Há grande poder de persuasão na pessoa que possui um caráter positivo.

As leis que regem o sucesso são muito simples. E elas estão ao alcance de todos, o tempo todo. Qualquer pessoa comum, por exemplo, poderá desenvolver uma personalidade agradável. Basta, para isso, ser íntegra e honesta e se interessar mais pelo outro do que por si mesma.

Mas cuidado: não ignore ou subestime as palavras "íntegra e honesta". A adulação barata e intencional jamais substituirá o interesse genuíno, íntegro e sincero.

Como vimos, o fator essencial em uma personalidade agradável é o caráter. Ninguém consegue alcançar o sucesso e a felicidade duradoura sem que sua personalidade esteja fundada sobre um caráter sólido e positivo.

Lembre-se: o caráter sempre acaba contagiando todo o resto.

Talvez seja verdade que podemos causar uma excelente impressão vestindo roupas finas e caras e podemos nos comportar de maneira agradável e simpática apenas externa e superficialmente para conseguir o que queremos. Mas, no fim, se nosso coração estiver cheio de cobiça, inveja, ódio, avareza e egoísmo, jamais atrairemos alguém de bem, apenas aqueles que se assemelham a nós.

Da mesma forma, podemos ser simpáticos, usar sorrisos artificiais para disfarçar nossos verdadeiros sentimentos, praticar a arte de apertar a mão de forma segura, mas, se nossa intenção não for honesta e verdadeira, se essas expressões externas não tiverem sinceridade de propósito, em longo prazo, causarão mais danos do que benefícios.

Lembre-se do que vimos na lição anterior: ninguém pode prestar um serviço qualquer sem receber recompensa; da mesma forma, não é possível se recusar a prestar esse serviço sem sofrer a perda do seu retorno.

A lei da personalidade atraente está fundamentada sobre uma psicologia mais profunda: a de estudar e analisar as outras pessoas, tendo respeito e compreensão sobre sua individualidade, colocando suas necessidades e desejos no mesmo nível dos nossos, sem perder ou abrir mão de quem somos.

Apenas dessa forma podemos desenvolver uma personalidade irresistível e agradável. Uma vez que compreendemos isso, o caminho do sucesso se torna algo muito simples.

> **PRIMEIRO PROCURE COMPREENDER O OUTRO, POIS É SOMENTE DEPOIS DISSO QUE PODERÁ SER COMPREENDIDO.**

4. Pessoas que vivem de queixas e lamentos não conseguem ter uma personalidade agradável.

Em geral, temos um desejo forte de nos impor sobre os sentimentos e problemas dos outros.

Quando alguém nos fala sobre um problema, temos o hábito de interrompê-lo ainda na primeira frase e lhe dizer o que ele deve fazer.

Tentamos resolver tudo com nossas próprias experiências, com conselhos e orientações práticas baseados em nosso próprio conhecimento, e nos esquecemos de ouvir, de tentar compreender o outro, de ver o problema da outra pessoa do ponto de vista dela.

Ao contrário do vendedor novato, não sabemos ouvir empaticamente. Não escutamos a outra pessoa com a intenção de compreendê-la,

LIÇÃO 10 — DESENVOLVA UMA PERSONALIDADE AGRADÁVEL

mas sim com a intenção de responder e de dar nossa opinião sobre o que ela deve fazer.

Queremos falar aquilo que pensamos e, frequentemente, interrompemos a outra pessoa já na primeira frase. E quando escutamos, não ouvimos, mas avaliamos, investigamos, associamos, interpretamos e aconselhamos. Ou seja: quando não falamos, estamos nos preparando para dar uma resposta, pensando no que dizer.

Nesse processo, não temos tempo de olhar para dentro da outra pessoa, tentar ver as coisas como ela as vê, tentar compreender suas convicções e seus pontos de vista. Colocar-se na posição dela.

E o que é ainda mais importante: compreender o que ela verdadeiramente sente para além das palavras e quais as verdadeiras razões que provocam esse sentimento.

Isso é empatia.

Por que a empatia é tão importante e necessária para o triunfo?

Qualquer grupo de Mente Mestra, seja ele feito de membros da família, empresa, comunidade ou qualquer organização, é composto de pessoas que são diferentes umas das outras.

Por isso, necessariamente, precisa haver um entendimento mútuo, onde os pontos fracos de um membro são compensados pelos pontos fortes de outro.

Nesse tipo de ambiente, quando as pessoas discutem seus problemas, precisam fazê-lo de modo aberto, mas também harmonioso e agradável. Somente assim conseguem resolvê-los sinergicamente, por meio da conciliação harmoniosa.

Se estou com um problema, quero ter a certeza de que, ao me abrir para você, não serei humilhado ou retaliado por isso. Quero ter certeza de que, ao expor minha vulnerabilidade, não serei visto como fraco e dispensável. E, para isso, é preciso compreensão mútua.

Se não houver a compreensão mútua, tudo acontece no nível superficial, das aparências. Em vez da compreensão, há a concessão.

Você, por conta do coleguismo, passa a mão na minha cabeça quando estamos sós, mas, com os colegas, na minha ausência, me critica e me acusa impiedosamente.

Ou, por conta da simpatia, abre mão da sua posição agora, somente para cobrá-la momentos depois. Concessão não produz sinergia e, por consequência, não possibilita a formação de uma Mente Mestra.

Entenda: uma Mente Mestra só pode ser produzida da compreensão.

A empatia, basicamente, é o resultado da maneira como ouvimos a outra pessoa. Porque é da maneira como ouvimos o outro que surge o nosso nível de compreensão. Isso faz da comunicação uma das características mais importantes da busca do sucesso.

Há três virtudes que precisamos aprender antes de nos tornarmos bons ouvintes:

> **1** – Ouvir com respeito e integridade.
> **2** – Somente interferir na conversa com o intuito de buscar compreender o outro perfeitamente.
> **3** – Estar alerta ao sentimento que está por detrás das palavras.
> A primeira coisa que você precisa fazer, porém, é realmente ouvir, colocar seu coração na conversa.

Você não consegue ouvir o outro, muito menos compreendê-lo, se estiver falando ou se estiver pensando no que dizer. Ouvir não é uma atividade passiva, nem tão simples quanto parece. Ela requer prática, autocontrole, força de vontade e muita humildade.

> **UMA MENTE MESTRA SÓ PODE SER PRODUZIDA NO NÍVEL DA COMPREENSÃO.**

5. A arte de ser agradável: essa simples característica é a base de todas as transações coroadas de êxito.

Para desenvolver uma personalidade agradável, você precisa honesta e empaticamente ouvir a outra pessoa.

Ouvir empaticamente é um hábito. Para desenvolvê-lo, você precisa de desejo, conhecimento e habilidade. Você precisa se esquecer de si mesmo, esquecer-se do que sabe e, com o coração vazio, simplesmente ouvir o outro, tentando, o tempo todo, entender, com neutralidade, o que ele está dizendo.

Será que é possível? Experimente. Comece agora praticando cada um dos itens a seguir em todas as suas conversas, até que a empatia se torne um hábito que se manifeste espontaneamente em você.

Se fizer isso, uma coisa posso lhe garantir: sua vida será muito melhor, mais feliz e você se tornará muito mais interessante e agradável aos olhos dos outros.

1. Ouça com integridade

Você não consegue ouvir quando está falando, pensando ou se preparando mentalmente para dizer algo.

Quando estiver conversando com alguém, transforme essa pessoa no centro do seu universo. Ela deve ser a única coisa que lhe interessa naquele momento.

Você jamais conseguirá compreender a outra pessoa e ver a situação como ela a está vendo, sentir o que ela está sentindo, a não ser que você realmente queira fazer isso.

Então, a partir de agora, quando falar com alguém, concentre a sua atenção no outro. Ouça-a com o corpo, a alma e o coração.

2. Não interrompa

Quando a outra pessoa fala, ela está querendo lhe dizer o que ela sente. Simples assim. Repetindo: tudo que ela quer é que você compreenda o que ela está sentindo, e não necessariamente o que ela está falando.

Por mais estranho que isso pareça, raras vezes ela quer que você solucione o problema dela. Quase nunca, de fato, quer seu conselho. Então, calma, não se apresse em opinar, aconselhar, orientar.

Mesmo que ela queira sua ajuda, para ajudá-la ou orientá-la, antes tenha certeza absoluta de que sabe qual é o problema que ela enfrenta, quais são as causas de seu sentimento.

Entenda: o melhor conselho do mundo não vale nada se for aplicado no problema errado.

3. Não conclua a frase da outra pessoa e não diga coisas como "Exatamente!" ou "Sei como é!"

Você dificilmente compreenderá a outra pessoa se ficar interagindo na superfície, no nível das palavras.

Fatos, circunstâncias e até mesmo palavras têm sentidos diferentes para cada um. Mesmo que você tenha passado pela mesma situação e mesmo que a outra pessoa seja seu filho, sua mãe, seu pai ou seu irmão, na maioria das vezes, você não sabe como ela verdadeiramente se sente.

O máximo que você pode ter a respeito do sentimento dela é uma vaga ideia. E isso não é o suficiente.

Então ouça com muita sensibilidade. Procure o verdadeiro sentimento do outro, e não como você se sente por causa do que está acontecendo com ele

4. Não se force a concordar

Ouvir e compreender a outra pessoa não significa, necessariamente, concordar com ela, mas sim enxergar, com o olho da mente, pelo mesmo ângulo que a outra pessoa vê a situação. É ficar do lado dela, é tentar sentir o que ela sente. Só isso.

Outras atitudes como opinar, sugerir, aconselhar, concordar, já não são mais ouvir e compreender. Isso já é se meter no problema do outro.

5. Não use as palavras "sim", "ahãm", "pois é"

Quando você faz isso, está emitindo um sinal de que está ouvindo a outra pessoa dentro do seu próprio marco de referência, que está filtrando as palavras do outro pelo seu filtro mental, que está comparando o que a outra pessoa diz com aquilo que você pensa. Ao fazer isso, não está ouvindo empaticamente, você está, na realidade, interpretando.

6. Não se distraia

Não desvie seu olhar, nem permita que seu pensamento vagueie por outros assuntos, questões ou problemas.

Escute. Atente-se não apenas ao que a outra pessoa diz, mas, sutilmente, observe as expressões do seu corpo, dos seus olhos, dos seus gestos. Mais de 80% da comunicação entre duas pessoas é não verbal.

7. Pergunte

Não suponha, não deduza, não pense que você está entendendo. Se tiver dúvidas, pergunte, investigue.

Descubra o que ela realmente está querendo dizer, por que está dizendo isso e qual o sentimento que a faz se sentir assim.

Lembre-se: as coisas não têm o mesmo significado para todos.
Não procure entender os problemas da outra pessoa pelo filtro mental com que você vê os seus problemas pessoais.

Se quiser entender o outro, apenas procure olhar os problemas dele através do mesmo filtro mental que ele.

8. Não tente impressionar

A melhor forma de impressionar o outro é procurar não causar impressão alguma.

Não tente mostrar sua inteligência ou seu senso de humor.

Permita que a outra pessoa revele para você o melhor que há dentro dela. Essa é a melhor impressão que você pode causar em alguém.

Como você pode perceber, são passos simples, mas segui-los não é tão simples assim. Exige atenção, força de vontade, conhecimento e, acima de tudo, doação. Mas compensa.

Ao desenvolver o hábito de ser agradável, você lucrará tanto material como emocionalmente, pois nada pode lhe dar mais alegria do que saber que você também torna as outras pessoas felizes.

Faça isso. Seja um modelo de atitude positiva.

Evite reclamações, críticas, comparações, competição ou discussões sobre qualquer assunto.

Lembre-se: a pessoa que constrói uma casa é um artista, a que faz uma demolição é apenas um operário.

Por isso, evite o confronto com outras pessoas, caluniando-as, expondo-as, fazendo comentários desagradáveis ou mesmo as desafiando em discussões inúteis. Ao mesmo tempo, não reclame, não critique e não se lamente.

Quando adotamos esse tipo de postura, o mundo até pode ouvir nossas lamentações e lamúrias, se não puder evitá-las, mas quando trouxermos conosco uma mensagem de paz, estímulo e amizade, ele ouvirá nossas palavras porque assim deseja fazer, porque elas lhe fazem bem.

Isso é ter uma personalidade agradável.

A MELHOR ESTRATÉGIA PARA IMPRESSIONAR O OUTRO É PROCURAR NÃO CAUSAR IMPRESSÃO ALGUMA.

LIÇÃO 10 — DESENVOLVA UMA PERSONALIDADE AGRADÁVEL

APLICAÇÕES PRÁTICAS

1. Observe os hábitos das pessoas que você mais admira. Descubra suas qualidades positivas, seus pontos fortes e adote-os para si.

2. Desenvolva a habilidade de falar com firmeza e convicção, tanto na conversa habitual como em reuniões públicas. Quando falar de outras pessoas, refira-se a elas sempre com integridade, honestidade e, quando adequado, elogie-a com sinceridade.

3. Vista-se apropriadamente, levando em conta a ocasião, o tipo físico e a posição que você ocupa na sociedade. Desenvolva a arte de apertar a mão expressando um sentimento caloroso e entusiasmado. Atraia para si as pessoas, deixando-se ser atraído por elas.

Lição 11

PENSE COM PRECISÃO

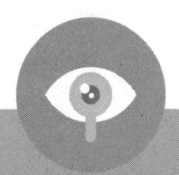

A LEI

Pensamentos são criaturas: uma vez que você os concebe, eles criam vida e força própria e buscam sua sobrevivência e crescimento. E você, então, terá de conviver e lidar com eles. Por isso, se quiser alcançar sucesso, você precisa se tornar um Mind Master©. Ou seja, uma pessoa que desenvolve maestria total sobre sua mente, que pensa com precisão e que tem o poder mágico de criar em sua vida o que ela bem quiser.

CHAVES DO SUCESSO

Toda criação humana começa com um impulso de pensamento. Uma vez criado, esse impulso começa imediatamente a agir para transformar-se em seu equivalente físico.

Impulsos de pensamentos criados por acaso têm tanta força quanto aqueles criados conscientemente.

As coisas que você deseja criar em realidade, primeiro, precisam ser criadas deliberadamente na sua mente. E seu ponto de criação sempre será o ponto onde você mantém o foco dominante dos impulsos do seu pensamento.

Pensar com precisão é escolher o foco dos pensamentos de tal forma que eles produzam os resultados que você deseja e não aquilo que você não quer.

Pensamento criativo requer atenção. E a habilidade de direcionar essa atenção para aquilo que você deseja criar é a arma mais poderosa de um Mind Master®.

Nesta lição, você vai aprender a pensar com precisão. Ou seja, a colocar o foco da atenção mental naquilo que você quer e, assim, criá-lo na realidade.

Querer é poder!

LIÇÃO 11 — PENSE COM PRECISÃO

> **1.** Qualquer fato que ajude a alcançar nosso propósito, a viver feliz e a realizar nosso sonho é um fato importante; todos os demais são irrelevantes.

Na sua busca por sucesso, prestígio e riqueza, você precisa aprender a pensar com precisão. E isso é uma arte delicada, mas também divertida e mágica.

É duro admitir isso, mas se olharmos à nossa volta, mesmo sem sair do nosso círculo de relações, encontraremos pessoas que não tiveram oportunidades maiores do que as nossas, que até tiveram menos capacidades aparentes, e, entretanto, alcançaram mais sucesso do que nós.

Como elas conseguiram?

A resposta é bastante simples: concentrando-se em apenas uma coisa, durante o tempo necessário, até dominá-la completamente, tornando-a seu ponto forte, seu ponto de vantagem. E essa é a base do sucesso em qualquer carreira ou negócio.

Reflita comigo: qual é, honestamente, a experiência incrível que você oferece para seu cliente com seu produto ou serviço? Como você eleva seu cliente para um, dois ou três níveis acima do nível em que ele está agora, com seu produto? Você tem essas questões claras?

Entenda: o mundo é um lugar complexo e barulhento. Você não terá muitas chances de ser percebido se não for tremendamente bom naquilo que faz. Por isso, você precisa estar muito certo sobre o que quer que as pessoas saibam de você, do seu produto, marca ou serviço.

E a maneira de fazer isso é definindo nitidamente na sua imaginação aquilo pelo que você quer ser lembrado ou reconhecido, determinando-o como seu propósito de vida e, com ele em mente, ocupando-se apenas com aquilo que diz respeito à sua realização. A vida é curta. Não há tempo para desperdiçar com coisas bobas e irrelevantes.

Então, a estratégia aqui é: definido o propósito, você precisa fazer uma triagem das questões vitais, que são realmente cruciais para atingi-lo, e deixar questões menos importantes de lado ou abandoná-las por completo. Essa é a única maneira de se sobressair na enorme massa de mediocridade que é o mundo contemporâneo.

Imagine uma águia sobrevoando um imenso vale à procura de alimento. Do alto, ela possui uma visão panorâmica que inclui milhares de coisas, grandes e pequenas, mas todas ao alcance de seu olhar.

Entre toda essa confusão de imagens, ela está à procura de uma coisa, a única que interessa para ela: o alimento. Nada pode distraí-la desse propósito.

Pensar com precisão é exatamente isso: ter uma visão de águia.

Assim como a águia, que, mesmo tendo uma visão panorâmica, consegue se focar somente naquilo que lhe interessa, você precisa aprender, apesar de todo barulho à sua volta, a se focar apenas naquilo que é essencial para a realização do seu propósito definido, seja ele qual for.

Todo dia, a toda hora, temos uma infinidade de opções, uma enorme variedade de escolhas à nossa frente. Pensar com precisão é saber escolher, entre essas inúmeras opções, aquela que leva, especificamente, à realização do nosso propósito.

Lembre-se: você é o criador da sua experiência neste mundo e você faz isso com o foco da atenção do seu pensamento. A natureza lhe dotou de tal forma que você tem controle absoluto sobre ele. Se você cria sua realidade com o pensamento e se você tem controle sobre ele, você também tem domínio sobre a realidade que você cria.

NESTE MUNDO COMPLEXO, NÃO TEREMOS MUITA CHANCE DE SERMOS PERCEBIDOS SE NÃO FORMOS TREMENDAMENTE BONS NAQUILO QUE FAZEMOS.

LIÇÃO 11 — PENSE COM PRECISÃO

> **2.** Se existe uma coisa sobre a qual temos controle absoluto, essa coisa é nosso pensamento. Controlá-lo é a única forma de ter domínio sobre o nosso destino.

Uma das coisas mais importantes que você precisa entender é que ninguém, exceto nós mesmos, cria nossa situação de vida.

A questão é que, muitas vezes, não entendemos a maneira como criamos a nossa realidade e nos rebelamos, dizendo coisas como:

— Se tivesse condição de escolher o meu destino, jamais estaria vivendo da maneira que vivo hoje.

É um argumento compreensível. Certamente você não quis criar sua condição atual, mas eu aposto que seja responsável por ela. Porque ninguém tem o poder de criar algo na sua ou na minha vida, exceto você ou eu.

Não seria possível haver qualquer satisfação na vida se outras pessoas pudessem criar nossa realidade. Se fosse possível outras pessoas criarem nossa realidade, não passaríamos de marionetes nas mãos delas e, mesmo que elas nos dessem tudo que precisássemos, viveríamos em constante temor de perder aquilo que nos ofereceram e a vida não teria muito sentido.

Então, aceite isso: você criou a realidade em que está. Talvez, você a tenha criado sem querer, mas ainda assim é responsável por ela. Ao focar no que não queria, ao pensar no que não queria, certamente criou isso na sua vida. Por não compreender as leis que regem o processo de criação, acabou por criar coisas indesejadas.

E isso é uma coisa positiva. Afinal, se é você quem cria a sua realidade, você pode dar origem à realidade que deseja. A maior satisfação da vida está justamente no fato de termos a liberdade de criar nossas próprias condições.

Então, entenda: você cria a sua própria realidade, mesmo que diga que não ou mesmo que não compreenda a maneira como o faz.

Isso é uma questão de lógica. Analise comigo: sabe-se que, ao pensarmos em algo que nos ofende muito, sentimos raiva; e sabe-se que, se esse sentimento for muito forte, seremos capazes, mesmo contra nossa vontade, de agir com violência. Então, diante disso, torna-se evidente que somos seres feitos de energia. E torna-se evidente, também, que toda energia nasce do pensamento. E, se você entender que somos seres de energia, também perceberá que ela é criativa e produz ações que podem até mesmo fugir do nosso controle. O que afirma tudo o que falei até aqui.

Quem você é e aquilo que está pensando neste momento criam um poderoso foco de energia. E essa energia é a mesma que faz a semente germinar, a água correr montanha abaixo e a fruta amadurecer. É essa mesma energia age na criação da sua realidade.

Muitas pessoas, equivocadamente, esperam que as circunstâncias externas mudem para, só então, mudaem seu estado emocional. Elas não entendem que as circunstâncias são uma consequência e o estado emocional, criado pelo pensamento predominante, é a causa.

Quantas vezes você já acordou alegre, mas, durante o café da manhã, um leve pensamento negativo se instalou na sua mente? Minutos depois, outro pensamento ou fato negativo se somou ao primeiro e, sucessivamente, ao longo do dia, coisas negativas foram acontecendo? E à noite, exausto e frustrado, teve a sensação de que teria sido melhor se não tivesse saído da cama?

Pensamentos são criaturas que se conectam umas às outras e, na medida em que se conectam, criam força e tomam conta de tudo.

Preste atenção e facilmente perceberá que as pessoas que mais falam em falta de dinheiro são as que mais têm problemas financeiros. As que mais reclamam dos colegas são as que mais têm atritos no trabalho. As que mais se queixam da saúde são as mais perseguidas pelas enfermidades. Enquanto que as que mais falam em prosperidade são as que mais prosperam. As que mais falam em alegria são as mais alegres. Aquelas que mais falam em bem-estar são as que mais têm saúde.

Se você pensar um pouco sobre isso, vai perceber a perfeita correlação que existe entre o que você pensa — sua mentalidade dominante — e a sua situação de vida.

Geralmente, não temos problemas em aceitar que existe uma relação entre as circunstâncias em que as pessoas vivem e o estado de espírito que elas cultivam.

O que muitas vezes não entendemos é que nosso estado de espírito — a situação emocional em que nos encontramos — é produzido pelo nosso pensamento.

A questão, então, não é descobrir como mudar as circunstâncias, mas sim nutrir um estado de espírito adequado que crie a realidade que queremos.

> **CONCENTRE-SE EM APENAS UMA COISA, DURANTE O TEMPO NECESSÁRIO, ATÉ DOMINÁ-LA COMPLETAMENTE.**

3. Quando você está verdadeiramente preparado para uma situação, ela acaba acontecendo.

Você pode pesquisar o quanto quiser, e, certamente, não encontrará uma única evidência real contrária ao fato de que o pensamento é uma energia criativa que tende a criar aquilo em que pensamos.

Quando você pensa vagamente numa ideia, a emoção produzida por esse pensamento não será muito forte e talvez ele não influencie sua atitude.

Mas, se continuar pensando nessa ideia, se colocar sua atenção e criar foco mental nela, sua emoção se tornará mais forte e, aos poucos, passará a influenciar suas ações, impactando seus resultados.

E, se mantiver a ideia na mente, com a atenção necessária, ela se tornará um pensamento dominante. E, ainda, se continuar dando foco a essa ideia, ela se tornará uma convicção. Por fim, é impossível estar verdadeiramente convicto de algo, sem que isso passe a influenciar suas atitudes, criando resultados relacionados à nossa convicção.

O processo funciona assim:

Um pensamento sutil cria ou se conecta com pequenas situações relacionadas a ele. Essas situações reforçam o pensamento inicial, tornando-o um pouco mais forte.

Reforçado, esse pensamento cria situações um pouco mais intensas, também relacionadas a ele, e que, por sua vez, o reforçam ainda mais.

Esse processo tende a avançar até que aquilo que era um pensamento sutil se torna uma convicção poderosa, que determinará o seu estado de espírito — ou seja, a maneira como você se sente.

E é o estado de espírito, criado pelas emoções produzidas pelo pensamento, que determina nossas ações, que, por sua vez, produzem nossos resultados.

O mais inteligente dos seres humanos não pode obter sucesso na acumulação de riqueza, ou em qualquer outro empreendimento, se não criar um estado emocional similar àquilo que pretende realizar.

Volto a dizer: o sucesso chega para quem desenvolve um estado de espírito de sucesso, assim como o fracasso chega a quem desenvolve um estado de espírito de fracasso. E o estado de espírito é criado pelas emoções que resultam do nosso pensamento dominante.

Então, grave isso: a realidade que você cria não depende unicamente daquilo que você pensa, mas muito mais da intensidade do foco da atenção do seu pensamento. Isso é: da maneira como você respeita aquilo que pensa, da intimidade que você tem com sua ideia e da atenção que dá a ela.

É isso que define o seu ponto de criação.

E é aí que está a confusão: você não cria a realidade que deseja. Você cria aquilo em que coloca o foco da atenção do seu pensamento por tempo suficiente.

Desejar sucesso e riqueza, mas manter um estado emocional de pobreza, vivendo com a mente cheia de pensamentos de medo, insegurança e dúvida, é como tentar chegar ao sul indo para o norte. Não há teoria no mundo que possa ajudar uma pessoa a alcançar alguma coisa na vida se ela duvida da sua capacidade de alcançá-la.

Então, para criar a realidade que você deseja, você precisa colocar a atenção do seu pensamento naquilo que você deseja. Isso é pensar com precisão.

Pensar com precisão, então, é manter a atenção do seu pensamento naquilo que você quer, naquilo que você deseja, naquilo que você adora, naquilo que lhe faz feliz, e ignorar todo o resto.

> **SEU PENSAMENTO NÃO CRIA AQUILO QUE VOCÊ QUER, MAS AQUILO EM QUE VOCÊ COLOCA O FOCO DA SUA ATENÇÃO.**

4. Tudo que o ser humano cria começa com um impulso de pensamento.

Quando Jesus disse aos apóstolos "E, tudo que pedirdes, crendo, o recebarás", ele não revelou apenas uma verdade. Ele ensinou aos apóstolos, e a nós também, como criar a realidade que queremos através do pensamento preciso, sintetizando todo o processo em três palavras: pedir, crer e receber.

Você não pode criar uma realidade positiva a partir de um ponto de criação negativo. Por isso, para criar uma realidade positiva, você precisa criar um ponto de criação positivo. E existem, aqui, três fatores essenciais que devem ser observados:

1. Aceitar sua condição de vida atual

Muitas pessoas, insatisfeitas com sua situação atual, desejam ardentemente uma situação melhor. Mas pense comigo: se você não aceita alguma coisa, a atenção do seu pensamento está voltada para isso, ou seja, seu ponto de criação está direcionado para aquilo que não quer. E, quando nos encontramos nessa situação, o que criaremos? Provavelmente, mais daquilo que não queremos.

Por isso, muitas pessoas nunca conseguem sair de sua situação frustrante. Elas odeiam o que têm, mas pensam o tempo todo nisso, alimentando a insatisfação ao longo da vida.

2. Ter uma imagem clara daquilo que queremos e pensar nisso o tempo todo

Pense numa coisa que você gostaria muito de ter, depois, imagine-se verdadeiramente de posse dela. Como você se sente? Se focar a atenção do pensamento no que deseja, você vai se sentir feliz. Seu ponto de criação vai ser positivo e, por isso, sua criação será positiva.

Entenda: sempre haverá uma disputa em sua mente entre aquilo que você tem e aquilo que você deseja, entre sua realidade atual e a realidade que você quer criar. E aquilo que recebe mais atenção vai vencer a disputa e se tornar sua realidade. Quando conseguir se soltar de onde está e se focar em onde quer chegar, mais rápido você chegará lá.

3. Criar uma expectativa positiva pelo seu desejo

Você precisa saber o que quer e conseguir se enxergar como se já o tivesse. Esse é o ponto da vantagem criativa — estar sempre na margem do que está por vir, sentindo um desejo positivo de alegria, poder e liberdade, sem impaciência, dúvida, sentimentos de incapacidade ou desmerecimento atrapalhando a realização do que você quer.

Entenda: se você quer criar uma realidade nova na sua vida, precisa colocar o foco da atenção do seu pensamento na realidade que deseja e alimentar uma forte expectativa positiva de que isso é possível. Se fizer isso, há chances muito grandes de que suas ações sejam todas no sentido de criar essa realidade na sua vida.

Lembre-se: é o seu estado de espírito que produz sua realidade.

Você sempre agirá de acordo com aquilo que você está sentindo durante a maior parte do tempo. Alegrias e entusiasmos momentâneos não contam muito. Mas se você estiver entusiasmado, empolgado com

LIÇÃO 11 — PENSE COM PRECISÃO

uma ideia ou um sonho, a maior parte do tempo, esse entusiasmo e essa empolgação farão você agir incansavelmente em busca do que deseja e você o obterá.

Já vimos como esse processo funciona, mas vale repetir:

Se você pensa em algo que o magoa, outros pensamentos sobre mágoas e ressentimentos, tanto do passado quanto do presente e até mesmo preocupações e inseguranças do futuro virão à sua mente.

Você falará dessa mágoa com outras pessoas, que lhe contarão as histórias delas relacionadas a isso. Ao assistir seu programa favorito na televisão, a ação do personagem também lhe lembrará da sua mágoa, outros eventos, ideias e pessoas que o magoaram tendem a aparecer, até que você se vê mergulhado numa densa neblina de tristeza e ressentimento. E na medida em que essa neblina cresce e ganha poder, tudo que fará estará contaminado por esses sentimentos negativos, colocando-o cada vez mais para baixo. Não é assim que muitas vezes acontece também com você?

Compreender a lei do pensamento preciso lhe coloca numa posição em que você pode criar o hábito de somente pensar naquilo que deseja para sua vida e evita que se envolva ou dê atenção aos pensamentos sobre aquilo que você não quer. E se estiver atento a suas emoções, poderá eliminar do pensamento aquilo que não deseja, antes que ele provoque essa névoa negativa que contamina tudo à sua volta.

5. Um impulso de pensamento começa imediatamente a transformar-se em seu equivalente material – seja tal pensamento voluntário ou não.

A essa altura, já está claro, espero, que o sucesso e a riqueza se iniciam por uma disposição da mente. Quando você começa a pensar numa coisa, a colocar sua atenção nela, não importa de onde a ideia tenha vindo, sua mente começa a trabalhar para transformar o desejo em realidade.

Já sabemos também que nossos pensamentos são uma energia poderosa, através da qual tudo que existe foi criado. Sabemos, ainda, que eles criam seu equivalente físico e que nós contribuímos com isso, dando atenção, alimentando-os e criando foco.

Uma pergunta interessante que surge, a essa altura, é a seguinte:

Se o foco da atenção do pensamento é meu ponto de criação, como posso saber onde está o foco da minha atenção? Como posso saber onde está o meu ponto de criação em determinado momento?

Se o foco da atenção do seu pensamento produz a sua emoção, então, se quiser saber onde está o foco do seu pensamento, basta descobrir onde está sua emoção. A maneira como você se sente revela seu ponto de criação.

Mas como podemos saber o tipo de emoção que estamos sentindo? Isso também é simples: apesar da diversidade de emoções que podemos sentir, todas elas podem ser classificadas em um desses dois tipos: negativas ou positivas.

Veja: na categoria das negativas, estão emoções como: culpa, preocupação, inveja, ansiedade, raiva, frustração, aborrecimento, desgosto, dúvida, agitação e assim por diante. Na categoria das positivas, temos: alegria, satisfação, calma, alívio, amor, fé, entusiasmo, orgulho, admiração, empatia, paz e similares.

Quando você sente uma emoção negativa, seu ponto de criação é negativo e seus resultados certamente serão negativos. O sentimento de raiva, por exemplo, raramente criará coisas boas.

Quando você sente emoção positiva, seu ponto de criação é positivo e seus resultados certamente serão positivos. Quando você está alegre, por exemplo, tende a criar coisas melhores do que quando está com raiva. Concorda? É simples assim.

E repito: não há nada de mágico ou místico nisso. É apenas um processo psicológico.

Quando, por exemplo, você está triste ou aborrecido porque se sente sozinho, essa emoção tende a dificultar suas relações porque pessoas alegres e motivadas não se sentirão bem na sua presença. E a menos que você altere seu estado emocional, elas tendem a se afastar, criando ainda mais solidão, tristeza e aborrecimento na sua vida.

LIÇÃO 11 – PENSE COM PRECISÃO

Quando você se sente fracassado, sua confiança cai, seu entusiasmo diminui, sua força de vontade se reduz e, a menos que você mude seu estado emocional, você tende a criar mais fracasso na sua vida.

Se você se sente pobre, tende a criar mais pobreza; se você se sente ressentido, tende a criar mais ressentimento; se você se sente desprestigiado, tende a criar mais desprestígio.

Por outro lado, se você se sente feliz, agradecido, próspero e em crescimento, sua atitude de entusiasmo ou empolgação cria mais pensamentos, circunstâncias o colocará em contato com outras ideias e pessoas que o farão se sentir ainda melhor.

Quase sempre, essas coisas são mais evidentes quando as observamos no comportamento de outras pessoas. Então, observe-as. Analise as pessoas à sua volta. Você vai notar que aquelas mais felizes e mais motivadas são as que possuem os melhores resultados. E aquelas que mais criticam e mais reclamam são as que possuem mais problemas sobre os quais reclamar e criticar.

Mas, mesmo assim, não se exclua: reflita sobre sua própria vida, sobre seus pensamentos e suas experiências, procure se lembrar das coisas que você viveu e ficar atento daqui para a frente, tentando descobrir a relação que existe entre o que tem pensado, onde tem colocado sua atenção e as experiências que está vivendo.

Lembre-se: para você que deseja sucesso, a coisa mais urgente e simples é criar um objetivo — um propósito claro daquilo que você quer — e manter sua atenção, seu foco nele o tempo todo, evitando qualquer distração. Mas, principalmente, tenha em mente que apenas querer não fará com que você alcance aquilo que deseja. Você precisa colocar sua atenção e seu foco nisso de maneira correta e por tempo suficiente.

SEUS PENSAMENTOS SÃO UMA ENERGIA PODEROSA ATRAVÉS DA QUAL TUDO O QUE EXISTE EM SUA VIDA FOI CRIADO.

6. A riqueza e o sucesso só dependem do seu estado de espírito.

Quando você perceber que manifesta na vida exatamente aquilo que você traz em seu estado de espírito, então, e somente então, estará pronto para se tornar um Mind Master© e pensar com precisão. Isto é: a prestar atenção no que está sentindo e a controlar conscientemente seu pensamento a ponto de criar um estado de espírito que esteja em sintonia com aquilo que você quer.

Afinal, você vai compreender que o único motivo pelo qual criava coisas indesejáveis na sua vida é porque não entendia o princípio do qual estamos falando aqui. E por isso colocava seu foco naquilo que você não queria, criando um estado de espírito desalinhado com seu propósito.

Entenda: controlar seu pensamento vai se tornar mais fácil e simples se você se comprometer fazê-lo. Quando realmente decidir colocá-lo em prática, estará pronto a criar a realidade que quiser.

Assim como o escultor molda o barro para criar uma escultura até que ela esteja a seu contento, você pode moldar a vida que deseja através do pensamento preciso, monitorando o foco da atenção do seu pensamento.

Muitas vezes, queremos resolver tudo com palavras, gestos, movimentos externos e nos esquecemos que existe outra parte de nós muito mais poderosa: que é nosso ser energético. Nós esquecemos que, além de existir, ele se comunica conosco e com os outros pelo nosso ser físico.

E essa comunicação se dá através das emoções que, embora quase sempre silenciosas, são extremamente impactantes em todos os momentos e circunstâncias.

Foque-se nas suas emoções, não no pensamento.

O pensamento não é confiável. Você pode estar pensando uma coisa superficialmente e sentindo outra no seu íntimo.

Um sentimento é muito mais fácil de monitorar. Não há como se enganar com um sentimento. Você pode pensar coisas o dia inteiro e nem perceber, mas você não tem como se enganar em relação ao que está sentindo.

E como somente há dois tipos de emoções, um que nos faz sentir bem e outro que nos faz sentir mal, não há como se enganar sobre o que você está criando em sua vida.

Em termos gerais, você se sente bem quando está pensando naquilo que você quer. E se sente mal quando pensa naquilo que não quer ou naquilo que você tem e gostaria de não ter.

Repito, não é necessário monitorar seu pensamento, basta ser sensível à maneira como se sente. Cada vez que sente uma emoção negativa, você sabe que, nesse momento, está no ponto de criação errado. Você está criando o que não quer.

Uma emoção negativa, basicamente, revela duas coisas:

> **Revelação nº 1** – Que há algo que você deseja, porque, quando não desejamos nada, não sentimos emoção alguma, permanecemos apáticos.
> **Revelação nº 2** – Que seu foco está desviado daquilo que você quer, porque, quando estamos pensando sobre aquilo que queremos, nossa emoção é positiva.

O próximo passo é se perguntar "O que é que eu quero, mas estou ignorando?".

Ao responder a essa pergunta, inevitavelmente você trará seu pensamento de volta para aquilo que você deseja.

Veja um exemplo:

Vamos supor que você está prestes a fechar o negócio dos seus sonhos com uma grande empresa. Se, no dia anterior à reunião final que revelará a decisão dessa empresa, você se imaginar assinando o contrato e se pensar no sucesso que esse negócio representa para sua carreira, como você se sentirá? Eufórico e feliz, lógico.

Mas se, ao contrário, no dia anterior, você começar a pensar em tudo o que pode sair errado, no desastre que perder esse negócio representará para sua carreira, que tipo de emoção você sentirá? Negativa, é claro. Por quê?

> **Primeiro** – Porque tem algo que você quer: fechar o negócio.
> **Segundo** – Porque seu foco está desviado do que você quer e voltado para o fracasso do negócio.

Nesse caso, seu ponto de criação está no ponto negativo.

Consequência: esse pensamento negativo vai afetar seu estado de espírito, você vai chegar na reunião decisiva completamente inseguro, angustiado, com medo e esse sentimento vai gerar o mesmo tipo de emoção na outra parte. Ela se sentirá insegura e com receio em relação a você. Nessas condições, será bem provável que você realmente perca o negócio.

Qual é a alternativa que você possui? Sempre que sentir uma emoção negativa, mudar seu ponto de criação ao mudar o foco do seu pensamento daquilo que você não quer para aquilo que você quer, pensando nos benefícios que isso vai lhe trazer. Você precisa se imaginar, o tempo todo, já com o negócio fechado, com o contrato assinado, curtindo os benefícios que isso trará para sua vida.

Entenda: não importa o quanto você deseje algo — ou o quanto acredite no fato de conseguir isso — se estiver, agora, no presente, com o foco ajustado no fracasso, você criará exatamente o contrário do que você deseja.

No entanto, se desenvolver a habilidade de ser feliz, grato e satisfeito, mesmo que ainda não tenha o que deseja, você passará a viver num estado de espírito de expectativa positiva — você será feliz enquanto faz a jornada em direção ao que busca e não esperará encontrar aquilo que busca para ser feliz. E isso muda tudo. Esse estado de espírito, de gratidão constante, lhe trará tudo o que espera e muito mais.

Lembre-se: pensar com precisão é o contínuo reconhecimento da experiência de vida que você quer e a habilidade de manter o pensamento nisso até que ele crie o estado de espírito similar ao que você deseja. Tudo mais virá como consequência.

LIÇÃO 11 — PENSE COM PRECISÃO

> VOCÊ SE SENTE BEM QUANDO ESTÁ PENSANDO NAQUILO QUE QUER E SE SENTE MAL QUANDO ESTÁ PENSANDO NAQUILO QUE NÃO QUER.

APLICAÇÃO PRÁTICA

1. Escreva, claramente, o propósito que você quer alcançar. Faça duas cópias desse propósito e mantenha-as em um local onde possa vê-las várias vezes ao dia. O ideal é colocar uma cópia no local de trabalho e as outras, na sala e no quarto de dormir.

2. Leia, analise e pense sobre o propósito várias vezes ao dia, sempre que possível. Ao interiorizar esse propósito, você começará a ver oportunidades e a observar acontecimentos que o aproximarão cada vez mais da convicção de que é possível realizar esse propósito.

3. Quando pensar sobre o seu propósito, primeiro ative a atenção do pensamento para ele, depois, alimente esse pensamento com expectativa positiva, com fé e com a certeza de que ele se realizará por dois motivos:

Primeiro – Porque você quer.
Segundo – Porque você merece.

Lição 12

CONCENTRAÇÃO

A LEI

Para criar a realidade que você deseja, não é suficiente apenas pensar nela. Você precisa desejá-la tão obstinadamente que não consiga pensar em outra coisa. A atenção do seu pensamento cria concentração e a concentração desenvolve poder espiritual, que por sua vez é a força mais elevada que existe. Por isso, concentre-se com atenção total naquilo que você deseja.

CHAVES DO SUCESSO

Quando uma pessoa concentra seu pensamento em determinado propósito por tempo suficiente, o Universo tende a conspirar para colocar no caminho dessa pessoa tudo o que estiver em harmonia e for favorável para a realização desse propósito.

A concentração não significa a simples atividade mental que produz nosso pensamento cotidiano, mas a transformação dessa atividade mental em energia concentrada em um único ponto escolhido conscientemente.

Em outras palavras, a concentração é o ato de focalizar o pensamento sobre determinado desejo e mantê-lo vívido na mente até que os meios para a sua realização tenham sido elaborados e empregados com êxito total.

Entusiasmo momentâneo ou desejo vago e temporário não têm valor algum. E a menos que você se concentre verdadeiramente naquilo que você deseja, pelo tempo necessário e da maneira correta, as chances de obtê-lo serão pequenas.

Nesta lição, além de abrir os horizontes para uma nova compreensão das suas potencialidades, você descobrirá como trabalhar em harmonia com as leis do Universo e tirar vantagens das suas forças poderosas.

Querer é poder!

LIÇÃO 12 – CONCENTRAÇÃO

1. Precisamos *ser* antes de *poder*. E só podemos fazer nos limites daquilo que somos e o que somos depende do que pensamos.

Retomarei aqui o que já vimos antes: todos nós vivemos, ao mesmo tempo, em dois mundos distintos — o interno e o externo.

O primeiro é o mundo do pensamento, que é também o mundo das causas — onde acontece a criação mental.

O segundo é o mundo dos efeitos, que é também o mundo das consequências — onde acontece a criação física.

Olhe à sua volta. O que você vê?

Há uma crise na relação e o casal tenta solucionar o problema se focando um nas atitudes negativas do outro. Uma pessoa está insatisfeita com o salário e culpa o chefe, a empresa em que trabalha, a crise, o governo. A outra, está imersa na pobreza e culpa os pais, o lugar onde nasceu, a falta de oportunidades por sua situação.

Onde quer que você viva, independentemente da classe social que integre, vai notar que a grande maioria das pessoas vive com o foco da sua atenção no mundo externo durante a tentativa de mudar sua realidade.

Que imenso desperdício de tempo e esforço!

Essa vasta maioria ignora a verdade simples e absoluta, e tão antiga, que todas as condições têm sua origem numa causa.

Há, porém, uma minoria, os mais esclarecidos. Esses estão fortemente debruçados sobre seu mundo interno. Eles têm claro que é o mundo interno que cria o mundo externo. Eles sabem que, para mudar o mundo físico, devem agir sobre sua causa: o mundo mental.

Se você realmente busca o sucesso, precisa fazer parte dessa minoria. Em outras palavras, você precisa desenvolver a habilidade de se concentrar no mundo interno — o mundo do pensamento — para desenvolver as causas que possam criar as consequências que você deseja.

Nossa realidade é resultante de um aflorar, não de um acréscimo!

O pensamento é criativo, e condições, circunstâncias e experiências são criadas pela nossa atitude mental.

A questão, então, é: para mudar suas condições externas, terá de mudar as causas internas que criam essas condições. E a maneira de fazer isso é através da concentração.

E isso é verdade porque precisamos *ser* antes de *poder*; e podemos fazer somente aquilo que somos, mas o que somos depende do que pensamos.

Por isso, atrevo-me a dizer que essa é uma lei que soa muito bem aos nossos ouvidos, mas raramente uma pessoa comum consegue desenvolver o poder da concentração. E com isso, ela passa pela vida sem descobrir ao menos a menor parte do poder e da força que dorme dentro dela.

> **PARA MUDAR NOSSAS CONDIÇÕES EXTERNAS, TEMOS DE MUDAR AS CAUSAS INTERNAS QUE CRIAM ESSAS CONDIÇÕES.**

2. Tudo que o ser humano criou até hoje, primeiro, foi criado na imaginação – pelo desejo – e, depois, transformado em realidade – pela concentração.

Uma ideia ou desejo, para ser transformado em seu equivalente físico, deve ser mantido na mente até que essa imagem seja tão nítida e viva que se confunda com a própria realidade.

Em um certo sentido, todas as grandes descobertas da humanidade se deram assim. Elas foram o resultado de uma revelação inesperada, após longos meses ou até anos de concentração mental em torno de um único ponto.

LIÇÃO 12 — CONCENTRAÇÃO

Arquimedes, por exemplo, não descobriu o princípio da flotação acidentalmente ao entrar numa banheira cheia de água para tomar banho, como contam os livros de história. Esse princípio lhe foi revelado pela lei da concentração.

Considerado um dos maiores matemáticos de todos os tempos, ele também era físico, cientista e um grande inventor.

Quando sua fama já era amplamente conhecida, ele foi chamado pelo rei da Sicília para ajudar a tirar uma dúvida. O rei havia mandado fazer uma coroa de ouro maciço para oferecer à divindade do templo. E, para isso, contratou o melhor ourives da Sicília para executar o projeto.

Meses depois, o ourives entregou uma magnífica peça ao Rei, pela qual cobrou uma fortuna.

O rei pagou o valor, mas logo surgiu uma suspeita: alguém disse ao rei que a coroa não era de ouro maciço.

O dilema do rei era: como descobrir a qualidade do ouro sem danificar ou destruir a coroa?

Ninguém, na época, tinha ideia de como fazer isso.

O rei, então, como única saída, mandou chamar Arquimedes e ordenou que ele encontrasse uma maneira de descobrir se a coroa era de ouro maciço ou não.

Para a época, essa não era uma questão fácil de ser resolvida.

E Arquimedes estava concentrado havia meses na busca de uma solução, sem encontrá-la, até que, um dia, entrou na banheira para tomar banho e, ao se deitar, observou a água transbordando. Eureca!

Nesse momento, ocorreu-lhe uma ideia: através da medição do volume de água deslocada pela coroa, ele poderia facilmente calcular a sua densidade. Depois, ele poderia dividir a massa da coroa pelo volume de água deslocado. Enfim, depois de meses de concentração, o problema havia sido resolvido e a solução ofereceu-se voluntariamente.

Gutenberg, igualmente, não descobriu a impressora gráfica simplesmente porque viu um produtor de vinho amassar as uvas com um rolo preensor. Ele somente conseguiu associar a ideia do preensor de uvas com a impressora gráfica porque ele estava, havia anos, concentrado na busca de uma solução para sua ideia de produzir uma máquina mais eficiente para fazer impressos.

Newton não descobriu a lei da gravidade ao tentar tirar uma soneca sob o pé de uma macieira e ver uma maçã cair. Ele vinha duelando por anos com essa questão. Aliás, seus amigos o descreviam como alguém que se concentrava tão obsessivamente em seus estudos que, se não fosse o lado prático que eles muitas vezes exigiam, ele poderia ter provocado sua própria morte de tanto que ficava focado em suas pesquisas.

Mendeleiev também não foi dormir, sonhou com equações químicas, e, ao acordar, tinha na cabeça uma nova versão da tabela periódica. Ele estava concentrado na elaboração dessa tabela havia anos, mas ainda não tinha conseguido encontrar uma resposta convincente que realizasse seu propósito. Numa noite, teve um *insight* que lhe revelou a resposta que procurava.

Conrad Hilton, fundador da luxuosa rede de hotéis Hilton, muito antes de ter dinheiro para se hospedar num hotel de luxo, brincava, em sua imaginação, de ser proprietário de um hotel. Ao longo de toda sua infância e adolescência, concentrou-se nessa ideia.

Anos mais tarde, economizou pequenas quantias mensais até conseguir comprar uma propriedade usada e de pouco valor, que, aos poucos, transformou em seu primeiro hotel de luxo. Procedimento que ele repetiu durante a vida inteira, criando uma das redes de hotéis mais valiosas do mundo.

Hilton contava que, ao visitar essas propriedades, criava, na sua mente, uma imagem clara e específica de como essa propriedade ficaria depois que ele a adaptasse às suas necessidades, então, ele mantinha essa imagem na mente até conseguir transformá-la em realidade.

Esses exemplos, como todas as histórias das grandes invenções e descobertas, nos revelam que não basta criar um propósito definido para obter sucesso, você precisa pensar nele quase obsessivamente todos os dias, deve mantê-lo fiel e persistentemente na sua imaginação, concentrar-se nele incansavelmente até que se torne algo real e palpável.

E isso você faz através do princípio da concentração.

Quando você se concentra com intensidade e por tempo suficiente em um propósito definido, forças superiores a seu poder pessoal entram em movimento e revelam a solução que você busca ou lhe apresentam as ferramentas e condições necessárias para transformar esse propósito em realidade.

LIÇÃO 12 – CONCENTRAÇÃO

> QUANDO NOS CONCENTRAMOS COM INTENSIDADE E POR TEMPO SUFICIENTE EM UM PROPÓSITO DEFINIDO, FORÇAS SUPERIORES A NOSSO PODER PESSOAL ENTRAM EM MOVIMENTO E CONSPIRAM PARA A REALIZAÇÃO DESSE PROPÓSITO.

3. O que cria o resultado não é aquilo em que se deseja acreditar, mas a convicção que se carrega na mente.

Concentração, no sentido em que usamos a palavra aqui, significa desenvolver, por meio do hábito e da prática, a habilidade de manter a atenção sobre um assunto por tempo necessário para dominá-lo e torná-lo familiar.

Em outras palavras, concentração é a capacidade de pensar naquilo que desejamos pensar, de controlar nossos pensamentos e dirigi-los para um fim determinado, de organizar nosso pensamento em torno de um ponto de ação que se torna o objetivo que queremos alcançar. E isso precisa ser feito quase que obsessivamente.

Você precisa se tornar tão identificado com o seu propósito que não perceberá nada à sua volta exceto aquilo que estiver verdadeiramente alinhado com a sua realização.

Lembre-se: pensamento é energia. Pensamento concentrado é energia concentrada. Quando você pensa vagamente em uma ideia, a vibração energética do seu pensamento não é muito forte, mas, quando se concentra nela, quando dá atenção a ela, a vibração cresce. E se você continuar concentrado nela, com a atenção suficiente, ela se torna um pensamento dominante. E se continuar colocando atenção neste pensamento dominante, ele se torna uma convicção. E, como já vimos, é praticamente impossível estar verdadeiramente convicto de alguma coisa, sem que ela, eventualmente, se transforme numa realidade.

Pense: quantas vezes, diante de uma situação que havia acabado de ocorrer e da qual estava convicta, você disse:

— Eu sabia! Tinha certeza disso!

Repito, toda energia é criativa. E aquilo em que você concentra sua atenção se transforma em seu ponto de maior energia. E como toda energia é criativa, você será capaz, então, de dar vida àquilo no que você concentrar sua atenção.

O que é se concentrar? É justamente isso: controlar sua atenção, determinar seu foco mental.

E como já vimos, toda criação mental sempre precede a criação física. Então, se você concentrar sua atenção naquilo que você não tem, criará mais daquilo que não tem. Se você concentrar sua atenção naquilo que deseja, no seu propósito definido, é isso que criará em sua vida.

Concentrar-se é manter sua atenção naquilo que você quer e, assim, trazer o seu desejo à realidade.

Por isso, a concentração pode ser considerada a chave mágica do sucesso. Ela constitui um poder irresistível que pode ser usado por todos que desejarem mudar radicalmente suas vidas, criando exatamente aquilo que desejam.

Quando usada corretamente, essa chave mágica abrirá as portas para a fortuna. Abrirá as portas para a fama. E, em muitos casos, abrirá as portas para a saúde, a educação e o tornará capaz de incontáveis coisas grandiosas. A concentração agirá como uma senha que lhe dará acesso a qualquer contexto ou circunstância que você queira criar em sua vida.

Com ajuda dessa chave mágica, você pode abrir todas as portas secretas que levaram às grandes invenções de todos os tempos, pois todas, sem exceção, foram resultado da concentração fiel e persistente de uma ou mais pessoas em torno de um propósito específico. Todos os grandes gênios do presente e do passado se aproveitaram do seu mágico poder. Basta, para isso, controlar o foco de concentração do seu pensamento.

Uma vez que você entender que, antes de se manifestarem na sua vida, todas as relações, circunstâncias e eventos são criados por você através da força e do poder da concentração do seu pensamento, você estará pronto para criar a vida que quiser.

LIÇÃO 12 — CONCENTRAÇÃO

É hora, então, de parar de criar o que você não quer na sua vida e usar todo o poder de concentração do seu pensamento para criar a realidade que você tanto deseja. Para isso, você precisa:

> **1** – Saber que você cria sua realidade e que faz isso com o pensamento.
> **2** – Ter consciência sobre aquilo que você pensa.
> **3** – Saber o que você quer.
> **4** – Concentrar-se naquilo que você quer.
> **5** – Sentir-se como se já tivesse aquilo que você quer.

Compreenda: você não vai conseguir executar esses passos com perfeição de um dia para outro. Grandes descobertas são o resultado de investigações longas e contínuas. Ciências como física, química e matemática exigem anos de concentração para que se adquira o domínio sobre elas. O mesmo se sucede com a ciência da mente.

4. Concentração é a capacidade de dirigir nossos pensamentos para um fim determinado.

Pense na sua mente como um poderoso centro de energia. Na medida em que você irradia a energia produzida pela concentração da sua atenção num determinado ponto, atrairá para si energias similares — outros pensamentos, circunstâncias, eventos, criações ou pessoas que queiram se juntar a você, porque se identificam com sua energia. Todas essas manifestações começam a girar à sua volta, tornando-se parte da sua experiência.

Quando uma pessoa concentra o seu pensamento num determinado assunto, os fatos de natureza intimamente ligada a esse assunto surgirão de todas as fontes imagináveis. Isso quer dizer que, quando plantado em um terreno mental apropriado, o propósito firme e profundo se torna um centro de energia que atrai tudo o que se harmoniza com a natureza desse desejo.

Esse fenômeno explica as grandes descobertas, como as de Arquimedes, Gutenberg, Newton, Mendeleiev, Thomas Edison e o acúmulo de fortunas como as de Henry Ford, John D. Rockefeller e Andrew Carnegie.

Se estudar suas vidas, verá que todos tinham um propósito bem definido e se concentraram especificamente na sua realização, criando um poderoso núcleo de energia em torno desse propósito, que os colocou em contato com tudo o que eles precisavam para realizar o que desejavam.

Esse mesmo fenômeno também explica o tremendo poder que resulta da formação de uma aliança entre duas ou mais pessoas, o que chamamos neste livro de Mente Mestra.

Uma Mente Mestra é tão poderosa porque, ao juntar duas ou mais mentes, ela aplica a concentração com mais intensidade do que quando acontece por meio dos esforços de uma única pessoa.

Em outras palavras, a Mente Mestra nada mais é do que a concentração em grupo do poder mental de várias pessoas para a realização de um propósito definido. Por meio da concentração de duas ou mais mentes, é possível alcançar um poder maior em virtude da soma das energias produzidas pela concentração conjunta das mentes envolvidas.

Esse é um princípio mágico que muitas pessoas ignoram ou não compreendem por não fazer parte da sua lógica racional.

Mas se você plantar, por exemplo, uma semente de maçã num terreno adequado, na época adequada, aos poucos essa semente se transformará num pequeno rebento, que depois crescerá, tornando-se uma macieira.

Essa árvore não provém apenas da semente da maçã. A semente é apenas o começa da árvore. Ela também não surge do solo, nem de outros elementos como ar, chuva ou sol. Ela é um resultado da combinação desses fatores que capta do ambiente. E não há quem possa explicar a lei que retira do ar e do solo a combinação de células que constitui a árvore.

O mesmo se aplica à Mente Mestra. Quando duas ou mais pessoas se aliam, num espírito de perfeita harmonia, com o objetivo de atingir um determinado propósito, esse propósito pode ser comparado à semente da maçã, e a combinação da energia de duas ou mais mentes pode ser comparada aos outros elementos que fazem surgir a árvore, como o ar, o solo, a chuva, o sol e assim por diante.

Podemos, ainda, aplicar o mesmo conceito à filosofia deste livro. Não é apenas a definição de um propósito que trará grandes resultados à sua vida. O propósito definido é apenas a semente. Para germinar e produzir bons frutos, ele precisa do contexto certo, que é formado pela aplicação das demais 15 leis explicadas aqui.

Ou seja, assim como a semente da macieira precisa do solo fértil, da chuva, do sol e do ar para trazer à tona todo seu potencial e produzir os melhores frutos, o propósito definido, para poder se concretizar, precisa da Mente Mestra, da autoconfiança, da imaginação, da iniciativa, do entusiasmo, do pensamento preciso, da concentração e das demais leis que vimos até aqui e que ainda veremos nas próximas lições.

GRANDES DESCOBERTAS SÃO O RESULTADO DE INVESTIGAÇÕES LONGAS E CONTÍNUAS.

---

5. Nossa mente se alimenta de duas coisas: daquilo que lhe damos e daquilo que ela absorve do ambiente.

Pense na sua mente como um jardim, onde você é o jardineiro e seu pensamento são as sementes. Se observar sua atividade mental, perceberá que, durante o dia, enquanto estiver acordado, você planta pensamentos na sua mente.

A maioria dessas sementes de pensamento você coleta por aí, do contexto em que vive. E na maior parte do tempo, nem se dá conta de que faz isso. Mas não se iluda: aquilo que você semeia em pensamento é o que vai colher na prática.

Sua mente é como uma camada de solo fértil, no qual brotam e crescem todos os tipos de semente que você lançar sobre ele, tanto as de flores quanto as de ervas daninhas.

Se semear espinhos, vai colher margaridas? Não mesmo! Se semear cactos, vai obter uvas? Também não! Sempre colheremos aquilo que plantarmos e nutrirmos. Todo pensamento é uma causa, e cada situação, um efeito.

Então, aqui vai uma dica valiosa: comece agora a semear e cultivar pensamentos de paz, felicidade, atitudes prósperas, corretas e construtivas e ignore cada vez mais as ideias contrárias ao seu interesse.

Entenda: você não precisa excluir pensamentos negativos. O pensamento não é excludente. Quando você quer excluir um pensamento, precisa pensar nele e, se fizer isso, o estará incluindo ao invés de excluindo. Então, ignore tudo o que é negativo e concentre-se somente no positivo. Com o tempo, sua realidade mudará.

Se o contexto em que você vive não é favorável para aquilo que busca, não hesite em, passo a passo, ir substituindo-o por outros mais favoráveis.

O processo dessa mudança é o mesmo do seu propósito: primeiro, crie uma imagem mental clara e específica do contexto que acredita ser o apropriado para você, depois, concentre seu pensamento nessa imagem constantemente, pelo tempo necessário, até que ele influencie suas ações e você comece a se direcionar no sentido de transformá-la em realidade.

Comece a escolher de forma deliberada e consciente as sementes que deseja cultivar em seu jardim. Para isso, é importante escolher os ambientes que frequenta com muito cuidado, a fim de proporcionar ao pensamento apenas o material apropriado e necessário para nutrir a concentração em torno do seu propósito definido.

Entenda: as pessoas com as quais você convive constituem uma das influências mais importantes da sua vida. Elas podem, a partir de sua natureza, tanto auxiliá-lo a progredir quanto a regredir.

Se deseja progredir, deve ter o cuidado de conviver apenas com pessoas que simpatizam com suas ideias — especialmente com seu propósito definido. Esse tipo de convívio alimenta sua atitude mental, estimula seu entusiasmo, sua autoconfiança, sua determinação, sua ambição e o auxilia no processo de concentrar seus pensamentos de tal forma que suas ações serão todas no sentido de realizar seu propósito definido.

LIÇÃO 12 — CONCENTRAÇÃO

Cada palavra que você ouve, cada imagem que vê, cada impressão que sente ou recebe influencia seu pensamento. Por isso, não negligencie a importância de escolher bem o ambiente em que vive e trabalha. Leia livros e se associe a pessoas que compartilhem os mesmos interesses que você, que o encorajem e estimulem a seguir sempre em frente.

> QUANDO CONCENTRAMOS NOSSO PENSAMENTO NUM ASSUNTO, FATOS DE NATUREZA SIMILARES A ELE SURGIRÃO DE TODAS AS FONTES IMAGINÁVEIS.

6. Semeamos o campo do nosso espírito todos os dias, horas, minutos e segundos, mas fazemos isso desordenadamente. A semente atirada ao acaso na mente humana trará uma colheita aleatória e incerta.

Imagine-se, então, a partir de hoje, um maravilhoso e mágico criador de realidades. E o seu poder criador depende da sua capacidade de escolher uma ideia e se concentrar nela até conseguir realizá-la. Escolha as sementes que irá plantar na mente com cuidado, não deixe qualquer pensamento crescer à revelia. Cultive apenas o que deseja colher.

Lembra do exemplo da visão de águia? Pensar com precisão é ter uma percepção de águia. É visualizar, mesmo diante de uma visão panorâmica complexa, um ponto específico, crucial para o desenvolvimento do nosso propósito.

Uma vez que você defina esse foco restrito, precisa adotar uma nova qualidade: a concentração. Ela lhe ajudará a lidar com aquilo que está à sua frente, sentindo, tocando e administrando o que está ao alcance da sua mão, sem perder de vista o contexto maior. Dessa forma, você não ficará delirando com o resultado final do seu propósito, sem agir no presente.

Não importa qual for o seu desejo, se seguir os princípios corretos, você poderá realizá-lo. Tudo o que foi criado pelo ser humano, primeiro, foi criado na imaginação por meio de um desejo intenso e, depois, transformado em realidade pelo esforço da concentração.

Não subestime o poder da concentração. Use-a de maneira inteligente e ela lhe trará felicidade e sucesso duradouro. Esqueça os erros que cometeu e as derrotas que experimentou. Deixe de viver no passado. Comece tudo outra vez. Se os esforços anteriores não lhe trouxeram os frutos desejados, esqueça-os. Concentre-se nos próximos cinco ou dez anos. E siga em frente, praticando cada uma das 16 leis do sucesso. Muito antes de você perceber, terá criado uma vida de prestígio, sucesso e de riqueza em abundância.

AS PESSOAS COM AS QUAIS CONVIVEMOS CONSTITUEM UMA DAS INFLUÊNCIAS MAIS IMPORTANTES DA NOSSA VIDA.

APLICAÇÃO PRÁTICA

1. Concentre seu pensamento em um único ponto – no seu propósito definido ou qualquer meta que tiver determinado. Use sua imaginação e crie uma imagem mental perfeita do que deseja e a mantenha viva em sua mente, constantemente, o máximo de tempo possível.

2. Mantenha um estado emocional positivo em relação ao seu desejo. Lembre-se: seu ponto de criação é revelado pela sua emoção. Se ela for negativa, seu foco não está naquilo que você quer, mas naquilo que você não possui ou naquilo que não quer. Mantenha seu ponto de criação num foco positivo.

LIÇÃO 12 — CONCENTRAÇÃO

3. Não se preocupe, inicialmente, com os meios através dos quais irá realizar seu propósito. Acredite em você mesmo e na sua meta e aja no sentido da sua realização, sempre com a firme convicção de que os meios surgirão ao longo do caminho. Simplesmente aja, comece com aquilo que tiver ao seu alcance e siga em frente.

Lição 13

COOPERAÇÃO

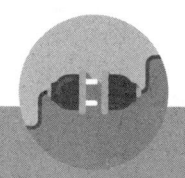

A LEI

Nos últimos séculos, valorizamos excessivamente a razão e a ciência, que são um esforço para compreender o desconhecido. Mas a verdadeira magia da vida está na ocorrência do incognoscível – na manifestação das forças superiores do Universo em nossa vida, e que, por serem superiores, não podem ser captadas pela razão, que é inferior a elas. Grandes realizações só são possíveis quando você trabalha em cooperação com essas forças superiores.

CHAVES DO SUCESSO

O Universo é regido por uma mente universal, conhecida como Inteligência Infinita. Essa inteligência transforma sementes em plantas, faz as frutas caírem do pé, a água descer dos montes e garante a harmoniosa sequência das estações e dos dias.

Essa inteligência, com o emprego das leis corretas, pode ser usada para cooperar conosco na transformação dos nossos desejos em seu equivalente físico.

Mesmo que você nunca tenha ouvido falar anteriormente desses conceitos, preste muita atenção. Não os subestime. Eles não têm nada de ultrapassados, na verdade, eles são ultramodernos. Eles são a futura ciência.

A vanguarda da humanidade está saindo da era da razão e, outra vez, dando espaço ao misterioso, ao desconhecido e ao espiritual. E isso, justamente, porque descobriu-se que a razão é limitadíssima e não oferece explicação para muita coisa.

Nesta lição, você vai descobrir como se colocar em uma posição favorável à absorção direta do grande tesouro universal que é a Inteligência Infinita.

Querer é poder!

LIÇÃO 13 — COOPERAÇÃO

1. O ser humano pode se tornar mestre de si mesmo e de seu ambiente porque tem o poder de influenciar seu próprio subconsciente e, assim, receber a cooperação da Inteligência Infinita.

Eu sei... Chegamos num momento da história onde estamos tão contaminados pela razão que nossa mente repele mecanicamente a ideia de que algo que não conhecemos possa existir.

A maioria de nós age apenas na estreita limitação das nossas crenças e convicções e orgulhosamente renuncia o resto.

Isso é um problema sério, mas há algo que é também curioso: muitas das nossas crenças e convicções, isso é, aquilo que nossa razão acredita saber e que temos certeza de que é exatamente como pensamos, na verdade, são equivocadas.

Acreditamos que as coisas sejam desta ou daquela maneira, mas elas não são bem assim.

Quando surge uma revelação assim, o difícil não é buscar conhecimento novo, mas sim nos libertar daquilo que já sabemos e que não é assim como pensamos ser.

Em outras palavras, não queremos abrir mão de quem somos e, com isso, não conseguimos nos tornar quem poderíamos ser.

Quantos problemas essa forma de pensar nos tem apresentado. E não são problemas simples. São problemas coletivos, graves e ambíguos.

O que é, então, a razão? A ciência? O conhecimento?

Quando nos referimos ao conhecimento, existe algo ainda mais curioso. Levamos em conta apenas dois níveis de conhecimento, que definimos assim:

1 – Aquilo que conhecemos.
2 – Aquilo que ainda não conhecemos, mas que, algum dia, ainda iremos conhecer.

Essa dualidade do conhecimento é fruto da razão — é isso que a escola e a ciência nos ensina. Costumamos dizer que somos seres racionais. E a ciência é o orgulho maior da razão. Para ela, só existem esses dois tipos de conhecimento. Se algo não pode ser conhecido pela razão, diz a ciência, deve ser ignorado, deve ser deixado de lado porque não é conhecimento, é bobagem.

Pensamentos são criaturas. Uma vez concebidas, criam vida própria. E, com o tempo, a ciência se tornou maior que a razão. A razão deixou de limitar a ciência e a ciência passou a limitar a razão.

Consequência: renunciar coisas em nome da ciência, sem usar a razão, tornou-se *fashion*. Isso não é científico, diz a razão. E, então, rejeitamos e seguimos em frente. Quem, em sã consciência, quer pagar mico e se opor ao que é *fashion*?

Isso, então, chama-se ciência.

Mas pense comigo:

Se formos pelo caminho da ciência, o que é conhecer algo?

Exprimindo numa frase só, conhecer algo é compreendê-lo por meio da razão. Isso é, poder capturá-lo com a razão. Ou, ainda mais direto, é reduzi-lo ao tamanho da razão.

Tal conclusão inevitavelmente cria uma dúvida: será que não existe nada maior que a razão, que, por ser maior, não pode ser capturado por ela?

O zelo e a veneração pela ciência, por muito tempo, nos cegou para essa pergunta. Com isso, deixamos completamente de lado um terceiro nível de conhecimento: o incognoscível.

E antes de explicar esse conceito, preste muita atenção: se você é uma dessas pessoas que pretendem morrer agarradas à razão e torcer o nariz para todo o resto, sua vida permanecerá certamente muito pequena, muito estreita, muito limitada.

Por outro lado, se abrir espaço na sua mente para o incognoscível se infiltrar, sua vida pode ser bem mais ampla e profunda. Suas capacidades, suas aspirações, seus desejos e talentos secretos podem levá-lo a um patamar completamente novo e mágico.

É essa abertura, essa cooperação entre a razão e o que é maior que ela, é o que separa uma existência meramente humana de uma existência mágica.

LIÇÃO 13 — COOPERAÇÃO

> A MAIORIA DAS PESSOAS AGE APENAS NA ESTREITA LIMITAÇÃO DAS SUAS CRENÇAS E CONVICÇÕES E ORGULHOSAMENTE RENUNCIA O RESTO.

2. Pela faculdade da imaginação criativa, a mente finita do ser humano estabelece comunicação direta com a Inteligência Infinita.

Quem quiser uma vida maior, mais feliz e muito, muito mais interessante precisa afastar a ideia de que a razão é o ponto alto das nossas capacidades. Para ser mais direto, na verdade, deve usar a razão para se abrir para algo muito maior que ela: o incognoscível.

O que é isso, o incognoscível?

Conta-se que o compositor Bob Dylan, ganhador do Prêmio Nobel de Literatura pelas letras de suas músicas, certa vez, foi questionado sobre o que o havia inspirado a compor *Like a rolling stone*, considerada uma das melhores composições de todos os tempos. Ao que ele teria respondido: "Eu não sei de onde vem a letra de minhas composições. É como se um fantasma compusesse a letra. Ele escreve a música e desaparece. Você nem mesmo sabe o que a música significa".

Isso é o incognoscível. Algo poderoso e mágico, que não conseguimos explicar nem entender, mas que, se estivermos atentos, podemos sentir perfeitamente. A impressão que temos quando o sentimos é de que algo está nos conduzindo, nos guiando, nos levando para onde queremos ir. É assim que funciona. E é mágico, divino, misterioso!

Por não podermos compreendê-lo, esse tipo de conhecimento chama-se incognoscível. Sabemos que ele existe, mas ele não pode ser capturado pela razão, porque é algo maior do que ela. Ou seja: é algo que não pode ser compreendido ou capturado pela nossa razão, porque nossa razão é inferior a isso.

É essa força incognoscível que chamamos de Inteligência Infinita.

Entenda: nossa razão é finita. Só há uma certa quantia de coisas que ela pode capturar e manter — a inteligência humana é finita. Mas seria possível a existência de uma Inteligência Infinita — da qual se origina nossa inteligência finita?

Não para a razão, porque ela não aceita aquilo que ela não pode capturar. Mas como uma inteligência finita poderia capturar uma possível inteligência infinita?

Pense comigo: uma realidade superior (a Inteligência Infinita) pode absorver uma realidade inferior (a nossa razão). Mas a inferior (nossa razão — que é finita) não pode absorver a superior (a Inteligência Infinita).

Vou dar um exemplo que nos ajudará a compreender melhor essa questão: pense no oceano e em uma gota extraída dele. Então, a título de ilustração, temos essas duas realidades — a Inteligência Infinita (o oceano) e a Inteligência Finita (a gota extraída do oceano). O oceano, uma realidade superior, pode absorver a gota, mas a gota, uma realidade inferior, não pode absorver o oceano.

Você só pode capturar, ou entender, uma pequena parte do conhecimento que existe no mundo. O resto, a Inteligência Infinita, não pode ser capturada por você, pela sua razão, porque ela é superior à sua razão e uma realidade superior não pode ser capturada por uma realidade inferior a ela.

Contudo, você pode, através da sua razão, criar uma relação com a Inteligência Infinita. E se você quer criar resultados mágicos na sua vida, essa é a sacada, é isso que você precisa fazer. Você precisa se abrir para a ideia da Inteligência Infinita, criar um fluxo entre as duas. Você precisa, em outras palavras, criar uma cooperação entre sua inteligência finita e a Inteligência Infinita do Universo.

NÃO QUERENDO ABRIR MÃO DO QUE SOMOS, NÃO PODEMOS NOS TORNAR O QUE PODERÍAMOS SER.

---

3. A fé cria uma linha direta de comunicação entre a mente finita do ser humano e a Inteligência Infinita do Universo.

Compreender a lei da cooperação entre a inteligência finita e a Inteligência Infinita é compreender a relação entre sua mente individual e a mente universal. Essa é a lei da cooperação — você e o Universo cooperando para a realização dos seus desejos. A cooperação entre essas duas mentes, criando um fluxo de energia entre elas, é o mistério, é a chave da genialidade!

Por isso, se você quer obter resultados mágicos na sua vida, deixe a razão e a lógica um pouco de lado e crie uma relação com aquilo que é maior do que sua razão.

Compreenda: quando você aceita uma realidade superior, a inferior deve ficar em segundo plano. Então, para se conectar com a Inteligência Infinita, você precisa abrir mão do conceito fechado de inteligência finita: sua razão.

Veja bem: a razão é um esforço para conhecer o desconhecido. Isso é jogo pequeno! A magia da vida está na ocorrência do incognoscível, das forças superiores, do intangível, daquilo que você não pode capturar, tocar, mas que pode penetrar, criar canais de contato e deixar que essas forças superiores ajam em você.

É a isso que nos referimos quando afirmamos que: "O Universo conspira a favor de quem possui um propósito definido e age no sentido de realizá-lo". E se você prestar atenção, se der uma chance a essa ideia, poderá usar a razão para perceber o misterioso, o mágico, o incognoscível. Se você se abrir para essa ideia, a própria razão lhe revelará essa lacuna, e quando isso acontecer, a própria razão irá aceitar essa ideia e se agarrar a ela.

Você pode, racionalmente, aceitar que existe algo maior que sua pequena razão. E essa aceitação tem um nome: fé.

A fé é o processo de cooperação entre o ser humano e as forças superiores do Universo. A pessoa que aceitar incondicionalmente a existência dessas forças e que agir num processo de absoluta cooperação com elas terá acesso ilimitado à infinita abundância do Universo e nada do que desejar poderá lhe faltar.

Mas entenda: pelo menos no início, você precisa agir na fé. A razão não vai querer abrir mão de sua supremacia. Você precisa agir sem ela.

Então, a minha proposta nesta lição é convidar você a criar esse processo de cooperação com a Inteligência Infinita, a desenvolver uma fé inabalável nas forças superiores que regem o Universo e que, por serem superiores à nossa razão, não podem ser compreendidas por ela, mas podem, como vimos, ser percebidas.

> **QUEM QUISER CRIAR RESULTADOS MÁGICOS PRECISA SE ABRIR PARA A IDEIA DA INTELIGÊNCIA INFINITA E ACEITÁ-LA.**

4. É através do sexto sentido que a Inteligência Infinita se comunica, sem que o indivíduo precise fazer qualquer esforço.

Chegamos, então, a uma divisão no nosso caminho.

Você pode aceitar a Inteligência Infinita, criar um processo de cooperação com ela, permitindo que ela atue sobre você, tornando-se cocriadora da sua realidade; ou você pode negá-la, dizendo que aquilo que você não consegue explicar pela razão não existe.

> **Se a negar** – Você recusa o mistério. Você recusa a conexão com o todo. E se fizer isso, vai continuar vivendo nessa experiência inferior do intelecto. Você vai viver atado à sua razão.
> **Se a aceitar** – Terá descoberto o grande segredo que produz toda a riqueza. E você estará pronto para criar a grande cooperação que removerá todas as limitações da sua vida.

LIÇÃO 13 — COOPERAÇÃO

Você estará pronto para fazer uso do seu sexto sentido.

É através do sexto sentido que a Inteligência Infinita se comunica, sem que o indivíduo precise pedir nada ou fazer muito esforço. O sexto sentido é o meio de contato entre a mente finita do homem e a Inteligência Infinita, e, por esse motivo, ele é ao mesmo tempo mental e espiritual.

Pense comigo: você consegue imaginar como seria sua vida se criar essa cooperação com as forças superiores do Universo fosse possível? Já imaginou se você fosse capaz de criar uma conexão direta com as forças Universais que criam o mundo e torná-las suas aliadas?

Acredite! Você pode! Estude a vida de todos os grandes gênios criativos e todos lhe dirão que criaram essa cooperação e se aproveitaram dessas forças.

A LEI DA COOPERAÇÃO FAZ VOCÊ E O UNIVERSO AGIREM EM SINTONIA PARA A REALIZAÇÃO DO SEU PROPÓSITO.

---

5. A Inteligência Infinita converte sementes em árvores, faz a água descer da montanha, garante a sequência de dia e noite e transforma qualquer desejo em realidade.

Ok. Vamos entender esse conceito ainda melhor!

A ideia de Inteligência Infinita pressupõe que o Universo é composto por uma única energia mental — uma espécie de Mente Universal — e que todos pensamos dentro dessa Mente Universal, utilizando nossa mente individual.

Por ser assim, nós, eu e você, nos entendemos!

Você entende o que eu penso e escrevo, porque tudo isso faz parte de um único pensamento — que faz parte da Mente Universal, ou

Inteligência Infinita. É ela que possibilita a conexão mental entre nossas inteligências individuais.

O fato de eu estar aqui, em determinado tempo e lugar, pensando, escrevendo, expressando meu pensamento e você, aí, em qualquer parte do mundo, num tempo diferente do meu, entendendo o que eu falo, é possível graças à Inteligência Infinita. Pois a inteligência pessoal de cada ser humano não passa de uma individualização da Inteligência Infinita — o que torna evidente a relação entre as duas.

"A Inteligência Infinita é um poder, uma causa primeira ou uma inteligência que está presente em todos os átomos da matéria e que envolve cada unidade de energia perceptível ao ser humano. É essa inteligência — a Inteligência Infinita — que converte sementes em árvores, faz a água descer da montanha em resposta à lei da gravidade, garante a sequência de dia e noite, inverno e verão — todos em harmonia. E essa mesma inteligência pode ser utilizada para transformar qualquer desejo em realidade" (*Quem pensa enriquece*, pág. 208).

Certamente foi isso o que Jesus nos quis ensinar ao dizer: "Eu estou no Pai e o Pai está em mim". Ou seja: você faz parte da Inteligência Infinita e ela faz parte de você. O Apóstolo Paulo diz algo semelhante numa passagem: "Nele vivemos, nos movemos e existimos".

Quer dizer: vivemos, nos movemos e existimos na Mente Universal, que é a Inteligência Infinita. E, por isso, somos parte dela.

6. Inteligência Infinita de uma força estática para uma força dinâmica.

Qual é a relação entre o pensamento e a Inteligência Infinita?

A Inteligência Infinita é estática, uma energia em potencial. Ela simplesmente existe. Ela não pode se manifestar por si só, ela apenas se manifesta quando alguma outra força age sobre ela. E nossa habilidade de pensar é a maneira como agimos sobre ela.

LIÇÃO 13 — COOPERAÇÃO

Em outras palavras, a Inteligência Infinita é uma energia estática e o pensamento é uma energia dinâmica. Isso significa que o pensamento é a força que transforma a Inteligência Infinita de uma força estática para uma força dinâmica. Por isso, tudo o que você pensa em sua mente individual cria uma reação na Mente Universal.

Então, cada vez que você pensa, esse pensamento é forçado a colocar em movimento uma força, uma energia, uma condição que seja similar a ele. Por isso, todo pensamento é uma causa e toda condição, uma consequência.

Por essa razão, é absolutamente essencial tornar-se um Mind Master© e controlar seu pensamento para criar somente as condições que você deseja. E como todo pensamento está sob seu controle, você tem o poder de criar o que você quiser.

Se você desenvolver a habilidade de controlar seu processo de pensamento, você poderá aplicar isso a qualquer situação e criar qualquer condição que desejar.

Eu repito: esse conceito não é um conceito esotérico. Em verdade, ele está na base de todas as filosofias, tanto religiosas, como sociais e mesmo de negócios e empreendedorismo.

Se você analisar, por exemplo, a filosofia por detrás do livro *Os 7 Hábitos das Pessoas Altamente Eficazes*, de Steve Covey, um dos livros de negócios mais vendidos no mundo, você verá que a base de toda a filosofia de Covey são princípios ou leis, que ele diz serem universais, atemporais e autoevidentes. Quem teria criado ou definido essas leis universais?

Claro que Covey, sendo um mórmon convicto, atribuiu a criação desses princípios a Deus, que, no final das contas, é apenas outro nome para a Inteligência Infinita.

Elizabeth Gilbert, uma das escritoras contemporâneas mais lidas no mundo, autora de *best-sellers* como *A assinatura de todas as coisas* e *Comer, Rezar e Amar*, escreveu um livro recente sobre criatividade. Nele, num capítulo chamado *Como funcionam as ideias*, ela escreveu:

> "Dediquei toda a minha vida à criatividade. Ao longo do caminho, desenvolvi um conjunto de crenças a respeito de como ela

> funciona e de como trabalhar com ela, que se baseiam completa e descaradamente no pensamento mágico.
>
> E quando me refiro, aqui, a mágico, é no sentido literal da palavra: ao sobrenatural, ao místico, ao inexplicável, ao surreal, ao divino, ao transcendente, àquilo que é de outro mundo.
>
> Porque a verdade é que acredito que a criatividade seja uma força de encantamento – não inteiramente humana em sua origem.
>
> Acredito que nosso planeta é habitado não apenas por animais, plantas, bactérias e vírus, mas também por ideias.
>
> Essas são uma forma de vida energética, incorpórea, são completamente separadas de nós, mas capazes de interagir conosco – ainda que de um modo estranho.
>
> As ideias não têm um corpo material, mas têm consciência e certamente têm vontades próprias.
>
> São movidas por um só impulso: o de se manifestar."

Como já falei, não há nada de ultrapassado no conceito de Inteligência Infinita. Há coisas que simplesmente não entendemos e que precisamos aceitar pela fé.

Entenda: você é um produto da maneira como você se vê no mundo. É a ideia que você tem sobre si mesmo que define os resultados que você terá. E a ideia que você tem sobre si mesmo é resultado do seu pensamento.

Isso é evidente, porque nós precisamos *ser* antes de *ter*, e somente podemos agir dentro dos limites daquilo que somos, e o que somos depende daquilo que pensamos.

7. Não é o que você sabe ou deixa de saber que define seu valor no mercado, mas a sua postura diante da vida.

As pessoas, na sua maioria, não conseguem entender ou aceitar o conceito de Inteligência Infinita porque estão totalmente presas a suas crenças e convicções. Mas esse conceito explica claramente por que somos um resultado direto daquilo que pensamos.

Isso explica por que todas as coisas que você deseja criar em realidade, primeiro, precisam ser criadas em pensamento. Isso também explica a importância do conceito de dois mundos — o interior e o exterior, que vimos antes —, e como eles estão envolvidos no processo de criação.

Como vimos, o mundo interior é o mundo dos pensamentos, sentimentos e ideias, governado pela nossa mente.

O mundo exterior é o mundo dos resultados, de coisas e situações. Ele é um reflexo do mundo interior. O que aparece no mundo exterior pode ser encontrado no mundo interior. E se temos controle sobre o mundo interior, também temos controle sobre o mundo exterior.

Ter controle sobre o mundo exterior significa determinar, por conta própria, que mundo exterior queremos e desenvolver a habilidade de controlar nossos pensamentos para criá-lo.

Aqui, chegamos então ao fator essencial que explica a importância de definirmos um propósito claro e específico e concentrar nosso pensamento nele.

Veja: é fácil concordar que pensamento é energia. Também é fácil concordar que pensamento focado é energia focada. E quanto mais focado o pensamento, mais poder a energia desse pensamento possui.

Logo, se você tiver um propósito definido e focar constantemente sua atenção nele, esse pensamento criará uma ação forte sobre a Inteligência Infinita, fazendo com que esse propósito se torne a consequência do seu pensamento, tornando-se realidade.

Você consegue entender, agora, por que a definição de propósito é tão importante? Ela cria o esforço organizado que se transforma em poder. Esse poder fará com que o Universo crie ou coloque à sua disposição tudo o que for necessário para a realização de seu propósito.

Então, qual é a relação entre a Inteligência Infinita e o propósito definido?

Um propósito definido canaliza o foco do nosso pensamento num único ponto. E como nosso pensamento é a maneira como agimos sobre a Inteligência Infinita, quanto maior o foco do pensamento, maior será a ação sobre a Inteligência Infinita; e quanto maior a ação sobre ela, maior será a reação e mais rápido nosso propósito se manifestará.

Entenda: não é o que você sabe ou deixa de saber que define seu valor no mercado, mas a sua postura diante da vida. E essa postura é resultado da sua atitude mental, que é resultado da maneira como você pensa. E agora, sabe por quê.

Já que falamos de propósito definido, vamos ver também a relação entre a Inteligência Infinita e a Mente Mestra.

Uma Mente Mestra, como você sabe, é uma aliança de duas ou mais mentes entrosadas em um espírito de harmonia perfeita e cooperando para a conquista de um propósito definido.

Uma vez que isso esteja claro, e tendo em mente o conceito de Inteligência Infinita, não fica difícil entender a importância de formar uma Mente Mestra. Explico: seu poder está no fato de duas, três ou várias mentes focadas num único ponto produzirem um impacto muito maior na Inteligência Infinita.

É inevitável, uma vez que você defina um propósito definido, que encontre pessoas que estejam alinhadas com esse propósito, com a sua linha de pensar. Formar uma Mente Mestra é, então, criar uma aliança harmoniosa com essas pessoas.

É impossível duas mentes se unirem sem que se crie uma terceira força invisível, intangível, comparável a uma terceira mente. Quando as mentes de duas pessoas são coordenadas numa única direção, num estado de perfeita harmonia, as energias de cada uma delas desenvolvem afinidade, o que constitui a Mente Mestra. Quando isso ocorre, cada uma das mentes individuais associadas tem acesso a todo o poder resultante da soma de todas as mentes.

LIÇÃO 13 — COOPERAÇÃO

Você pode criar uma Mente Mestra com qualquer pessoa que tenha o mesmo propósito que você. O importante é você definir um propósito e, ao imaginar esse propósito, já imaginar as pessoas certas, pessoas com as quais você gostaria de trabalhar, que elas aparecerão na sua vida.

> **A INTELIGÊNCIA INFINITA É UM PODER, UMA CAUSA PRIMEIRA QUE ESTÁ PRESENTE EM TODOS OS ÁTOMOS DA MATÉRIA.**

> **TUDO O QUE VOCÊ PENSA CRIA UMA REAÇÃO NA MENTE UNIVERSAL.**

APLICAÇÕES PRÁTICAS

1. Abra sua mente para o incognoscível. Aceite que existem forças superiores que fogem da sua compreensão racional. E que, se você colocá-las a seu serviço, pode agir em cooperação com elas. Lembre-se que essas forças estão em você, e você está nelas, e que elas criam tanto suas limitações como seus sonhos de acordo com o foco da atenção do seu pensamento.

2. Se você percebesse essas forças superiores, se compreendesse que elas estão à sua disposição, se entendesse que através delas pode criar a realidade que quiser, que sentimento afloraria em você? Gratidão, certo? Essa emoção, a gratidão, é o catalizador de uma nova realidade na sua vida. Sinta gratidão constante pelas forças superiores.

3. Olhe para tudo que você possui, tudo que acontece à sua volta. Concentre seu pensamento na gratidão que sente por tudo isso. Em seguida, conecte essa gratidão à presença da Inteligência Infinita em sua vida. Repita esse processo diariamente, pelo menos dez vezes.

Lição 14

APRENDA A TIRAR PROVEITO DOS FRACASSOS

A LEI

No caminho da construção do sucesso e criação de riqueza, tropeços, quedas e derrotas temporárias são não somente inevitáveis, como partes importantes do processo. Você precisa saber tirar proveito deles, pois em nenhum outro lugar você poderá fortalecer seu desejo, determinação, curiosidade e, ao mesmo tempo, obter um conhecimento tão claro de como as coisas funcionam como na análise dos seus próprios fracassos. Sem aprender a analisá-los e tirar proveito deles, você dificilmente chegará aonde deseja chegar.

CHAVES DO SUCESSO

Para quem busca sucesso, tropeços e fracassos sempre existirão. Contudo, para o verdadeiro empreendedor, o fracasso absoluto não existe. O que para a pessoa comum é fracasso, para ele é apenas um plano ou uma ideia que não deu certo. E, ao analisá-la, ele a torna uma valiosa forma de aprendizado que lhe ensinará o que ele não encontraria em lugar algum: suas próprias inadequações.

Se você quiser realizar o seu propósito definido e prosperar na vida alcançando sucesso após sucesso, deverá ter a mesma atitude do verdadeiro empreendedor: você precisa aprender a tirar proveito dos seus fracassos.

Para isso, será necessário que você aprenda a ignorar as palavras "incapaz" e "impossível" e a seguir adiante, tendo consciência de que problemas devem ser enfrentados e superados, nos dando força e poder no processo.

Se um plano falhar, você deve substituí-lo por outro e seguir adiante, confiando absolutamente na sua capacidade de realizar qualquer coisa que desejar. A seguir, você verá como fazê-lo.

Querer é poder!

LIÇÃO 14 — APRENDA A TIRAR PROVEITO DOS FRACASSOS

1. O caminho sempre se abre para a pessoa determinada, com fé, coragem e força de vontade.

A maioria das pessoas, quando atingidas por uma adversidade ou quando forçadas a enfrentar um obstáculo que as toma de surpresa no caminho, tem o estranho hábito de largar tudo e voltar.

Durante a corrida do ouro no velho oeste americano, um senhor de sobrenome Darby, da cidade de Williamsburg, no estado de Maryland, decidiu se desfazer de seus pertences, recolher suas economias e buscar o enriquecimento rápido nas distantes minas de ouro do estado do Colorado.

Depois de um mês de árduo trabalho cavando o solo rochoso das montanhas do Oeste, Darby viu seu sonho se tornar realidade: as primeiras pepitas começaram a surgir diante de seus olhos. Assim que teve certeza de que o ouro estava ali, e em grande quantidade, percebeu que cavar sozinho, com uma pá e uma picareta, não parecia a melhor ideia: ele precisava de máquinas para remover as rochas. Com isso, multiplicaria seus ganhos incontáveis vezes.

Darby voltou às pressas à sua cidade natal, no distante estado de Maryland. Contou sua descoberta a alguns amigos e familiares e convenceu-os a lhe ajudar a conseguir o dinheiro necessário para comprar os equipamentos e maquinários. Na sua mente, tinha certeza de que, em poucas semanas, teria retirado da mina várias vezes o valor do investimento.

De volta ao Colorado, Darby, agora com a ajuda de um sobrinho, começou a explorar a mina numa escala maior. Já nas primeiras cargas de minério extraídas, a promessa de que estavam diante de uma das mais ricas minas de toda a região parecia se confirmar. Tudo parecia estar saindo conforme o previsto.

Algumas cargas depois, o inesperado aconteceu.

O que antes era esperança e promessa, agora, se tornou angústia e decepção: o ouro simplesmente havia desaparecido.

Nos dias seguintes, Darby e o sobrinho perfuraram a mina desesperadamente na esperança de reencontrar o veio, mas tudo que conseguiram achar foram rochas e cascalho.

— É, era muito bom para ser verdade — o tio disse ao sobrinho.

E depois de mais algumas semanas sem resultado, decidiram que era melhor vender o maquinário, recolher o dinheiro que haviam investido e voltar para Maryland. Foi isso que fizeram. Venderam as máquinas para um garimpeiro antigo da região e voltaram para o Leste.

Mais experiente que os Darby, o velho garimpeiro, com a ajuda de um geólogo, avaliou as escavações feitas anteriormente para entender o que havia acontecido com o ouro da mina. Logo descobriram que o motivo dos Darby não terem encontrado mais ouro era uma fratura na continuidade da formação da rocha, que havia deslocado o veio. O ouro estava ali, a um metro de onde os Darby haviam parado de perfurar.

O garimpeiro, que comprara o maquinário e a mina por uma pechincha, tirou milhões de dólares dali, sem praticamente fazer esforço algum. Os Darby haviam desistido de seu sonho a menos de um metro de torná-lo realidade.

Há uma grande lição nessa história: ninguém tem o poder de saber a distância exata que separa o fracasso do sucesso, a menos que persista obstinadamente até chegar onde deseja.

Se você deseja alcançar prestígio, sucesso e riqueza, uma das qualidades mais importantes é estar atento à tentação tão comum de desistir diante da primeira adversidade. Você precisa aprender a evitar o impulso que temos de, assim que a dificuldade aparece, largar tudo e tentar outra coisa.

A maioria das pessoas age como Darby, se entusiasmam quando as coisas vão bem e desanimam e desistem quando as dificuldades aparecem. Se sua meta é ser bem-sucedido, você não pode agir assim.

Entenda: você precisa ter o mesmo entusiasmo e senso de urgência nos tempos bons ou ruins, se estiver diante de uma oportunidade ou diante de um obstáculo, não importa o contexto.

Para subir ao topo, é necessário quase uma obsessão pelo progresso. É preciso ter urgência em deixar o obstáculo para trás e, ao mesmo tempo, sentir curiosidade para descobrir o que vem pela frente, qual será o

LIÇÃO 14 — APRENDA A TIRAR PROVEITO DOS FRACASSOS

próximo desafio e como irá vencê-lo. E isso precisa ser uma atitude constante, seja o momento favorável ou não.

Viver dessa maneira já é um sucesso em si.

> **NINGUÉM TEM O PODER DE SABER A DISTÂNCIA EXATA QUE SEPARA O FRACASSO DO SUCESSO, A MENOS QUE PERSISTA ATÉ CHEGAR ONDE DESEJA.**

> **A MAIORIA DAS PESSOAS SE ENTUSIASMA QUANDO AS COISAS VÃO BEM E DESISTE QUANDO VÃO MAL.**

2. As maiores recompensas sempre são oferecidas àqueles que enfrentam os fracassos da vida sem reclamar.

Você já parou para se perguntar por que as crianças têm uma habilidade de aprender rapidamente e nós, adultos, não?

A resposta mais simples e direta é: crianças não têm convicções formadas. Elas não pensam que são superiores. Elas não têm a noção de que entendem tudo sobre como o mundo funciona. E mais, elas são pequenas, fracas, indefesas e precisam aprender ou não sobreviverão. Elas não têm a opção que Darby teve de empacotar tudo e voltar correndo para o ventre da mãe.

Quando eu e você éramos crianças, nossa mente era completamente aberta. Éramos esponjas para o conhecimento, queríamos absorver tudo à nossa volta, porque não tínhamos a sensação de: "eu já sei isso! E sei que não funciona! Sei tudo sobre isso! Sei o que é certo e sei o que é errado. Eu entendo tudo".

Esse sentimento de super-homem do conhecimento toma conta de nós quando ficamos um pouco mais velhos e ele é prejudicial porque nos impede de aprender. Chega um momento em que passamos a acreditar que já sabemos o que é preciso saber. Nossas convicções nos manipulam e nos fecham para o novo, para o curioso, passando-nos sensação de que sabemos de tudo.

Uma criança começa com o sentimento de que é fraca, de que é indefesa, de que ela não tem a mínima ideia de como o mundo funciona e, por isso, ela se empenha em aprender o máximo possível para ser como o adulto.

Deixa eu lhe dizer uma coisa: se quisermos alcançar nosso melhor, temos que despertar em nós esse sentimento infantil outra vez. Temos que adotar, de novo, essa consciência de que não sabemos o que precisamos saber e ir atrás disso.

Quando as coisas não dão certo, quando os desafios e as adversidades bloqueiam nosso caminho, precisamos compreender que tudo que nos falta é conhecimento, é técnica, é prática e precisamos correr atrás disso. Empacotar as coisas e voltar para trás não é uma opção.

Quero que você entenda uma coisa: o segredo de tirar proveito do fracasso e continuar sempre avançando é manter essa qualidade de criança sempre viva. O fracasso não passa de um jogo de tentativa e erro. Você não vai acertar sempre. Sem chances disso acontecer!

Por isso, é preciso manter essa vontade de conhecer mais, de aprender mais, de manter nosso senso de curiosidade e de encantamento sempre ativo. E, acima de tudo, manter nossa mente aberta para o novo, para o diferente e para o desconhecido.

Então, faça uma coisa agora mesmo: arranque da sua mente essa noção de que você já sabe como o Universo funciona e jogue-a fora. Abandone essa convicção de que você compreende as galáxias e o que existe para além delas. Elimine a ideia de que você sabe tudo sobre Deus e a origem do Universo.

Largue isso. Nenhum ser humano sabe a verdade sobre essas coisas. Todos temos opiniões. Todos especulamos. Mas o que sabemos de verdade? Nada. Então, abandone essas ideias fixas e ilusórias e traga de volta aquele senso de curiosidade, encantamento, flexibilidade e abertura mental para o incognoscível.

E lógico: eu sei que uma criança não inventa um *software*, um aplicativo poderoso ou cria uma empresa que impactará positivamente humanidade. Eu sei disso. E sei que não podemos ser completamente como uma criança. Precisamos ter conhecimento, técnica e um talento desenvolvido se quisermos fazer alguma diferença.

Mas se — associado ao conhecimento, técnica e talento desenvolvido — você conseguir ter uma mente aberta para o novo e o desconhecido como uma criança, quando não aceitar a derrota como o fim do caminho, milagres começarão a aparecer na sua vida.

Acredite em mim: esse é o segredo dos grandes inventores, empreendedores, artistas e celebridades. É isso que pessoas de sucesso fazem. Quando a adversidade aparece, elas a abraçam, a aceitam. Elas se comprometem a enfrentá-las, chamando a responsabilidade para si e agindo com tenacidade e consistência para superá-las.

Se fizer isso, não terá obstáculo ou adversidade no mundo que você não possa superar.

Pense em Thomas Edison querendo transformar a energia elétrica numa fonte de luz num tempo em que ruas, casas, bares e restaurantes eram iluminados com velas ou lamparinas de querosene.

Ele sabia que converter energia elétrica em luz era possível, mas precisava de um condutor de energia insanamente resistente ao calor, capaz de reter a energia até ela se transformar em luz, sem que se consumisse no processo.

Quando nos referimos a Edison como o gênio que inventou a lâmpada incandescente, esquecemos da história toda e das coisas bobas que ele fez ao longo do processo para chegar até onde queria.

Temos dificuldade com esse tipo de complexidade. Quase sempre buscamos a linearidade da causa e efeito. Não temos o hábito de lidar com tentativas das quais não sabemos o resultado de antemão.

O simples fato de haver adversidades e obstáculos para superar já é um ponto a nosso favor, porque, quando não há nada que exija um esforço, quando tudo está absolutamente sob nosso domínio, nos acomodamos e começamos a enfraquecer, nossas forças começam a atrofiar.

Compreenda: é nos momentos em que enfrentamos nossas maiores adversidades que mais crescemos. São nesses momentos que a vida assume seu verdadeiro sentido e que traz o melhor que há em nós para fora.

Então, lembre-se sempre de que a vida é dinâmica e não estática. Ela está em contínuo movimento. E o único erro imperdoável que você pode cometer é parar, estagnar, acomodar-se.

> O SIMPLES FATO DE HAVER ADVERSIDADES E OBSTÁCULOS PARA SUPERAR JÁ É UM PONTO A NOSSO FAVOR, PORQUE, QUANDO TUDO ESTÁ SOB NOSSO DOMÍNIO, NOS ACOMODAMOS E COMEÇAMOS A ENFRAQUECER.

3. O sucesso não nasce da preguiça, da indiferença, nem da falta de ambição; ele é fruto do trabalho duro e consistente.

Como já vimos, uma qualidade essencial para poder tirar proveito dos fracassos é nosso comprometimento com o progresso constante. Outra, é manter a curiosidade e a mente aberta. Vimos também que empacotar as coisas e voltar para casa nunca é uma opção. É preciso persistência, e existe uma qualidade comum em todas as pessoas persistentes que você precisa aprender: o comprometimento total com seu propósito.

Pessoas persistentes fazem votos para se tornar quem elas querem ser, para obter aquilo que elas desejam, e em condição alguma quebram esses votos. Eles são, quase sempre, um compromisso para a vida inteira.

Acredite, é sério! Elas assumem um comprometimento total com aquilo que elas querem, sem concessões, sem divórcio — exatamente como era o matrimônio no tempo de nossos bisavôs.

Não há restrições do tipo: "Vou tentar por um ano, se não der certo tentarei outra coisa". Na verdade, elas definem o que querem e fazem um juramento para si mesmas de trabalhar duro, para sempre, independentemente do resultado. E não estou falando de casos isolados:

LIÇÃO 14 — APRENDA A TIRAR PROVEITO DOS FRACASSOS

comprometimento total com o propósito definido é o denominador comum entre todas as pessoas de sucesso.

E detesto ser obrigado a lhe dizer isto, mas pessoas bem-sucedidas trabalham! E trabalham muito: em média, 70 a 80 horas toda semana, 10 a 12 horas por dia. Mas elas fazem isso sem ver o trabalho como um peso ou um sacrifício. Ao contrário, elas se sentem felizes e realizadas enquanto trabalham.

Muitas pessoas desejam ficar ricas e bem-sucedidas para parar de trabalhar. Mas isso é porque elas não gostam do que fazem. Escolheram o trabalho errado e agora fazem tudo que podem para se esquivar dele! Entenda uma coisa: só há um caminho para você ser bem-sucedido, e esse caminho é amar loucamente aquilo que você faz. Sabe por quê? Porque, para obter sucesso, você terá de trabalhar incansavelmente. Terá que repetir o que faz por anos, sempre se aprimorando, e se não amar o que faz, não terá fôlego suficiente para chegar ao topo.

O sucesso se estrutura sobre uma base simples e autoevidente: o ser humano melhorará em tudo aquilo que ele praticar exaustivamente. Mas para conseguir praticar exaustivamente, seu trabalho não pode parecer trabalho. Ele precisa ser muito mais uma diversão que lhe rende dinheiro.

Pessoas bem-sucedidas praticam exaustivamente.

Isaac Babel, um dos maiores contistas que o mundo já viu, apesar do insistente apelo de seus editores, negava-se a escrever histórias longas. Certo dia, outro escritor, o russo Konstantin Paustovsky, fez uma visita a Babel. Durante o encontro, Konstantin reparou num enorme manuscrito sobre a mesa do contista. Curioso, perguntou a Babel se ele finalmente se decidira a escrever um romance.

— Não — respondeu Babel.

— E o que é esse manuscrito? — perguntou Konstantin.

— Essa pilha de papel? São os rascunhos do conto que estou escrevendo — respondeu Babel.

Admirado, Konstantin perguntou quantos eram. Babel disse que aqueles não eram todos; ele havia guardado apenas os últimos. Eles então os contaram: eram 22 rascunhos.

De modo geral, os grandes gênios nascem assim. São crias de um longo e constante esforço deliberado que resulta do comprometimento total com seu propósito.

Por que estou insistindo tanto nesse ponto?

Você já deve ter ouvido a frase: "10% do meu sucesso foi inspiração e 90% foi transpiração". Ora, eu quero que você entenda que não importa seu talento, sua inteligência ou criatividade, não existe outro caminho para o sucesso que não seja através da construção de um poder pessoal que resulta do esforço organizado em torno de um propósito definido. É isso e ponto-final.

Lembre-se: o Universo não recompensa as pessoas pelo muito que sabem ou pelo talento que possuem, mas pelo que elas fazem com aquilo que sabem ou com o talento que possuem.

Tem pessoas que pensam que, se temos de nos esforçar por um tempo demasiado longo, é porque somos incapazes ou não temos o talento necessário. Elas acreditam que, para ter sucesso, não deveríamos suar muito; as coisas deveriam acontecer ao natural, sem esforço, sem trabalho, sem dedicação. Mas essa crença é uma ilusão ingênua e quem a cultiva, invariavelmente, está destinado a fracassar em seus projetos.

Pessoas que transformam o mundo e que desenvolvem grandes riquezas se dedicam durante anos ao estudo, à prática e ao monitoramento de suas habilidades até conseguirem dominar plenamente sua atividade profissional.

O problema é que muitos de nós estão habituados a desempenhar funções repetitivas, como se fôssemos máquinas, e chamam isso de comprometimento. Mas preste atenção: comprometimento não tem nada a ver com repetir todo dia a mesma atividade, da mesma maneira.

O comprometimento é uma atividade criativa, um processo evolutivo, no qual você segue sempre na mesma direção, na direção do seu propósito, mas se desenvolvendo, se aprimorando e evoluindo constantemente. Ou seja: você mantém os votos com seu propósito, mas o tempo todo experimenta e flerta com novas ideias, novas técnicas, novos meios que sejam mais eficazes, que possam levá-lo mais rápido ao ponto que você quer chegar.

É isso que pessoas de sucesso fazem.

Grave isso, então: se você quer obter sucesso e criar riqueza, não pode ter medo do trabalho árduo, tampouco ter pena de si mesmo. Você precisa estar disposto a se comprometer e a realizar até mesmo o impossível, quando for necessário.

Outro detalhe: liberte-se da preguiça, da insegurança e do medo. O medo do esforço cria vulnerabilidade em relação ao que não nos dá segurança. E quando isso acontece, nos recolhemos, escondendo-nos em carreiras que oferecem certa estabilidade, mas não têm nada a ver com nosso potencial.

Com o tempo, o trabalho se torna enfadonho. A alegria e o prazer se tornam pequenas ilhas chamadas finais de semanas, perdidas num grande mar de frustração que é a vida. Não afundamos, mas também não nos aventuramos. Conformamo-nos em ficar tristemente ancorados no porto, olhando eternamente para o horizonte.

> **LIBERTE-SE DA PREGUIÇA, DA INSEGURANÇA E DO MEDO.**

> **O COMPROMETIMENTO TOTAL COM O PROPÓSITO É O DENOMINADOR COMUM ENTRE AS PESSOAS DE SUCESSO.**

4. A força e o vigor, assim como a criatividade, inteligência e talento, nascem por conta de uma longa e constante luta.

Tirar proveito dos fracassos só é possível se tivermos persistência, mas não estou falando de qualquer persistência. Precisamos ter persistência criativa e inovadora. E essa pode ser uma das qualidades mais difíceis de serem compreendidas. Geralmente, nos sentimos tentados a menosprezá-la, ainda que suspeitemos da sua força e do seu poder.

Para muitos, trata-se de um verdadeiro problema acreditar que uma pessoa, mesmo não sendo muito criativa, inteligente ou talentosa, ou que não tenha excelentes oportunidades, possa ter a ousadia de sonhar com coisas grandiosas, fora do seu alcance momentâneo.

O que você pensa daquele seu amigo quando ele anuncia as grandes conquistas que fará no futuro? Como nos sentimos em relação a essas pessoas? Quase sempre, duvidamos delas, não é mesmo?

Por que pensamos isso? Ora, porque apenas conseguimos ver as pessoas como elas são neste momento. Raramente temos a capacidade de enxergá-las daqui a alguns anos. Não vemos nelas, no momento atual, a força e o vigor que sabemos ser necessários para alcançar o que pretendem.

Mas preciso que você saiba que a força e o vigor, assim como a criatividade, inteligência e talento, mesmo nas pessoas mais extraordinárias, nasceu por conta de um longo e constante esforço, muitas vezes, despendido em condições desfavoráveis.

E quando digo esforço, me refiro à concentração de todos os seus pensamentos, toda a sua energia, todas as suas forças num único ponto, sem nunca duvidar, sem nunca temer, sem nunca se questionar se é possível ou não, sem nunca se encolher por conta do empenho que superar essas condições desfavoráveis requer.

Não importa quão grande, complicado ou simples o problema seja, precisamos saber que a solução está em algum lugar da nossa mente — num pensamento, numa ideia, numa visão. E como a solução existe, não podemos parar até encontrá-la.

Como já vimos, chegará o dia em que o Universo organizará coincidências e contextos e os colocará em nosso caminho. Começaremos a perceber sinais do que buscamos em todo canto. Acordaremos na madrugada com soluções na mente. Tudo em que nos esbarrarmos, vermos, tocarmos ou pensarmos começará a se encaixar perfeitamente com o quebra-cabeça que estamos tentando solucionar.

E é aí que o espetáculo verdadeiramente começa.

É nesse momento que passamos a entender o que são as forças superiores do Universo conspirando a nosso favor.

LIÇÃO 14 — APRENDA A TIRAR PROVEITO DOS FRACASSOS

É assim que as grandes inovações acontecem. Vou lhes dar um exemplo: a descoberta da penicilina.

Durante a Primeira Guerra Mundial, o médico e cientista irlandês Alexander Fleming trabalhava como médico do exército real inglês quando observou o alto índice de soldados que morriam por causa de ferimentos infeccionados.

Fleming passou a analisar o método de tratamento de tecidos humanos danificados ou doentes e descobriu que os antissépticos usados na época, em vez de ajudar, na maioria das vezes, causavam danos ainda maiores por eliminarem células do sistema imunológico.

A partir dessa avaliação, ele criou um propósito e se comprometeu com ele: identificar substâncias capazes de combater as bactérias sem danificar tecidos saudáveis ou enfraquecer os mecanismos de autodefesa do corpo humano.

Depois de dez anos de dedicação intensa à pesquisa, em 1928, ao sair de férias, Fleming esqueceu algumas placas com culturas de bactérias em seu laboratório.

Quando retornou, viu que uma de suas culturas havia sido contaminada por uma colônia de fungos.

Ao analisar as placas e os corpos invasores, reparou que, em volta dos fungos, não havia mais bactérias. A colônia de fungos que se criou acidentalmente havia matado as bactérias.

Foi a partir desse incidente que estudos posteriores encontraram propósito de Fleming: a descoberta da penicilina, o primeiro antibiótico utilizado com sucesso.

Isso não é mágico? E essa magia tem nome: persistência criativa. Não importa o tempo necessário, é preciso persistir criativa e entusiasticamente.

Se cultivarmos dentro de nós a verdadeira semente do sucesso, uma pequena adversidade ou uma derrota temporária servirá apenas para fertilizar essa semente e fazer com que ela se desenvolva e atinja a maturidade.

O medo de tentar e não conseguir, tendo de admitir o fracasso mais tarde, é o laço que nos faz ficar presos, encalhados sempre no mesmo lugar.

Podemos quebrar esses laços? Podemos evitar todo e qualquer fracasso com melhores planejamentos? Não.

Devemos antes fracassar tantas vezes quantas forem necessárias, aprender a tirar vantagem desses fracassos e utilizá-los como degraus de conhecimento no caminho do sucesso. Para isso, basta observar e aproveitar a lição que eles ministram. A lei não é: evite os fracassos! Mas, sim: aprenda a tirar proveito deles!

É como diz o poeta:

> "Quem nunca sofreu, nunca viveu plenamente.
> Quem nunca fracassou, nunca lutou nem se esforçou.
> Quem nunca chorou é também estranho ao riso.
> Quem nunca duvidou também nunca pensou."

5. Quando sabemos lidar com as adversidades e as derrotas temporárias, elas sempre nos preparam para uma situação futura, na qual iremos precisar de um esforço extra.

Nenhuma pessoa, por mais poderosa que seja, está livre de ser derrotada pelas adversidades e desafios que se interpõem no caminho em direção a seu propósito.

Entenda: quando definir um propósito ou estabelecer uma meta, a primeira coisa que você encontrará no caminho é a adversidade. Um propósito que não oferece adversidades não irá contribuir com seu crescimento.

A seguir, vou expor os passos que você pode dar desde já para desenvolver a persistência criativa e tirar proveito dos tropeços e fracassos.

LIÇÃO 14 — APRENDA A TIRAR PROVEITO DOS FRACASSOS

1. Desenvolva suas habilidades através da prática

Se você quiser ser músico, precisa praticar com o instrumento escolhido. Se quiser ser palestrante, precisa praticar a fala em público. Se quiser ser jogador de futebol, precisa praticar com a bola. Se quiser ser pintor, precisa praticar a pintura.

Não há como escapar disso.

Se você quiser se tornar bom em alguma atividade, você precisa praticá-la. Isso é simples e óbvio. O problema é que existem inúmeras barreiras mentais que nos afastam da prática, mas que você precisa se forçar a superar. Eis alguns exemplos:

- Falta de motivação ou força de vontade.
- Sentimento de cansaço ou preguiça.
- Medo e insegurança.
- Desejo de desistir quando o progresso é lento.
- Desistir depois de uma ou duas derrotas.
- Perfeccionismo – pensar que tudo precisa ser perfeito.
- Falta de tempo, dinheiro e energia.
- Falta de autoconfiança.

2. Aplique seus dons de maneira eficiente

Apenas desenvolver uma habilidade não vai lhe ajudar muito se você não aplicar essa habilidade de maneira eficiente em algum campo que ofereça desafios constantes. Existem, por exemplo, muitos cantores talentosos que adoram cantar, mas nunca se apresentaram em público.

Isso significa sair da zona de conforto e se colocar em situações que exigem iniciativa, imaginação, foco e concentração.

Se você evitar situações que desafiam suas habilidades, não conseguirá crescer e desenvolver seus talentos.

Os problemas que surgem quando você tenta aplicar seus talentos de forma prática geralmente são:

- Medo
- Ansiedade
- Insegurança
- Vergonha

3. Monitore os resultados

Um dos meus mentores — Valdir R. Bündchen (e sim: ele é o pai da Gisele Bündchen) — me ensinou muito cedo que: "Quem não monitora, não administra".

Então, enquanto estiver aplicando a sua habilidade e mesmo após tê-la aplicado, você precisa monitorar e refletir sobre os resultados que está obtendo. Monitorar e refletir seus resultados é muito importante. E, para isso, responda questões como:

- O que funciona?
- Por que isso funciona?
- Por que isso não funciona?
- Onde, quando e como isso funciona ou não funciona?
- Como poderia fazer isso diferente da próxima vez?

Geralmente temos a tendência de imediatamente nos culpar e rotular quando algo não dá certo. O pensamento que vem à mente é algo como:

- Eu não sou bom nisso.
- Sou muito ansioso.
- Não faz sentido continuar, não sou profissional e nunca serei.
- Não tenho os recursos necessários.

Tome cuidado e vigie esses monólogos.

Outra palavra de sabedoria que aprendi com o Valdir é: "Você precisa fazer esses questionamentos sem se culpar por não estar conseguindo os resultados que gostaria".

Então, fique alerta: monitore e reflita, mas não se julgue, critique ou rotule.

LIÇÃO 14 — APRENDA A TIRAR PROVEITO DOS FRACASSOS

4. Modifique o que não está funcionando

Por último, você precisa ter a resiliência de mudar o que não funciona. Ou seja: durante a prática, você repete e faz mais do que está funcionando e muda o que não funciona bem. Repita esse ciclo constantemente.

Esse processo é uma forma eficiente de melhorar o que funciona mal e elevar ao nível de excelência o que já funciona bem.

> **6.** As adversidades que encontramos no caminho não estão lá à toa. Elas estão lá por um propósito.

Tudo que você precisa saber e fazer, você saberá e fará no momento certo se não desistir antes, se avançar pensando com precisão, se concentrar-se sobre a questão e se agir em cooperação com as leis universais.

Pense comigo: se você se dispuser a resolver uma equação matemática e não conseguir resolvê-la corretamente num primeiro momento, não é porque você não é capaz ou porque a equação não tem solução. É porque, em algum ponto, por descuido ou por ignorar alguma regra, você não a seguiu como deveria. Mas se insistir, se buscar o conhecimento necessário, irá descobrir o erro, poderá corrigi-lo e obter a solução correta.

O mesmo acontece com sua vida. As adversidades e os obstáculos que você encontra no caminho, e as experiências que eles oferecem, têm um propósito. E mesmo que você não entenda esse propósito agora, no futuro, quando olhar para trás, você compreenderá claramente o motivo pelo qual foi necessário passar por essa adversidade no passado.

Então, aqui vai uma dica muito importante: convença-se de que existe sempre um propósito pelo qual você está enfrentado uma adversidade. Isso lhe dará a força e a coragem de seguir seu coração, mesmo quando isso significar sair dos caminhos tradicionais e seguir sua intuição. E isso, no final, fará toda a diferença.

> ### APLICAÇÕES PRÁTICAS
>
> **1.** Mantenha a mente aberta. Fique atento. Busque a verdade das coisas. Uma das maiores necessidades do mundo são pessoas de mente aberta, com um desejo ardente de compreender a essência das coisas.
>
> **2.** Observe seu trabalho: como você pode aprimorá-lo? Existe alguma maneira de fazê-lo de um jeito um pouco mais eficiente? Busque incansavelmente maneiras para que ele possa ser feito melhor, mais fácil ou rapidamente.
>
> **3.** Prepare-se. Não há nada que supere o preparo. Leia tudo o que existir relacionado ao seu propósito. Dedique-se a aprender tudo sobre ele. Desafie-se a estudá-lo pela vida inteira, tornando-se o melhor do mundo nele. E persista nisso. O caminho sempre se abre para uma pessoa determinada a conseguir o que deseja.

Lição 15

TOLERÂNCIA

A LEI

Você pode ser absolutamente brilhante no que faz, mas, se não souber lidar com pessoas, seu talento não o levará ao sucesso, porque você neutralizará suas habilidades, caindo preso nas malhas dos problemas que essa deficiência criará. Ao invés de manter o foco no seu melhor e expô-lo ao mundo, você passará a administrar conflitos e desavenças que seus desafetos jogarão no seu caminho. Por isso, se quiser ser verdadeiramente grande, você precisa ser compassivo, solidário e, acima de tudo, tolerante.

CHAVES DO SUCESSO

A maior parte dos problemas das pessoas tem suas raízes na maneira como elas se comportam quando são contrariadas, criticadas ou caluniadas.

Se você se tornar uma pessoa de sucesso, por mais discreta que tentar se manter, não poderá evitar ou impedir a crítica ou a opinião que outras pessoas formarão sobre você. Isso é inerente ao sucesso, faz parte do pacote. E se você não conseguir fugir das críticas e opiniões alheias, precisa ignorá-las e tolerá-las.

A pessoa que não consegue tolerar a crítica, os comentários maldosos diante de seus tropeços e fracassos, os ataques dos adversários e opiniões contrárias às suas, terá tantas complicações e desafetos que não conseguirá tirar a atenção delas. E quanto mais mantiver a atenção do pensamento voltada para isso, mais problemas criará.

A intolerância atrapalha o desenvolvimento moral, mental e espiritual. Transforma em inimigos aqueles que deveriam ser amigos, destrói oportunidades e enche o espírito de dúvidas, desconfianças e medos.

Nesta lição, você aprenderá a desarmar o espírito reacionário e manter a calma e solicitude diante das diferentes circunstâncias da vida. Independentemente da carreira ou do tipo de negócio com que esteja envolvido, a lei da tolerância será de extrema ajuda. A seguir, você verá como!

Querer é poder!

LIÇÃO 15 – TOLERÂNCIA

1. A pessoa que não consegue tolerar a crítica, que não suporta comentários e opiniões negativas a seu respeito, não está pronta para o sucesso duradouro.

Se quisermos mesmo alcançar prestígio, sucesso e acumular riquezas, precisamos aprender a arte de lidar com as críticas e com os ataques. E uma das qualidades mais importantes para isso, embora continue sendo quase um segredo, é a tolerância.

Em qualquer tipo de negócio, aquele que assumir a liderança terá de viver sob os holofotes. E quando vivemos sob os holofotes, sempre seremos o alvo dos ataques de alguém.

Disputa, concorrência, ciúme e inveja serão sentimentos comuns das pessoas à sua volta. E elas não pensarão duas vezes para o julgar, criticar e caluniar, além de tentar tirá-lo do caminho ou puxá-lo para o nível em que elas estão.

É meio deprimente pensar nisto, mas, quantas pessoas assim você conhece? Quantos colegas ou adversários seus agem desse jeito?

O pior de tudo é que, se estiver realmente focado naquilo que você quer, não há nada que possa fazer em relação a esses ataques a não ser ignorá-los e seguir em frente.

Se não conseguir fechar os olhos para isso, em algum momento, começará a contra-atacar ou a querer mudar a opinião dessas pessoas e tentar provar ao mundo que elas estão erradas. Com isso, você se desviará do caminho. Seu foco mudará do que você quer para aquilo que elas querem.

Por isso, se realmente quiser obter sucesso na vida, siga a lei da tolerância. Ignore qualquer ataque, crítica ou calúnia.

Sair do seu caminho para seguir o caminho dessas pessoas, perseguindo-as para enfrentá-las, não é uma estratégia que lhe interessa ou, menos ainda, que funciona.

Você precisa ignorá-las e a única maneira de fazer isso é tolerando-as.

A pessoa que não consegue tolerar a crítica, que não suporta comentários e opiniões negativas (e muitas vezes mentirosas) a seu respeito, não está pronta para o sucesso. Mesmo que ela consiga subir até certa altura, os críticos a quem der ouvido a puxarão para baixo.

O que é uma pena, porque aquilo que as outras pessoas dizem e fazem não precisa afetar você. As palavras e atitudes delas não determinam quem você é ou a realidade que cria em sua vida. O que determina sua realidade é aquilo em que, consciente ou inconscientemente, você escolhe colocar a atenção do seu pensamento.

E lembre-se: você é a única pessoa que tem controle sobre onde colocar a atenção do seu pensamento e, por isso, também é a única pessoa que controla o que você cria em sua vida.

A lei da tolerância diz: sou aquilo que sou e os outros são aquilo que eles são, e, por saber disso, permito que eles sejam aquilo que são, mas, acima de tudo, permito também que eu seja quem sou.

O cumprimento dessa lei é o que vai lhe trazer a liberdade plena para criar a realidade que você deseja e, acima de tudo, evitar de criar circunstâncias que você não quer na sua vida.

A tolerância elimina qualquer sentimento de inveja, ódio, raiva, vitimização e ressentimento e, com isso, elimina também fofocas, críticas, reclamações, justificativas e todas essas emoções que colocam nosso foco num ponto de criação negativo, ou seja, naquilo que não queremos.

A razão pela qual não permitimos, muitas vezes, que as outras pessoas façam aquilo que queiram é porque acreditamos que, ao permitir sua livre ação, elas nos prejudicarão durante nosso processo.

Por exemplo: se alguém fala mal de nós, como costumamos reagir?

Geralmente, tiramos o foco daquilo que queremos, do nosso sonho, do nosso desejo, para nos focarmos naquilo que a outra pessoa disse.

Não é isso que acontece?

E mais: muitas vezes, ficamos dias ou semanas remoendo aquilo que ela disse, traçando estratégias mentais para provar ao mundo que isso não é verdade. Ou, em casos mais extremos, até mesmo nos lançamos numa cruzada para nos vingarmos dessa pessoa.

E qual a consequência disso?

Você abandona o ponto de criação positivo — que é aquilo que você quer — e direciona sua atenção para o ponto de criação negativo — que é aquilo que você não quer.

Compreenda: a partir de hoje, essa não pode mais ser sua estratégia. Você precisa se tornar imune a qualquer tipo de provocação, e a maneira de fazer isso é seguir a lei da tolerância.

> A ÚNICA COISA NECESSÁRIA PARA NOS DEFENDERMOS DAS CRUÉIS PROVOCAÇÕES DO MUNDO É SEGUIR A LEI DA TOLERÂNCIA.

2. A pessoa tolerante consegue olhar para o mundo à sua volta e se sentir bem o tempo todo.

Se você possui um sonho, um desejo que arde em seu coração, não fique aí parado com medo da crítica e da opinião das outras pessoas.

Lute por ele!

Trabalhe dia e noite para realizá-lo!

Abra mão do seu conforto, da sua tranquilidade, do seu sono em troca da sua realização! Escolha viver em júbilo, com felicidade obstinada!

Mantenha em sua mente a firme convicção de que você merece aquilo que deseja e que, se colocar o esforço necessário para obtê-lo, o terá!

Entenda que, nesse processo, a única coisa que precisa para se defender das cruéis provocações do mundo é seguir a lei da tolerância.

Mas atente-se: não cometa o erro de pensar que tolerância é ser aquilo que você quer ser e fazer aquilo que deseja fazer, tendo que "suportar" aquilo que os outros são e fazem, mesmo que isso o destrua por dentro.

Ou seja: suportar as atitudes das outras pessoas, alimentando sentimentos de raiva ou ódio e temendo as consequências que as atitudes delas provocarão na sua vida.

Quando você suporta, não permite, apenas suporta, e essas duas coisas são bem diferentes. Alguém que suporta sente emoção negativa, alguém que permite sente emoção positiva.

Liberdade é a ausência de emoção negativa.

Você só é livre quando está num estado de emoção positiva, quando vive em júbilo, numa felicidade plena.

Quando você sente emoção negativa, não é livre, você está preso a essa emoção negativa.

Então, o que é permitir?

Permitir é compreender o princípio do poder criativo.

Permitir é saber como você cria a sua realidade.

Permitir é saber criar sua realidade conscientemente.

Permitir é saber que você cria a sua realidade com o foco da atenção do seu pensamento.

Permitir é saber que cada um cria sua própria realidade e que cada um é o único responsável por aquilo que cria.

Permitir é deixar que cada um crie a realidade que pretende criar.

Permitir é ser glorioso e sábio na sua própria criação e deixar que cada um tenha a glória da sua própria criação.

Criar gloriosa e sabiamente é não procurar e não dar atenção ou ouvido às coisas que você não quer na sua vida. É aprender a tirar os olhos, os ouvidos e a atenção daquilo que você não quer e colocar a atenção naquilo que quer, naquilo que está alinhado com seu propósito definido.

Permitir é deixar que a pessoa que escolher viver uma vida pequena, estreita, apontando fraquezas e deficiências na vida dos outros, faça isso... É deixar que ela escolha viver assim sem que isso o afete, sem que você sinta qualquer emoção negativa, como raiva, ódio, pena ou desprezo.

Mas isso não quer dizer que você não pode, ao mesmo tempo em que permite, também ajudar essa pessoa a mudar e a ter uma vida melhor.

Você poderá ajudá-la através da clareza do seu propósito e do poder do seu próprio exemplo, sendo você mesmo uma pessoa melhor.

Não se preocupe com o que as outras pessoas fazem, foque naquilo que você quer, deixe o seu exemplo ser sua maior contribuição.

Não tente convencê-las com suas palavras a mudar, deixe aquilo que está em seu coração tocá-las. Se elas perceberem que você é uma pessoa íntegra, honesta, próspera, feliz e em paz, talvez elas sintam o desejo de ser assim também.

Há um ponto, nesse processo, que lhe dirá se você já atingiu o estágio da tolerância: quando tiver a habilidade de permitir a livre criação de outra pessoa, mesmo quando ela não permite a sua livre criação; quando você permitir que outra pessoa seja, faça ou deseja, mesmo quando ela não aprove o que você é, faz ou deseja.

Ou, em outras palavras, quando você continua sendo o que quer, sem sentir emoção negativa em relação ao fato da outra pessoa não querer permitir que você seja assim.

Você poderá se considerar uma pessoa tolerante quando conseguir olhar para o mundo à sua volta e se sentir bem o tempo todo, quando souber quais experiências contêm ou não alegria e tiver a disciplina de participar apenas das que forem positivas.

> **TOLERÂNCIA É SABER QUE CADA UM CRIA SUA PRÓPRIA REALIDADE E QUE, POR ISSO, VOCÊ É O ÚNICO RESPONSÁVEL POR AQUILO QUE CRIA.**

3. A intolerância é uma forma de ignorância que precisa ser superada pela pessoa que deseja qualquer sucesso duradouro.

A pessoa intolerante tem um comportamento estranho: ela não permite que a outra pessoa tenha a liberdade de criar a realidade dela, seja essa realidade qual for. Ela acredita que a vontade, o costume e o desejo dela devam também ser a vontade, o costume e o desejo da outra pessoa. E mais, ela acredita que o fato de a outra pessoa não estar agindo de acordo com a vontade dela a impede de criar a realidade que ela gostaria.

Em outras palavras, a pessoa intolerante crê, mesmo que inconscientemente, que sua realidade está sendo afetada pelas atitudes e ações do outro. E como ela não quer isso, revolta-se contra ele, agredindo-a com sua intolerância.

Ela ignora o fato de que quem cria nossa realidade somos nós mesmos. Que a outra pessoa não possui poder nenhum sobre nós, exceto aquele que nós mesmos damos a ela através da atenção que damos às ações e atitudes dela, mas que isso ainda é uma escolha que cabe a nós fazer.

Por isso, a intolerância é uma forma de ignorância que precisa ser superada por qualquer pessoa que deseja alcançar um sucesso duradouro.

Ela é a causa principal de todas as intrigas e desavenças.

Ela cria desafetos nos negócios, nos ambientes de trabalho, no lar e em todos os setores em que existem relações humanas.

Ela é uma barreira gigantesca que separa as pessoas da paz e do convívio alegre e harmonioso que tanto desejam.

Ela é a principal força que desintegra a raça humana e que impede significativamente a evolução do seu nível de consciência, tanto coletivo quanto individual. Afinal, tudo o que impede o progresso da civilização também se torna uma barreira ao indivíduo; assim como tudo o que anuvia a consciência do indivíduo e retarda o seu desenvolvimento atrasa também o desenvolvimento da civilização.

A intolerância é uma incompreensão da diferença.

A pessoa intolerante possui restrições quanto à aceitação de práticas, culturas e crenças diferentes da que ela pratica.

As pessoas intolerantes não respeitam a crenças religiosas, orientações sexuais, origens étnicas, culturas ou mesmo, simplesmente, o ponto de vista do outro.

A intolerância constitui a base de males como racismo, discriminação, xenofobia e a intolerância ao próximo.

Ela acontece cada vez que uma pessoa critica ou reclama de atitudes, comportamentos, culturas e hábitos de outra pessoa.

Ela surge de uma atitude mental fixa, que tira da pessoa a habilidade ou o desejo de reconhecer e respeitar a opinião do outro.

A intolerância é o oposto da empatia.

LIÇÃO 15 — TOLERÂNCIA

A pessoa intolerante jamais será verdadeiramente empática. E como a empatia é o fundamento das relações duradouras, sem ela, todas as relações se tornam superficiais e fragilizadas.

No nível do intelecto, a pessoa intolerante é incapaz de ver as lacunas na compreensão que tem do mundo. Ela não possui a capacidade de assumir o fato de que existem coisas que ela não conhece e, por isso, de forma arrogante, nega a existência de tudo o que lhe é desconhecido.

Com essa atitude, ela se fecha a novas perspectivas, impede a assimilação de novos conhecimentos e nega qualquer tipo de solução para os impasses do caminho. Sua personalidade é conflitante e ela só se satisfaz quando consegue, de alguma forma, dominar e submeter o outro aos seus caprichos e desejos.

Então, como podemos ver, a intolerância é um vício que, por si só, anula as maiores chances de sucesso que uma pessoa pode ter. Por não conseguir explorar a vasta extensão das suas capacidades, ela se sente vazia e confusa. Por não ser hábil a criar o tipo de vida que deseja, ela se sente incapaz e desmoralizada. Com desafetos e inimigos por toda parte, seu caminho se tornar minado de armadilhas, que ela deixou armadas contra ela mesma e que, em algum momento, a levarão à ruína.

4. Seja independente da boa ou da má opinião dos outros.

Existe uma razão pela qual se preocupar demais com aquilo que os outros pensam de nós é um problema: isso nos impede de construirmos a vida que queremos.

Quando cultivamos um zelo excessivo com aquilo que os outros pensam de nós, quando nossa meta é agir de tal forma que ninguém tenha nada a dizer contra nós, quando nossa intenção é agradar a todo mundo, temos que abrir mão daquilo que nós queremos para fazer as vontades dos outros.

Compreenda: se você der demasiada importância à opinião dos outros, não vai conseguir realizar seus sonhos, não vai conseguir fazer as suas vontades e, por último, não vai ver sentido na sua vida.

A esse ponto, talvez você esteja se perguntando:

Importar-se com a opinião dos outros não é importante para desenvolver uma personalidade agradável?

Existe outro caminho. E esse caminho representa uma vida melhor, mais feliz e muito, muito mais interessante. Esse caminho é a *via do meio*.

Veja: de um lado, temos como opção ser o tipo de pessoa que sacrifica seus desejos porque tenta agradar a todos; do outro, temos o tipo de pessoa fria, insensível e antipática, que não respeita ninguém. E o que temos entre esses dois tipos?

No meio deles temos uma coisa interessante: o tipo de pessoa que está completamente independente, tanto das boas como das más opiniões dos outros, uma pessoa que tem raízes nos seus próprios valores. E esses valores são bons, justos e corretos. E ela sabe disso e é neles que ela se apega.

Essa pessoa possui valores intrínsecos se guia por eles. Qualquer opinião sobre ela, vinda de fora, não tem grande importância. Ela sabe o que quer, está seguindo seu caminho e ninguém a tirará dele.

Perceba: isso não significa que essa pessoa seja fria, insensível ou antipática, mas também não significa que ela esteja se autosacrificando e sofrendo desnecessariamente para satisfazer os caprichos dos outros.

Então, esse é o caminho perfeito: a via do meio.

Esse é o caminho que você precisa seguir se quiser viver uma vida extraordinária, o tipo de vida no qual você alcançará grandes feitos.

NÃO PENSE APENAS EM PRETO E BRANCO.

LIÇÃO 15 — TOLERÂNCIA

5. **Decida para si mesmo o que você deseja da vida, tome a decisão de alcançar apenas seu propósito – sem substitutos –, trabalhe intensamente e seja tolerante.**

Imagino que, talvez, você possa estar se perguntando:

E como crio o caminho do meio? Como crio esses valores próprios? Como posso saber se eles são os valores corretos?

Um dos exemplos mais interessantes de como criar essa via do meio que vi ultimamente vem de Henry Ford, um dos maiores empreendedores de todos os tempos.

Henry Ford teve pouco tempo de estudo. Na verdade, frequentou apenas os primeiros anos de escola. Mesmo assim, foi um dos homens mais "bem-educados" do mundo.

Ele adquiriu, como poucos, a habilidade de combinar leis econômicas com leis naturais, alcançando assim o poder que lhe permitiu tirar o que precisava do Universo para se tornar aquilo que queria ser, mas não sem as resistências que lhe foram impostas pela intolerância de outras pessoas.

Durante a Primeira Guerra Mundial, o jornal *Chicago Tribune* publicou um artigo em seu editorial dizendo que Ford era um "pacífico ignorante". O episódio foi parar num tribunal, onde os advogados do jornal queriam, a todo custo, provar que Ford, de fato, era um ignorante.

Para defender suas argumentações, diziam que Ford, um grande empresário, ignorava fatos triviais e elementares que qualquer estudante de ensino médio sabia. Com esse objetivo, o interrogaram sobre inúmeros assuntos.

Um dos advogados perguntou a Ford quantos soldados a Inglaterra havia enviado para os Estados Unidos durante a revolução que resultou na independência americana, em 1776. Ao que ele respondeu:

— Não sei exatamente o número enviado, mas ouvi dizer que foi muito maior do que o número que conseguiu retornar à Inglaterra — disse Ford, em tom de brincadeira.

A resposta humorada arrancou gargalhadas dos jurados, do juiz e até mesmo do advogado que havia feito a pergunta.

Mas os advogados insistiram e, durante mais de uma hora, continuaram questionando Ford para provar sua ignorância.

Em dado momento, cansado da pretensa astúcia dos advogados que insistiam em lhe fazer perguntas insultuosas, Ford se levantou, apontou o dedo para um dos advogados e disse:

— Se eu pretendesse responder à pergunta idiota que o senhor acaba de fazer, ou a qualquer outra das perguntas que já fez, permita-me lhe dizer que, sobre a minha mesa de trabalho, tenho uma série de botões elétricos e, colocando um dedo sobre determinado botão, chamaria homens que poderiam me oferecer uma resposta correta a todas as perguntas que me foram feitas e a todas aquelas que os senhores não têm inteligência para formular, muito menos para responder. Agora, tenham a bondade de me dizer: por que motivo iria perder meu tempo enchendo a cabeça com uma série de detalhes inúteis a fim de responder às perguntas idiotas que me fizeram, quando tenho em torno de mim homens capazes que me podem apresentar todos os fatos de que necessito, a um simples toque de dedo?

A grande lição de Ford é de que a verdadeira educação significa desenvolvimento de espírito, e não uma mera coleção e classificação de fatos.

Provavelmente, Ford não saberia citar o nome das principais capitais dos estados americanos, mas seus veículos eram conhecidos em todas elas, assim como em todas as principais cidades do mundo.

Entenda: você não precisa saber tudo, você não precisa ser perfeito, você não precisa agradar a todos. Você só precisa, na verdade, fazer uma coisa: desenvolver seu talento. O resto você extrai da Mente Mestra.

A pessoa que sabe fazer uso inteligente dos conhecimentos dos outros é mais instruída do que aquela que, tendo conhecimentos, não sabe como empregá-los.

O exemplo de Ford é perfeito nesse contexto por dois pontos:

O primeiro revela sua humildade de reconhecer que ele não sabia tudo, garantindo existem conhecimentos nas mãos de outras pessoas que são necessários para que ele consiga atingir seu propósito e que ele poderá obtê-los por meio da cooperação dessas pessoas através da Mente Mestra.

LIÇÃO 15 – TOLERÂNCIA

Se você não tiver essa humildade, dificilmente criará as condições que possibilitam a formação de uma Mente Mestra. Sem ela, você não terá como se cercar do rico conhecimento que habita na mente alheia.

O intolerante, como já vimos, carece dessa qualidade. É como se, para ele, só interessassem as conquistas por mérito próprio, como se precisasse prover tudo com seu próprio conhecimento. Ele ignora que isso é impossível.

O segundo ponto complementa o primeiro: pessoas como Ford têm consciência do que elas realmente sabem. Elas brilham, fascinam e atraem, porque elas são únicas. E elas são únicas porque desenvolveram sua singularidade.

Desenvolver nossa singularidade é, na verdade, tudo o que viemos fazer aqui. E é a única coisa, realmente, que precisamos fazer. Essa é nossa missão.

Pessoas que têm medo de ser verdadeiramente quem são passarão a vida admirando, invejando e trabalhando para as pessoas que não têm esse medo.

Entenda: sua missão não é ser como alguma outra pessoa. Pelo contrário, sua missão é ser diferente de todo o mundo, e o máximo que você puder ser.

E se quiser criar seu caminho do meio, busque seus valores em si mesmo, descubra o que você quer e concentre-se nisso.

Lembre-se: aquele que está à procura de sabedoria, sucesso, prestígio e riqueza apenas encontrará essas coisas dentro de si mesmo. A mente é a única causa.

A verdadeira educação significa desenvolvimento de espírito, e não uma mera coleção e classificação de fatos.

6. A sua missão é ser tão bom sendo você mesmo quanto os outros são sendo eles mesmos.

Quando as pessoas pensam sobre si mesmas, elas geralmente caem em uma de duas opções: ou elas cultivam um sentimento de superioridade em relação às outras ou um sentimento de inferioridade.

Aquelas que cultivam um sentimento de superioridade, geralmente, sentem-se as pessoas mais importantes do planeta. Elas acreditam que o mundo gira em torno delas e, como isso é uma ilusão, com o tempo, esse sentimento criará dor, decepção, vazio e sofrimento.

Aquelas que cultivam um sentimento de inferioridade sempre se colocam em segundo ou, talvez, em último plano. Na visão delas, tudo gira em torno dos outros. Elas acreditam que são insignificantes e isso também é uma ilusão que lhes impõe uma silenciosa e secreta tortura diária.

A lei da tolerância, mais uma vez, oferece um caminho intermediário: eu sou aquilo que sou e os outros são aquilo que eles são. Ou seja: você, assim como os outros, é uma pessoa singular. Ninguém é inferior, ninguém é superior. A única coisa que todos temos em comum é: não somos iguais a ninguém.

A pessoa que se sente assim é livre de comparação.

Tanto aquele que se sente superior quanto aquele que se sente inferior precisa de outras pessoas para se comparar.

Superior ou inferior a quem?

Se você se sente superior, precisa que outras pessoas sejam inferiores. Se você se sente inferior, pensa que os outros são superiores e, por isso, convive com o drama de que algum dia alguém descubra sua inferioridade, sua insignificância.

Ser quem você é o liberta desse tipo de comparação.

Não interessa quem são as outras pessoas.

Você sabe que elas não são inferiores nem superiores — elas são elas e você é você.

Ser você mesmo é a única posição a partir da qual não há concorrência. Você é livre para ser você mesmo e livre para permitir que os outros sejam quem eles são!

LIÇÃO 15 – TOLERÂNCIA

Ser tolerante é isso. É compreender que todos somos especiais sendo exatamente quem somos — e essa é a grande magia.

Cada um vem com sua própria singularidade — e sua singularidade, por definição, nunca pode ser comparada à de outra pessoa. E a dela nunca pode ser comparada à sua.

Viver a partir desse princípio é grandioso, é libertador, é quase divino.

> **NINGUÉM É SUPERIOR. NINGUÉM É INFERIOR. A ÚNICA COISA TODOS TEMOS EM COMUM É: NÃO SOMOS IGUAIS A NINGUÉM.**

APLICAÇÕES PRÁTICAS

1. Não fale mal de ninguém, por maiores que sejam as razões que você tenha para isso. Comporte-se assim para fixar no seu consciente apenas ações construtivas. E não seja o tipo justiceiro, sempre querendo tirar tudo a limpo. Você não veio aqui para mudar o mundo, mas para criar a vida que deseja. Evite dar importância a comentários e opiniões dos outros. Afinal, uma opinião é apenas uma opinião.

2. Não permita que pensamentos negativos e destrutivos flutuem em sua mente, evite que eles contaminem o seu espírito. Domine a tendência humana para o ódio, a inveja, o egoísmo, o ciúme, a malícia, o pessimismo, a dúvida e o medo, pois essas são as sementes que dão ao mundo uma colheita abundante de tribulações.

3. Comece a definir seu caminho do meio. Defina valores essenciais para você. Estude-os. Analise seu caráter para tentar implementá-los cada vez mais e guie suas ações por eles. Seja singular. Se você passar o tempo todo querendo ser como os outros, quem será como você?

Lição 16

A REGRA DE OURO

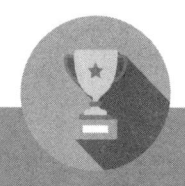

A LEI

"Tudo o que quereis que os outros o façam, fazei-lo também vós, porque esta é a lei."

CHAVES DO SUCESSO

Por mais de quatro mil anos, a Regra de Ouro tem sido pregada como uma norma a ser seguida pelas pessoas. Infelizmente, o mundo tem aceitado as palavras que a compõem, mas esqueceu-se completamente do espírito que existe nela.

Aceitamos a sua filosofia como uma regra sólida de conduta ética, mas temos fracassado na compreensão da doutrina que lhe serve de base.

Muitos a usam em seus discursos, todos a conhecem, mas poucos a compreendem. Muito menor ainda é o número dos que a praticam.

Todas as nossas ações e pensamentos, mais cedo ou mais tarde, acabam se voltando contra nós, para o bem ou para o mal. Por isso, não basta conhecer e acreditar na Regra de Ouro. É preciso praticá-la.

É sobre essa lei – a Regra de Ouro – que se baseia a última lição d'e *As 16 Leis do Sucesso*.

Querer é poder!

LIÇÃO 16 — A REGRA DE OURO

1. Ao pensar sobre os outros, pense apenas aquilo que gostaria que eles pensassem de você.

O fundamento da Regra de Ouro está em uma passagem do evangelho de São Mateus, que diz:

"Tudo o que quereis que os outros o façam, fazei-lo também vós, porque esta é a lei".

A interpretação é tão clara que quase se torna constrangedor explicá-la. Mas, substancialmente, ela diz: somente faça ao outro aquilo que desejaria que fizessem a você, se eles estivessem na sua situação.

Para muitos, essa ética da reciprocidade, como essa filosofia é conhecida, é a moral dos fracos. Quem pensa assim, não acredita que essa lei seja aplicável ou benéfica no mundo dos negócios. O argumento dessas pessoas é que o ser humano é parte da natureza e que a natureza é seletiva, eliminando, e não protegendo, o mais fraco.

Mas essa doutrina de exclusão não é a filosofia do nosso livro, tampouco se alinha com nosso modo de pensar. Há, de fato, pessoas que pensam que a riqueza consiste apenas no dinheiro. No entanto, riquezas duradouras e sólidas consistem em muitas outras coisas além de bens materiais.

Mas não confie apenas nas minhas palavras. Observe você mesmo as pessoas cujo único objetivo é acumular riqueza e que não têm escrúpulos na maneira de realizar seu propósito. Estude essas pessoas e descobrirá que não há alegria em seu espírito, nem bondade nas suas palavras e sua fisionomia não é convidativa.

Você irá perceber que essas pessoas não têm liberdade, que se tornaram escravas da ambição e da riqueza. Elas são ocupadas demais para usufruir a vida com prazer e seu egoísmo as impede de ajudar as outras a serem felizes. Sem coragem de oferecer alegria aos outros, elas também ficam sem recebê-la para si.

E o pior: muitos de nós invejam essas pessoas e desejam estar no lugar delas, acreditando loucamente que elas são bem-sucedidas.

Compreenda: não pode haver sucesso sem felicidade e nenhuma pessoa pode ser feliz sem promover também a felicidade para os outros. Mas essa felicidade não pode ser vendida, ela precisa ser dada voluntariamente e sem outro objetivo em mente a não ser o de levar a alegria aos outros.

Não resta dúvida, então, de que a Regra de Ouro tem tremendo valor. Mas a pergunta aqui é: como podemos tirar o máximo de proveito desse valor?

Podemos considerar a questão da seguinte maneira: o Universo é regido por leis. E existe uma lei universal e imutável que diz que, inevitavelmente, colheremos sempre aquilo que plantarmos.

Isso é importante porque significa que, quando seguimos a Regra de Ouro, acionamos, junto com ela, uma energia que seguirá o mesmo curso. Essa energia influenciará a vida dos outros, voltando-se finalmente para nós, nos beneficiando ou prejudicando de acordo com a sua natureza inicial. Por isso, a Regra de Ouro deveria servir como modelo de conduta em todas as nossas ações e transações com outras pessoas.

Tudo se resume ao velho ditado: quem semeia ventos, colhe tempestades!

De qualquer forma, é uma liberdade nossa tratar injustamente os outros; mas, uma vez que escolhermos essa linha de ação, não teremos como escolher as consequências que resultam dela. E se há uma base de verdade nesse antigo ditado, no final, o feitiço sempre se voltará contra o feiticeiro.

Mas quero convidar você a olhar para essa filosofia ainda de outra maneira. Sei que muitos não gostam de ouvir isso, mas eu repito: cada ser humano cria sua própria realidade. E fazemos isso com a atenção do nosso pensamento. Ou seja: aquilo que atrai a atenção do nosso pensamento cria um estado de espírito similar ao que pensamos, então esse estado de espírito tende a provocar ações que se identifiquem com ele e essas ações, por fim, tendem a criar nossa realidade.

Quando você compreender o poder criador do seu pensamento, você irá compreender os motivos de estar onde está e de ter aquilo que você tem na sua vida. Você também compreenderá a importância de seguir a Regra de Ouro como conduta para suas ações.

Um ponto importante: quando eu uso a palavra pensamento, eu não estou me referindo a pensar *em* alguma coisa. Eu me refiro a pensar *a partir de* um estado de espírito, isso é, a partir de uma convicção impregnada em nossa mente de forma definitiva e constante. É *a partir* desse conjunto de convicções que se forma o pensamento criador. Chamo esse pensamento de estado de espírito porque ele é mais que um pensamento, ele é um misto de pensamento e emoção. E é esse estado de espírito que define nossas ações, que, por sua vez, definem nossos resultados.

Mais uma vez: quando falo em pensamento, não estou me referindo a essa atividade mental diária, completamente despropositada e repleta de opiniões ou comentários superficiais. Não é o pensamento vago, superficial e passageiro que conta, mas, sim, seu estado de espírito que resulta do contínuo reconhecimento da sua experiência de vida.

Mudar esse estado de espírito demanda trabalho e tempo. Você terá de se concentrar no que deseja e se dedicar inteiramente a isso. Pensar nisso como pensa quando tem uma decisão importante a tomar. Terá de exercer o tipo de pensamento que exercia quando, no exame final do ensino médio, tinha um problema de matemática para resolver.

A questão aqui é: quando uma pessoa age de forma desleal e desonesta, essa atitude, geralmente, faz parte do seu estado de espírito. E se criamos aquilo que nutrimos em nosso estado de espírito, inevitavelmente acabaremos por criar deslealdade e desonestidade na nossa vida. Você já percebeu que pessoas que costumam enrolar as outras sempre estão elas mesmas enroladas? O que eu quero dizer é que, se você observar os ambientes à sua volta, facilmente poderá perceber o que afirmei acima. Irá notar, por exemplo, que pessoas que nutrem muito ódio e raiva dentro de si, geralmente, têm uma tendência maior de serem atacadas por outras, também cheias de ódio. A razão disso? O sentimento de ódio de uma pessoa desperta o mesmo sentimento adormecido na outra.

> **NÃO PODE HAVER SUCESSO SEM FELICIDADE E NENHUMA PESSOA PODE SER FELIZ SEM PROMOVER A FELICIDADE TAMBÉM PARA OS OUTROS.**

2. O pensamento positivo cria uma personalidade positiva; o negativo, uma personalidade negativa.

A lógica, então, é a seguinte: quando você pratica um ato de bondade, deposita uma carga de energia positiva em sua consciência. Se praticar um número suficiente de atos semelhantes, desenvolverá um estado de espírito positivo, que atrairá para perto de você pessoas com esse mesmo espírito positivo.

Como vimos anteriormente, as pessoas que atraímos, geralmente, têm um espírito similar ou igual ao nosso. Por isso, a tendência das pessoas que nos cercam é agir da forma como nós agimos. Assim, elas tendem a retribuir nossas atitudes e as ações que praticamos.

Uma das histórias mais interessantes que ilustram esse conceito é a seguinte:

Tempos atrás, em um distante e pequeno vilarejo, havia um lugar conhecido como *O Castelo dos Mil Espelhos*.

Um cachorrinho pequeno e feliz, chamado Eros, ouviu falar do lugar e decidiu visitá-lo. Assim que chegou no Castelo, Eros foi saltitando feliz escada acima até a entrada.

Curioso, já na porta, olhou para dentro com suas orelhinhas levantadas e balançando o rabo agitadamente.

Eros ficou muito surpreso ao se deparar com outros mil cachorrinhos, todos tão felizes e curiosos quanto ele. Todos receptivos, balançando a cauda e olhando alegres para ele.

"Que mágico!", ele pensou.

Eros então não conseguiu se conter e abriu um enorme sorriso. Outra vez, foi correspondido com mil sorrisos tão grandes quanto o dele. Parecia inacreditável: um castelo onde todos os cachorrinhos eram felizes e receptivos.

Quando saiu do castelo, Eros pensou:

"O mundo é mesmo muito belo! Que lugar maravilhoso! Voltarei sempre aqui, um montão de vezes."

No mesmo vilarejo, havia outro pequeno cãozinho chamado Bronco. Ao contrário de Eros, ele era triste, ranzinza e vivia arrumando encrenca. Ao ouvir comentários sobre a empolgada história de Eros, Bronco decidiu visitar o tal castelo.

Quando chegou lá, suspeito, com sua cara fechada e hostil, subiu as escadas lentamente com os olhos fixos na porta.

Quando olhou porta adentro, confirmando sua suspeita, viu mil olhares hostis de cachorrinhos mal-humorados e ranzinzas para ele. Sentindo-se ameaçado, rosnou, mostrando os dentes, e ficou horrorizado ao ver que os mil cachorrinhos também rosnaram e mostraram os dentes para ele.

Ele então saiu dali correndo:

"Que lugar horrível, nunca mais volto aqui", pensou.

Na vida, podemos agir como o Eros ou como o Bronco. Afinal, o Universo é como *O Castelo dos Mil Espelhos*: o que vemos nele é apenas um reflexo do que somos.

Você quer felicidade? Paz? Você quer pessoas honestas, leais, bondosas e generosas na sua vida? Seja uma pessoa assim. Trate as demais como você deseja ser tratado. A lei da compensação toma conta do resto.

3. Nossa reputação é feita pelos outros. Nosso caráter, por nós mesmos.

A maioria das pessoas se preocupa demais com sua reputação, quando deveria se preocupar muito mais com seu caráter.

Buscamos, ao longo da vida, uma reputação positiva e tentamos controlá-la cuidando da nossa imagem externa.

Isso quase sempre representa frustração. Por quê? Ora, porque não temos controle sobre nossa reputação. A reputação é uma coisa externa, alheia a nós. Ela é criada e existe na mente dos outros. Ela representa o que os outros acreditam que somos. Por isso, ela foge do nosso controle.

Com o caráter, o caso é diferente. Nosso caráter é aquilo que verdadeiramente somos; é o resultado das nossas convicções, dos nossos pensamentos e dos nossos atos. Ao contrário do que ocorre com a reputação, temos controle absoluto sobre o caráter. Podemos torná-lo fraco ou forte, bom ou mau, claro ou confuso.

Quando temos um caráter íntegro, a reputação geralmente segue o passo, mas, mesmo que não seja assim, não nos importamos muito, porque ela perde seu significado. Deixamos de nos preocupar tanto com ela. A questão aqui é: ninguém consegue destruir nosso caráter, exceto nós mesmos.

Nada pode nos dar tranquilidade senão nós mesmos. Nada pode nos dar paz senão o triunfo dos princípios como integridade, honestidade, generosidade, igualdade, caridade e liberdade.

Isso me lembra a história de um rei muito sábio e rico que, ao adoecer, decidiu passar a coroa ao filho. Como o príncipe ainda era solteiro e, segundo a tradição, deveria se casar antes de assumir o trono, o rei resolveu escolher uma esposa para o filho. Para isso, marcou uma celebração especial onde apresentaria o príncipe e lançaria um desafio. A moça que vencesse o desafio, tornaria-se sua esposa.

Uma serva muito pobre do palácio ouviu os comentários sobre o desafio e ficou muito triste, pois sabia que sua filha, uma moça humilde, mas muito bela e honesta, nutria um sentimento especial pelo príncipe. O sonho da moça era, pelo menos, algum dia, poder ver o príncipe de perto.

Quando a mãe chegou em casa, a filha estava à sua espera. Ela também já havia sido informada sobre as intenções do rei e esperava a autorização da mãe para participar do desafio. Cética, a mãe tentou desencorajá-la:

— Minha filha, o que você faria lá? Estarão presentes as mais belas e ricas moças da corte. Tire essa ideia de sua cabeça. Eu sei o quanto gosta do príncipe, sei que deve estar sofrendo, mas não transforme esse sofrimento em uma tortura ainda maior.

— Mãe — respondeu a filha —, sei que não serei a escolhida. Mas é minha única oportunidade de ficar, pelo menos alguns momentos, perto do príncipe. Isso já me fará feliz.

Mesmo relutante, a mãe acabou consentindo e, no dia da celebração, a moça foi ao palácio. Lá, de fato, estavam não só as mulheres mais belas e ricas do reino, mas também as de inúmeros reinos vizinhos. Seus vestidos eram lindos. Estavam cobertas de joias valiosas e com maquiagens impecáveis. A moça, tímida e humilde, manteve-se discreta num canto, esperando o príncipe aparecer e anunciar o desafio.

Enfim, no final da tarde, o momento chegou. O rei apresentou o príncipe, que anunciou o desafio:

— Darei a cada uma a semente de uma rara espécie de flor. Daqui a três meses, vamos ter outra celebração. A jovem que souber cultivar melhor a semente e trouxer a flor mais bela, será a minha esposa.

A filha da serva pegou sua semente e foi para casa muito feliz, repleta de esperanças. Na verdade, contra todas as perspectivas, ela teria uma chance: ela somente precisaria cultivar a flor com todo cuidado possível. Era isso que ela faria.

Na manhã seguinte, plantou a semente num vaso e passou a tratá-la com todos os cuidados possíveis. Desejava que a beleza da flor fosse da intensidade de seu amor pelo príncipe. Se isso acontecesse, ela já se sentiria satisfeita.

O tempo passou e um mês depois, a semente ainda não havia germinado. A jovem tentou de tudo, fez uso de todos os métodos que conhecia, mas não conseguia fazer com que a semente germinasse. Dia após dia, seu sonho parecia mais distante, mas seu amor não permitia que ela desistisse.

Por fim, os três meses haviam passado e a semente não havia germinado. E agora, o que fazer?

Dias antes da celebração, ela já implorava, desesperada, para que sua mãe a deixasse retornar ao palácio. Ela não pretendia nada além de passar mais alguns momentos na companhia do príncipe. Queria ficar perto dele, só isso.

A mãe era contra. Queria proteger a filha da vergonha e humilhação. Sabia que ela ficaria machucada para sempre. Mas, por fim, consentiu que a filha fosse.

No dia da celebração, ela estava lá. Temendo que talvez não a deixassem entrar sem a flor, ela levou seu vaso, embora vazio. Todas as outras jovens traziam flores lindas, robustas, coloridas e cheirosas. Havia rosas, violetas, jasmins, orquídeas, todas, das mais variadas formas e cores.

A pobre filha da serva do palácio estava triste, frustrada e envergonhada com seu pote vazio. Sentia-se humilhada, mas também grata por estar ali. O que ela poderia ter feito se a semente não germinara?

No final da tarde, chegou o grande momento da escolha. As mulheres foram todas colocadas em um círculo. Para ficar mais perto do príncipe, a moça foi lá, com seu pote vazio.

O príncipe observou cada uma das pretendentes. Parecia muito satisfeito com as flores que haviam trazido. Após analisar uma a uma, ele retornou ao centro do círculo para anunciar o resultado.

Que surpresa: entre todas, o príncipe escolheu justamente a filha da serva do palácio, que trazia um pote vazio.

As pessoas tiveram as reações mais inesperadas. Ninguém compreendia por que o príncipe havia escolhido justamente aquela moça que nem mesmo conseguira cultivar sua semente. Então, calmamente, o príncipe explicou o motivo de sua escolha:

— Esta bela moça — ele disse —, foi a única que cultivou a flor que a tornou digna de se tornar minha esposa e rainha. Ela cultivou a flor da *honestidade*, pois todas as sementes que distribuí naquela tarde, três meses atrás, eram sementes falsas e, portanto, estéreis.

Gosto dessa história porque ela nos ensina uma coisa importante. Pense sobre o assunto: quantas vezes nos tornamos falsos e superficiais, tentando imitar outra pessoa porque achamos que ser quem verdadeiramente somos parece muito pouco?

Aparecer com um pote vazio, quando todo mundo aparenta ter conseguido cultivar flores robustas e coloridas, parece duro, árduo, triste e até humilhante. Mas nada impressiona e recompensa tanto quanto a honestidade, ainda que ela possa parecer feia como um pote vazio.

Se a filosofia da Regra de Ouro for compreendida e aplicada como deve ser, ela impede qualquer atitude desonesta. E mais, impede a prática de todas as demais atitudes destruidoras como o egoísmo, a violência, a inveja, o ódio e a malícia.

Quando vivemos a Regra de Ouro na prática, tornamo-nos, simultaneamente, juízes e réus de nós mesmos.

Ela nos coloca numa posição na qual a honestidade começa em relação a nós mesmos — no fundo do nosso coração — e logo se estende para todos aqueles com quem entrarmos em contato, com os mesmos efeitos.

A honestidade que brota da prática da Regra de Ouro não é como aquele tipo de honestidade ocasional e oportunista que só usamos quando nos convém. Não há crédito algum em ser honesto quando isso nos traz benefícios diretos — como evitar perder um cliente — ou quando praticamos a honestidade por medo de irmos para a prisão.

Ela mostra seu verdadeiro valor quando nos custa algo, quando ela significa uma perda material ou, mesmo, um prejuízo moral. Nesse caso, ela pode ser considerada uma honra elevada para quem a pratica. Esse tipo de honestidade tem a sua justa recompensa na acumulação da força de caráter e na reputação desfrutada pelos que a merecem.

Resulta daí o fato de que as pessoas que compreendem e vivem a filosofia da Regra de Ouro, na prática, são sempre escrupulosamente honestas. E são assim não só porque querem agir honestamente com os outros, mas também porque querem agir honestamente consigo mesmas.

Em outras palavras, elas compreendem a lei eterna sobre a qual se baseia a Regra de Ouro. E, por isso, sabem que, por meio da cooperação dessa lei, todos os pensamentos que formulam e todos os atos que praticam têm a sua compensação em qualquer circunstância que terão de enfrentar no futuro.

ENQUANTO A HONESTIDADE FOR UM OBJETO DE LOUVOR, A DESONESTIDADE SEGUIRÁ SENDO O NORMAL.

4. O que quer que façamos aos outros fazemos também a nós mesmos.

Se todos os nossos atos e mesmo nossos pensamentos são registrados no nosso subconsciente, por meio do princípio da autossugestão, fazendo assim do nosso caráter uma duplicação exata dos nossos pensamentos e atos, torna-se fundamental vigiar nossos pensamentos, assim como nossos atos.

Essa é uma das principais razões para seguirmos a Regra de Ouro de forma irrevogável. Em outras palavras, cada ato e cada pensamento que formulamos modifica o nosso caráter na exata conformidade com esse pensamento ou ato e o nosso caráter é uma espécie de ímã que atrai para nós as pessoas e as condições que se harmonizam com ele.

Não podemos condescender com um ato ou com outra pessoa sem que antes tenhamos criado a natureza desse ato no nosso pensamento. Da mesma forma, não podemos formular um pensamento sem implantar a soma, a substância e a natureza desse pensamento no nosso subconsciente, de modo que ele se torne parte do nosso próprio caráter.

Apreendendo esse simples princípio, teremos compreendido o motivo pelo qual não podemos condescender com odiar ou invejar alguém.

Compreenderemos, também, por qual razão não podemos condescender com pagar na mesma moeda aos que nos fazem injustiças. Da mesma maneira, compreenderemos a máxima: pagar o mal com o bem.

Se compreendermos a lei sobre a qual é baseada a injunção da Regra de Ouro, compreenderemos também a lei que liga eternamente todas as pessoas em um laço de fraternidade e torna impossível, para nós, ofender a outra pessoa por pensamento ou ato sem prejudicarmos a nós mesmos.

Compreendendo essa lei, saberemos, sem sombra de dúvida, que estamos constantemente punindo a nós mesmos com toda má ação que cometemos e nos recompensando, também, com todos os atos construtivos que praticamos.

Mas lembre-se: uma atitude passiva em relação à Regra de Ouro não trará resultados. Não basta acreditar nessa lei, é preciso aplicá-la nas nossas relações com outras pessoas. Se desejarmos resultados, precisaremos agir de acordo.

Uma mera atitude passiva, representada apenas pela confiança na verdade dessa lei, será de pouco proveito.

Ou seja: nada adiantará fingir praticar a Regra de Ouro se, dentro do coração, não estivermos desejando ardentemente fazer uso dela. Lembre-se: enquanto honestidade for um objeto de louvor, a desonestidade seguirá sendo o normal.

APLICAÇÕES PRÁTICAS

1. Procure não fazer aos outros aquilo que não desejaria que lhe fizessem. Afirme o bom, o puro e o verdadeiro, que o mal desaparecerá. Quando acendemos a luz o escuro desaparece. Adote essa aplicação como base de sua conduta.

2. Seja honesto, mesmo nos mínimos detalhes, em todas as suas transações, tanto em atos quanto em pensamentos. Faça isso não só porque é seu desejo ser justo para com os outros, mas também porque é seu desejo imprimir no seu subconsciente a ideia de honestidade e, assim, fixar no seu caráter essa qualidade essencial.

3. Perdoe os que forem injustos contigo, sem olhar se merecem ou não o seu perdão. É por meio do perdão concedido que iniciamos a reforma do caráter e eliminamos os efeitos das nossas transgressões no nosso subconsciente.

4. Faça tudo para auxiliar os outros onde e quando se apresentarem oportunidades, pois toda felicidade duradoura é fruto do auxílio que prestamos aos nossos semelhantes. Lembre-se: nenhum ato de bondade fica sem a sua recompensa, mesmo que ela não seja retribuída de um modo direto e imediato.

MENSAGEM A VOCÊ, LEITOR.

OBRIGADO, CARO LEITOR, POR PARTILHAR COMIGO essa experiência fascinante de compreender melhor o ser humano, suas atitudes e seus enigmas.

Assim como Napoleon Hill, acredito, verdadeiramente, que todas as coisas similares têm uma tendência natural de se atrair.

Para mim, é uma alegria estar na mesma sintonia que você.

Gostaria muito de ouvir sua opinião sobre a filosofia de Hill tratada neste livro ou mesmo sobre meus livros anteriores, principalmente *O Óbvio que Ignoramos* e *Poder & Manipulação*.

Para mim, sua opinião é muito importante.

Envie-a para meu e-mail:
jacob.petry@gmail.com

Você também pode entrar em contato comigo pelo meu site:
www.jacobpetry.com

Siga-me na minha página do Facebook:
www.facebook.com/jacobjpetry

Inscreva-se no meu canal no Youtube:
www.youtube.com/user/jacobpetry1

Abraço cordial,
Jacob Petry

AGRADECIMENTOS

ESCREVER UM LIVRO É UMA AVENTURA QUE compreende inúmeros estágios. Eles vão desde a concepção da ideia até a distribuição da obra. Nesse intervalo, que pode durar anos, inúmeras pessoas são fundamentais, embora nem sempre saibam da sua importância real no processo.

Em sintonia com sua própria tese, essa versão adaptada do original *The Law of Success*, de Napoleon Hill, é o resultado do esforço coletivo em que o próprio Hill, ao longo dos anos, com sua silenciosa, mas profunda influência, foi o maestro maior.

Sou muito grato à sua existência e ao seu extraordinário trabalho, sobre o qual, de certa forma, inspirei o meu.

Como sempre, convenci amigos próximos a ler e criticar o original inúmeras vezes. Mais uma vez, agradeço a Everton Maciel, Jair José Lasta e Sandra Kfouri pela leitura dos manuscritos e pelas valiosas contribuições. Graças a eles, esta versão está muito melhor.

Sérgio Elache, Giovanni Sandor, Allan Pitz, Patrícia Sales, André Freire Saldanha, Adhemar Ramires, Edson Lima, Aline Lúcia Amaral Senger, Catarina Fürst e Imre Horst Nagy também auxiliaram, cada um a seu modo, a moldar o conteúdo que garimpei dos originais de Hill.

Sou grato a Diana Emerich e Carlos Leandro Nunes por terem convivido, sem reclamar, com livros espalhados por toda parte durante os longos meses em que estive envolvido com a pesquisa e organização do material.

Pedro Almeida, meu agente e editor, mais uma vez percorreu vários quilômetros extras, instruindo-me e orientando-me para que pudesse dar o melhor de mim.

Obrigado também a André Filipe Fonseca, Andrea Jocys, Priscila Brauner e aos demais profissionais e amigos pelo carinho que tiveram comigo ao longo do lançamento desta edição.

E obrigado a você, leitor! Pois, sem você, todo esse trabalho não faria o mesmo sentido para mim.

> **CONHEÇA A PARTIR DE AGORA OUTRO LANÇAMENTO DO AUTOR, *PODER E MANIPULAÇÃO* A VERSÃO MODERNA DE *O PRÍNCIPE*, DE MAQUIAVEL.**

JACOB PETRY

PODER
& MANIPULAÇÃO

COMO ENTENDER O MUNDO EM 20 LIÇÕES
EXTRAÍDAS DE *O PRÍNCIPE*, DE MAQUIAVEL

AVIS RARA

INTRODUÇÃO

Muitos anos atrás, numa fria tarde de julho, dirigi-me à biblioteca pública para retirar alguns livros. A biblioteca, como a cidade, era pequena e antiga. Pouquíssimas pessoas a frequentavam. E fazia anos, décadas talvez, que ela não recebia novos exemplares. Seu acervo era basicamente composto de clássicos. Mesmo assim, havia um limite para retirada: três exemplares por leitor.

Com medo de ficar sem livros de ficção — meus preferidos —, decidi que dos três, um, obrigatoriamente, seria de uma coleção chamada *Os Pensadores: História das Grandes Ideias do Mundo Ocidental*. E para não cair em tentação de ler apenas os romances, comprometi-me com a árdua tarefa de primeiro ler o dessa coleção. Assim, logo que cheguei em casa dei início à leitura daquele que retirara naquele dia: *Maquiavel — O Príncipe e Escritos Políticos*. Lembro que, mesmo sendo ainda um adolescente, a cada página, exclamava: "Meu Deus, como somos otários! Eles usam essas estratégias o tempo todo contra nós, sem sequer percebermos!".

Hoje, mais de duas décadas depois, o sentimento continua o mesmo: essas pessoas sabem o que funciona e o que não funciona. Seu trabalho é nos persuadir e nos manipular para tirar vantagens próprias — sua sobrevivência depende disso. E eles não vão abrir mão dessas técnicas tão facilmente. Nossa única saída é nos precaver. E para isso precisamos compreender suas estratégias, seus truques e delinear o caminho que eles percorrem para chegar até nós. Esse, ao resgatar as principais lições de *O Príncipe*, é o objetivo de *Poder e Manipulação*.

Se olharmos para o passado, veremos que muitos dos maiores expoentes da história tiraram proveito de *O Príncipe*. Shakespeare incorporou elementos da obra em peças como *Macbeth*, *Hamlet* e *A Tempestade*. Napoleão Bonaparte o considerava sua bíblia pessoal e andava com um exemplar debaixo do braço, usando-o como guia de consulta.

Mais recentemente, Tião dos Santos, quando ainda um catador de material reciclável no Jardim Gramacho, no Rio de Janeiro, diz ter encontrado uma cópia no lixo. Ela estava suja e manchada. Mesmo assim, Tião a levou para ler. Ele diz que, depois da leitura, nunca mais foi o mesmo. Meses depois, inspirado no livro, criou a Associação de Catadores de Material Reciclável de Jardim Gramacho. Nos anos seguintes, tornou-se uma celebridade. Em 2011, ganhou o prêmio de Personalidade do Ano do jornal *O Globo*. Estrelou uma campanha da Coca-Cola, e o documentário *Lixo Extraordinário*, do qual foi o protagonista, chegou a concorrer ao Oscar — o maior prêmio do cinema mundial.

Mesmo assim, o conteúdo verdadeiro desse livro continua sendo desconhecido para a grande maioria. Em parte, isso se explica pela polêmica em que ele sempre esteve envolvido. Muitos o condenam porque consideram seus princípios ruins, perversos e amorais. Alguns simplesmente o ignoram e o desprezam pela sua fama. Outros, a pequena minoria, o estuda e o usa como cartilha para abrir seu caminho ao topo do poder.

Aqui você encontrará vinte das suas lições mais importantes – são a essência da obra, quase sua totalidade, sem as partes de interesse absolutamente histórico, numa linguagem direta, clara e moderna. O que você vier a fazer com elas, será uma decisão cuja responsabilidade é totalmente sua.

A PUBLICAÇÃO E SUA PERSEGUIÇÃO

A versão original de *O Príncipe* foi escrita em 1513 e publicada em 1532, cinco anos após a morte de seu autor. Em 1959, ela entrou para o índice de livros proibidos da Igreja Católica. Mas esse era apenas o começo da discriminação e difamação daquele que se tornaria, sem dúvida, o livro mais polêmico, controverso e também um dos mais influentes e importantes da história.

A obra é um pequeno tratado de como um príncipe (o líder e empreendedor moderno) deve agir para conquistar o poder e se manter nele. A verdadeira intenção de Maquiavel ao escrevê-la ainda é amplamente discutida, assim como, lógico, o teor de seu conteúdo.

Muitos estudiosos afirmam que *O Príncipe* é o pensamento de uma época e, portanto, não pode ser interpretado fora do contexto histórico em que foi escrito. A meu ver, nada pode ser mais equivocado. Acredito, sem sombra de dúvida, que a verdade é exatamente o contrário: para entender de fato a obra de Maquiavel é preciso tirá-la do contexto em que foi escrita.

Uma instituição pública, empresa ou comunidade não existe sem as pessoas que a compõem. Por isso, se você quiser estudá-la, precisa analisar seus líderes, diretores, funcionários e até mesmo clientes e cidadãos. Ou seja: você deve estudar o caráter da natureza humana por trás da instituição, empresa ou comunidade que deseja conhecer. Em *O Príncipe*, acima de tudo, Maquiavel trata da natureza humana. Os comportamentos e as atitudes descritas por ele, e que ficaram conhecidas como maquiavélicas, na verdade não são dele. Maquiavel não as inventou. Ele as detectou com enorme clareza nas pessoas a sua volta e simplesmente teve a coragem de descrevê-las com detalhes e precisão, sistematizando-as e transformando-as em engenharia operacional que muitos passaram a usar para pavimentar seu caminho ao poder.

Longe das teorias políticas, filosóficas e religiosas de seu tempo, Maquiavel percebeu, nas atitudes dos líderes, nos governos, nas religiões e em outros relacionamentos humanos, que a realidade apontava modos de agir muito distintos das belas teorias da ética, da moral e dos bons costumes com que outros filósofos tratavam do tema. E seu grande trunfo foi mostrar como o mundo de fato é, em contraposição àqueles que mostravam como ele deveria ser.

Hoje, quinhentos anos depois, as atitudes descritas por Maquiavel continuam presentes em todos os setores da humanidade. Você pode percebê-las nas ações dos líderes políticos, religiosos, empresariais e culturais. Elas estão presentes nos púlpitos das igrejas, nas prefeituras, nos fóruns judiciais, nas assembleias legislativas, nos senados, nos palácios, nas conversas, nas salas de reuniões das grandes empresas, corporações e entidades de classes e até mesmo nos relacionamentos entre casais.

Não fosse assim, viveríamos num mundo sem corrupção, sem injustiça e sem violência. Os governos seriam para o povo e os políticos sempre cumpririam suas promessas; as empresas colocariam o interesse pelos clientes sempre à frente do interesse pessoal e do lucro e o cidadão comum jamais agiria com falsidade, egoísmo, brutalidade e deslealdade. Quem acredita que essa é a realidade, para usar as próprias palavras de Maquiavel, "é ingênuo e está fadado antes à ruína do que à salvação".

POR QUE RETOMAR O CLÁSSICO?

Por que alguém deveria investir seu tempo para ler uma obra tão discriminada e mal-afamada? Que benefícios um cidadão de bem poderia tirar de um livro que ao longo dos séculos fez com que o nome do seu autor se tornasse sinônimo de manipulação, falsidade, frieza e até mesmo maldade?

Este livro fará três coisas por você. A primeira: ele mudará a forma como você *vê* o mundo. Sua leitura o levará a entender como as coisas a sua volta de fato são. Não é uma questão de aplicar ou não os princípios abordados por Maquiavel, mas de entender como muitos indivíduos, sobretudo nos níveis mais elevados de poder, agem. Por não compreender o comportamento e as atitudes dessas pessoas, facilmente nos tornamos objeto de manobra delas. Ao conhecê-las e compreendê-las, podemos nos precaver e nos defender.

A segunda diz respeito a como você irá se *sentir* daqui para a frente. Muitas vezes, a ignorância parece uma bênção. Quando não vemos o problema, parece que não precisamos lidar com ele. Mas não é assim. Não compreender como as coisas funcionam e por que as pessoas agem de certa maneira nos torna impotentes e nos coloca numa situação de vítima, como se houvesse uma eterna conspiração contra nós. Ao compreendermos que o modo como as pessoas agem não tem nada a ver conosco, mas com a maneira como elas são, e que elas agem assim com todo o mundo, nossa percepção muda drasticamente.

Por último, você estará pronto e livre para definir sua maneira de *agir*. Nos vinte capítulos deste livro, existem inúmeras lições e princípios que poderão mudar sobremaneira seu modo de agir daqui em diante, tanto na sua vida pessoal como nos seus negócios. Na medida em que você compreender o contexto a sua volta, poderá começar a atuar de acordo com essa compreensão. Você não precisa ser uma pessoa cruel e má, mas deve saber o que fazer perante a crueldade e a maldade. E este livro lhe dará essa noção, não só como líder, mas também como pessoa.

Enfim, este é um livro escrito para ajudá-lo a entender as estratégias que muitas pessoas usam para manipular seu caminho ao poder e para manter-se nele, muitas vezes à sua custa. Ao compreender os princípios descritos aqui, você estará preparado para se defender e se precaver disso. Mas também para agir com mais ousadia, atrevimento e astúcia diante da vida.

Jacob Petry
Nova York, inverno de 2016

CARTA DE MAQUIAVEL

Ao Magnífico Lourenço de Médicis

É costume daqueles que desejam para si a simpatia de um príncipe presenteá-lo com os pertences que lhe são mais caros ou com aqueles com que ele mais se encanta. Desse modo, lhe são presenteados cavalos, armas, tecidos bordados a ouro, pedras preciosas e demais ornamentos dignos de sua grandeza.

Querendo eu também ofertar-lhe uma prova de minha admiração, não encontrei, entre as minhas posses, nada que estime mais do que meu conhecimento sobre as ações dos grandes homens, adquirido por uma longa experiência das coisas atuais e uma continuada observação e análise das antigas; as quais tendo eu, com muito afinco, detidamente estudado e examinado, remeto agora à Vossa Magnificência, condensadas num pequeno volume.

Embora saiba que esta obra é indigna de sua consideração, espero, mesmo assim, que aceite meu presente; uma vez que não poderia oferecer-lhe nada maior do que lhe propiciar um meio de adquirir em tempo muito curto o aprendizado de tudo quanto, em muitos anos e à custa de tantos atropelos e perigos, tenho aprendido.

Não enfeitei esta obra com frases elaboradas e pomposas, tampouco a enchi de floreios ou lisonjas, nem mesmo a decorei com ornamentos externos, com os quais muitos ilustram suas próprias obras; pois não desejei que nenhum outro fosse seu ornato e nada a *tornasse agradável, a não ser a variedade da matéria e a importância de seu conteúdo.*

Espero que não considereis presunçoso um homem de baixa condição social escrever a respeito das atitudes dos príncipes. Quando pintores querem retratar a paisagem, eles se postam na planície para captar as montanhas; e sobem nos picos para apreender a vista das planícies. Da mesma forma, para melhor captar a natureza do povo é preciso ser príncipe; e para melhor compreender a do príncipe, é preciso ser povo.

Receba, portanto, Vossa Magnificência, este singelo presente com o mesmo espírito que me anima a enviá-lo. Lendo-o e considerando-o com atenção, nele reconhecereis meu grande anseio de que ele eleve-se à majestade que a fortuna e que os seus outros atributos lhe prometem. E se Vossa Magnificência, algum dia, do pincaro de sua magnanimidade, voltar o olhar para cá embaixo, saberá o quanto me degrada suportar minha sorte, infinda e funesta.

CAPÍTULO 1

DAS RAZÕES PELAS QUAIS UM LÍDER É LOUVADO OU REPUDIADO

DE O *PRÍNCIPE*

Acredito ser sensato, aqui, considerar como um príncipe deve comportar-se com seus súditos e amigos. Sei que muitos já escreveram sobre o assunto e sei também que serei julgado presunçoso por manifestar minha opinião, especialmente por me propor a tratar o tema com uma abordagem diferente daquela com a qual outros a trataram. No entanto, como meu objetivo é escrever algo realmente útil ao leitor interessado, penso ser melhor perseguir a verdade factual, debruçando-me sobre as coisas como elas realmente são, em vez de filosofar sobre visões imaginárias.

> "Existe uma distância tão grande entre como se age e como se deveria agir que aquele que despreza o mundo real para viver num mundo imaginário encontrará antes sua ruína do que sua salvação."

Muitas pessoas, ao discorrer sobre este tema, descreveram sistemas de governos e tipos de sociedades que até hoje ninguém viu e nem conheceu em parte alguma do planeta. Essas pessoas parecem não perceber que existe uma distância tão grande entre como se age e como se deveria agir, que aquele que se apega ao que deveria ser feito em vez do que ao que se faz, encontrará antes sua ruína do que sua salvação. E alguém que quiser praticar a bondade em tudo o que faz está fadado a arruinar-se, entre tantos que são perversos e maus.

Sendo assim, é necessário a um príncipe que quiser assumir uma posição de liderança e poder – e quiser manter-se nela —, acima de tudo, conhecer a fundo a iniquidade humana e aprender a poder ser mau e se utilizar ou não da maldade conforme a necessidade e as circunstâncias.

2.

Deixando de lado, então, todas as coisas imaginárias e utópicas que foram ditas sobre o exercício da liderança e do poder e encarando a realidade, permita-me observar que sempre quando alguém fala ou escreve sobre uma pessoa, sobretudo um príncipe, por ocupar lugar de destaque, faz referências a certas qualidades que o levam a ser louvado ou repudiado.

Alguns são considerados generosos, outros, mesquinhos; alguns honestos, outros, corruptos; alguns leais, outros, falsos; sábios ou ignorantes; inteligentes ou idiotas; sensíveis ou truculentos; humildes ou arrogantes; religiosos ou céticos; egocêntricos ou altruístas e assim por diante.

Sei que qualquer pessoa, certamente, concordará que, de todas as qualidades enumeradas, seria louvável que um príncipe possuísse apenas aquelas que consideramos boas. Mas, como a condição da natureza humana simplesmente não permite possuir todas, nem a sua prática consistente, se deseja ser louvado, um príncipe deve ser astuto o suficiente para evitar os defeitos que o impediriam de alcançar seu objetivo; e praticar as virtudes que não afetem negativamente sua realização; mas quando isso não for possível, é coerente que as ignore e siga o curso que se fizer necessário.

Isso se justifica porque, entre as pessoas, o desejo de conquista do poder é algo muito natural e comum. E aqueles que alcançam o sucesso serão sempre louvados. Os que fracassam por não alcançar o que desejam serão sempre recriminados e condenados.

> "Há muitas características na natureza humana que parecem defeitos, mas, uma vez analisadas bem a fundo, provam ser virtudes. E há outras que parecem virtudes, mas quando colocadas em prática no momento correto se mostram defeitos."

Por esse motivo, o príncipe que deseja ser louvado, como já falei, não deve se sentir culpado por incorrer em certos vícios para realizar o objetivo ao qual se propôs. Pois, se considerar bem tudo, há muitas características na natureza humana que parecem virtudes, mas, se praticadas, o destituiriam do posto, e outras que parecem defeitos mas que, se praticadas, trazem lhe conforto e segurança.

MAQUIAVEL
CAPITULO XV
Das razões pelas quais os homens e, sobretudo, os príncipes são louvados ou vituperados

ANÁLISE

Um dos segredos da vida é compreender que, acima de tudo, ela é um jogo e que as chances de vencer serão muito pequenas se não conhecermos as regras desse jogo. Mas há algo estranho: ninguém nos ensina essas regras. Nossa educação vive em uma cultura morta e ultrapassada que insiste em explicar infinitamente a Revolução Francesa, a tabela periódica, os motivos que levaram à descoberta da América, o princípio de Arquimedes, a teoria da evolução e assim por diante. Passamos entre dez e quinze anos na escola e não aprendemos a enfrentar as batalhas diárias da vida de maneira prática, objetiva e realista. Não aprendemos as verdadeiras regras do jogo da vida. E para quem quer sobreviver no complexo e dinâmico ambiente dos dias atuais, talvez nenhum requisito seja mais indispensável do que compreender essas regras claramente.

Sem conhecer as regras, não temos como participar do jogo. Assim, a grande maioria dos indivíduos se torna expectadora. Aqueles que descobrem as regras e as aplicam se tornam os protagonistas no cenário. Eles estão em campo, onde está toda a diversão, aventura, glória e riqueza. Enquanto os demais, a esmagadora maioria, fica na arquibancada, assistindo a esses poucos se divertirem em vidas plenas e abundantes. E pior ainda: quase sempre pagam para assisti-los.

Mas o que é conhecer as regras do jogo? Falando de maneira geral, conhecer as regras do jogo é entender a realidade como ela de fato é. Sem isso, viveremos como cegos: tateando no escuro. Não só tropeçaremos em nossas próprias atitudes por constantemente reagirmos da maneira errada como, por pura ignorância e ingenuidade, cairemos em praticamente todas as armadilhas da existência.

Esforçar-se por abrir os olhos para a realidade como ela é, desvencilhando-nos de todo apego e ilusão ingênua sobre o mundo e, acima de tudo, sobre as pessoas é o começo de qualquer transformação humana. A coragem de encarar a realidade sem perder a fé e a esperança de que um mundo melhor é possível é o que separa o verdadeiro líder do manipulador corrupto.

Quanto maior for nossa compreensão das coisas, menos fracassos, frustrações e desapontamentos teremos. Quanto melhor compreendermos as pessoas, quanto mais entendermos suas capacidades, suas aspirações, seus talentos, suas intenções, seus truques e suas motivações secretas, mais bem preparados estaremos para ajudá-las (ou para nos defender delas). Por isso, desenvolver a habilidade de entender o que de fato motiva as pessoas e saber lidar de maneira adequada com essa compreensão é a lição mais importante que você pode aprender no jogo da vida. Pare e pense nisso por um momento!

Nossa tendência habitual é reagir a tudo com base nos valores pessoais que cultivamos. Tudo o que estiver de acordo com nossos valores pessoais, nós consideramos bom, e o que não estiver, consideramos ruim. No mundo do poder e dos negócios isso quase sempre é um erro terrível por dois motivos básicos:

> 1º Porque ao julgarmos tudo de acordo com nossos valores pessoais cometemos o erro de pensar que todos cultivam os mesmos valores que nós e que as ações deles estarão sempre de acordo com esses valores. E, nesse caso, quase sempre nos frustramos, porque as pessoas raramente cultivam os mesmos valores que nós e suas ações sempre estarão de acordo com os valores delas, não com os nossos.
>
> 2º Porque agir sempre com base nos mesmos princípios nos torna extremamente previsíveis e, por consequência, vulneráveis diante daqueles que, por mesquinharia, inveja, ódio ou ambição, desejam nossa ruína.

Por isso, se você busca poder, prestígio e sucesso, tem de compreender que nada do que existe ou acontece é completamente bom ou ruim, que nada é tão mau que não tenha um lado bom ou tão bom que não tenha algo mau. É preciso que você tenha sempre em mente que, não importa o quanto uma coisa pareça inútil ou prejudicial, se estudá-la bem, se analisá-la detalhadamente, encontrará uma virtude, um ponto forte, algo que pode ser explorado a seu favor.

Pense sobre a morte, por exemplo: ela é boa ou ruim? Para a maioria das pessoas ela é extremamente indesejável e, portanto, ruim. Mas, na verdade, ela não é boa nem ruim. A morte é um evento inevitável e necessário. Imagine como seria o mundo se todos os seres, incluindo os humanos, vivessem para sempre. Essa ideia é quase inconcebível. Portanto, a morte tem o lado ruim — a perda de nossos entes queridos — e o lado bom — pois possibilita, entre outras coisas, a regeneração das espécies.

Desse modo, a partir de hoje, seja você quem for, onde quer que você viva e qualquer que seja sua ocupação, em vez de olhar para as coisas a sua volta como boas ou ruins, desenvolva o hábito de olhá-las como eventos, circunstâncias, causas e consequências.

Por mais simples que esse costume possa parecer, ele provocará uma tremenda revolução em sua vida. Ele fará com que você passe a fazer parte do pequeníssimo grupo de pessoas com a habilidade de ver as coisas como elas realmente são e, a partir disso, mudá-las para como você gostaria que elas fossem.

Ver as coisas como de fato são e não como você gostaria que elas fossem lhe trará enorme sabedoria e poder de discernimento. Existem três vantagens claras e definidas em ver as coisas como elas são, e elas lhe darão essa sabedoria e poder de discernimento:

A primeira é a de que você deixará de interpretar qualquer atitude de alguém como uma afronta pessoal. As pessoas agem e reagem para defender seus valores e desejos próprios, e não, necessariamente, para atacar os teus. Ao compreender isso, você entenderá que conhecer a motivação das pessoas é uma das coisas mais importantes da vida. Se você entender seus valores e a razão maior que as motiva, poderá prever suas ações, o que aumentará muito seu poder sobre elas. Ao prever suas atitudes, poderá agir agora de acordo com a resposta que você deseja delas no futuro.

A segunda vantagem é que você abrirá mão da rigidez que existe naqueles que enxergam o mundo apenas por duas extremidades: o preto ou o branco. Aqueles que percebem a realidade assim perdem toda a beleza e magia que existe no azul, no amarelo, no vermelho, no verde e seus infinitos matizes. Pessoas que alcançam prestígio, poder e riqueza são flexíveis e maleáveis. Elas entendem que as regras que valem para uma circunstância deixam de existir quando ela desaparece. Elas sabem também que uma circunstância nunca se repete exatamente da mesma maneira. Por isso, elas nunca se apegam a fórmulas fixas, rígidas e desgastadas. Elas são altamente sensíveis às circunstâncias presentes e seguem seu caminho com as mesmas características da água:

adaptando-se rapidamente ao contexto, mudando sua forma a todo instante, mas sem abrir mão de sua essência.

COMPREENDA: pessoas rígidas e inflexíveis, num primeiro momento, podem nos passar a impressão de força e poder. Mas essa impressão não dura muito tempo. Logo elas são superadas e deixadas para trás. Por outro lado, uma pessoa flexível e maleável, embora muitas vezes seja criticada por isso, terá enormes chances não só de chegar ao poder, mas de se manter nele, porque ao se adaptar às circunstâncias ela se reinventa sem cessar. Se você deseja seguir em frente, é importante que não esteja preso.

A terceira vantagem de se ver as coisas como elas são é a de que você se tornará uma pessoa mais autêntica. Valores e princípios costumam ser herdados do mundo exterior: família, religião e cultura. Ao seguir esses valores, muitas vezes, abrimos mão daquilo que realmente pensamos e desejamos e, com isso, reprimimos nosso verdadeiro eu. Além disso, quem depende demais das ideias e convicções dos outros não terá ideias e convicções próprias e, por isso, dificilmente terá a iniciativa necessária para exercer uma liderança forte e duradoura indispensável para a conquista do poder.

LEMBRE-SE: o poder e a liderança que levam ao sucesso e à riqueza sempre são consequência da habilidade de preencher um vazio, de suprir uma demanda que existe nas pessoas ou no universo. Se você não tiver a habilidade de ver o mundo como ele realmente é, se não compreender as regras do jogo, se medir tudo por seus valores pessoais, se ignorar o que motiva os outros e pensar apenas nas suas ambições pessoais, nem sequer conseguirá perceber esse vazio, quem dirá preenchê-lo.

LEIA TAMBÉM

LEIA TAMBÉM

CONHEÇA TAMBÉM

38 ESTRATÉGIAS PARA VENCER QUALQUER DEBATE

A forma como nos comportamos socialmente não mudou muito desde Aristóteles. Partindo dos escritos do pensador grego, Schopenhauer desenvolve em sua Dialética Erística, **38 estratégias sobre a arte de vencer um oponente num debate, não importando os meios.** E, para isso, mostra os ardis da maior ferramenta que possuímos, a palavra. Usar argumentos e estratégias certas numa conversa é uma arma poderosa em qualquer momento. E tanto vale para quem quer reforçar um talento, evitar ciladas dialéticas, ou simplesmente estar bem preparado para negociações ou qualquer outra ocasião que exija argumentação... o que acontece em todos os momentos da vida.

Essas estratégias não foram inventadas por Schopenhauer, seu trabalho foi identificá-las e reuni-las de modo coerente, mostrando como são utilizadas e em quais momentos elas surgem em meio a uma discussão, de modo que você possa utilizar este livro até mesmo para desmascarar o uso das estratégias.

Em discussões, o objetivo de todos é persuadir. No entanto, o melhor resultado é obtido pela pessoa mais hábil em manter a sua posição. Esta obra cataloga os truques utilizados por profissionais de todas as áreas. Pode ser que você esteja com a razão, mas, **uma vez que você entre num debate, estar certo não é o suficiente.** Você precisa conhecer os movimentos dessa arte para ter força no jogo. Este livro ensinará tudo o que você precisa saber!

A LEI

UMA OBRA CLÁSSICA PARA VOCÊ ENTENDER O BRASIL DE HOJE!

Este livro foi escrito num período da história em que algumas das mais proeminentes nações do mundo experimentavam visões de governo próximas às socialistas, que na teoria prometiam igualdade e prosperidade, mas, na prática, resultaram no exato oposto.

Frédéric Bastiat conseguiu antever toda a sorte de equívocos que aquelas visões carregavam e criou este manifesto para desmascarar aqueles que defendem a ideia de dar mais poder ao Estado: os intervencionistas, os planejadores, os protecionistas e os socialistas.

A Lei – Por que a esquerda não funciona? traz uma reflexão prática sobre ideias de filósofos e outros pensadores acerca da política e da vida em sociedade, dentre eles John Locke e Adam Smith, e trata de temas como liberdade, direito à propriedade, espoliação, igualdade, livre iniciativa, impostos, democracia, sufrágio universal, autoritarismo e tantos outros que ainda provocam debates acalorados.

Passados mais de 150 anos desde que foi publicado, este livro teve o melhor destino que um livro teórico pode alcançar: a prática provou que seu autor estava certo, num grau muito superior ao que poderia imaginar.

NESTA EDIÇÃO ESTÃO INCLUÍDOS COMENTÁRIOS E ANÁLISES QUE RELACIONAM O TEMA À LEGISLAÇÃO E À HISTÓRIA POLÍTICA DO BRASIL CONTEMPORÂNEO.

**ASSINE NOSSA NEWSLETTER E RECEBA
INFORMAÇÕES DE TODOS OS LANÇAMENTOS**

www.faroeditorial.com.br

FARO EDITORIAL

ESTA OBRA FOI IMPRESSA
EM JULHO DE 2025
NO CENTRO PAULUS DE PRODUÇÃO